# 瑶族历史探究

李 默 著

社会科学文献出版社
SOCIAL SCIENCES ACADEMIC PRESS(CHINA)

# 序

　　1948 年我就读于中山大学人类学系，1956 年我在广东省中山图书馆广东文献室工作期间，接受全国人大民族事务委员会广东少数民族历史调查组岑家梧教授（中南民族学院副院长）之委托，收集馆藏图书文献中有关瑶族的历史资料。1962 年底至 1981 年我被下放到粤北乳源瑶族自治县民族工作队，历时 19 年，这期间 1955 年、1956 年在连南瑶族自治县四清锻炼，均在瑶区基层，接触了瑶族的历史文献，了解了瑶族的实际情况，在艰难的"文革"岁月期间，暗中保存了一些瑶族宗教经典及民间文契。1978 年春我被借调到广东《辞源》编辑室工作，接触了大量古籍。1979 年秋回乳源师范学校工作，这期间抽调负责编写《乳源瑶族自治县概况》（国家民委下达任务），又到瑶山收集瑶族经典和文献，调查社会经济文化状况。因而我对过去学者关于粤北瑶族历史研究的某些论点产生疑问，有所思考，撰写了《粤北瑶族历史的一些资料》一文，认为秦汉之际，粤北已有瑶族先民的活动，而瑶族与百越族（俚僚）有一定关系，瑶族的来源是多元的。拙文于《学术研究》刊登后，就有学者提出商榷意见，认为瑶族从湖南"宋以后较大量迁入岭南"，断言"蛮越，俚民，峒僚与瑶族没有丝毫瓜葛"（《学术研究》1980 年第 4 期《关于粤北瑶族的来源问题》）。

　　1981 年冬，得广东省社会科学院张磊教授之帮助，调该院历史研究所工作，接受广东少数民族研究所所长黄朝中教授之委托，为其主编的《广东瑶族历史参政资料》一书校补出版，为此我查阅有关古籍，同时参考有关瑶族史书刊，继续撰文阐述自己的观点。1984 年《中国历史学年鉴》作出简介，谓"李默则认为瑶族先民在秦汉之际，已居住岭南粤北，来源是多元的，岭南瑶族与土著俚僚关系密切，一部分瑶族先民包括在俚僚内"。1990 年《中国历史学年鉴》又作简介，谓："盘古、盘瓠传说与瑶族起源，李默说，不论是开天辟地的盘古，还是瑶人祖先龙犬盘古（瓠），均为瑶人视为神与先祖，并受虔诚的礼拜。因此可以根据盘古庙遗址，探索古代瑶人迁徙的踪迹。"日本学者波多野太郎《读岭南遗书》一文中谓："李默著《粤北瑶族历史的一些资料》论述甚详。"对余瑶族史的观点，予以简介与鼓励。1984年国家民委提出收集保存少数民族古籍文献后，继续深入瑶山收集，补充大量瑶族古籍和文献。于1990年编注出版《盘王歌》（广东人民出版社），1994年编注出版《拜王歌堂》，1995年出版《八排瑶古籍汇编》，1997年出版《乳源瑶族古籍汇编》（均为广东人民出版社出版）。2004年出版列入"广东社会科学'九五'规划重点项目"《韶州瑶人——粤北瑶族社会发展跟踪调查》（中山大学出版社出版）。

回顾30年来，学者对瑶族史研究的专著，主要有《瑶族简史》（1983年广西民族出版社出版），《瑶族史》（1993年四川民族出版社出版），《瑶族通史》（2005年广西民族出版社出版）。细读之后，有三个问题为其共同论点：①瑶族族源来自武陵、长沙蛮，原始居地在湖南湘、资、沅江流域和洞庭湖地区；②瑶族宋始移迁岭南，明大量迁入岭南腹地；③粤北瑶族宗教道教化。对此，我持不同观点：①瑶族族源多元；②宋元瑶族已遍布岭南各府州；③粤北瑶族宗教信仰是以盘古（瓠）为核心的祖宗崇拜，多神信仰，因而撰写是书。

本书的宗旨：①提出前人研究瑶族史未曾涉及的课题，如瑶名、瑶户、瑶田、瑶化等。瑶名来自徭戍，营田戍边，免于徭役。瑶名的由来，《后汉书·南蛮西南夷列传第七十六》谓："以先父有功，母帝之女，田作贾贩，无关梁符传、租税之赋。"先父有功，即高辛氏有犬盘瓠，咬杀吴将军，除犬戎之寇，帝赐名山广泽，赏赐封爵，蠲其租税之赋。秦汉屯戍，三国至魏晋以少数民族为兵，创世袭兵之制，蠲其徭役。（南朝宋）荆雍州设南蛮、宁蛮校尉。蛮夷归附，兵籍营田，岁输租三斛，其余无杂调，蛮无徭役。（南朝梁）蛮户，兵籍营田，而称为营户的蛮夷，形成了民族的共同体，名曰莫徭。莫徭族群从蛮夷中独立出来，《隋书·志第二十六·地理下》谓："自云其先祖有功，常免徭役，故以为名。"唐有莫徭军之设。隋唐时莫徭分布于四川之阆中，湖南之长沙、武陵、桂阳、澧阳、衡山、熙平等郡，江西之洪、吉、虔、抚、袁等五州，江淮间与广东之韶、连，福建之建宁县等地。宋承唐制，在少数民族地区实行羁縻政策，招募土人为弓弩手，俾田以耕，免其徭役，营田戍边。故《宋史·蛮夷列传》谓："蛮居其中，不事赋役，谓之瑶人。"元承宋制，土著屯田为瑶户，营田戍边。宋、元、明均有瑶兵之名，唐称莫徭军。唐代李华《吊古战场文》云："此古战场也，常覆三军……吾闻夫齐魏徭戍。"营田戍边，古谓徭戍，汉代许慎《说文解字》谓："徭，役戍边也。"故瑶名来自徭戍，免其徭役之义。

瑶族为国家营田戍边作出贡献，正如宋代周去非《岭外代答》谓："瑶人者，言其执徭役于中国也。"宋代景定之年《盘王券牒》谓："瑶乃助国之人，与圣分忧。"执弓弩而卫国。清雍正《广西通志》谓："瑶者，徭也。粤右土著，先时就抚，籍其户口，以充徭役，故曰瑶。"

②对错误的论说予以剖析：如对《隋书·志第二十六·地理下》载："自云其先祖有功，常免徭役，故以为名。"《宋史·蛮夷列传》谓："不事赋役，谓之瑶人。"宋代范成大《桂海虞衡志》云："名为徭而实不供征役。"有人解释为"一部分古瑶人不受封建王朝徭役，而被称之为莫徭"。对宋周去非《岭外代答》谓："瑶人者，言其执徭役于中国也"，说成"宋代则有些（瑶人）服役于封建王朝而被称为瑶的"。更有些学者将前者说成生瑶，后者为熟瑶。

瑶名来自营田戍边，徭戍，免其徭役，即蛮夷土著入版籍，世袭为兵（军役或称兵役）免其徭役。隋、唐行府兵制，兵农分离。服兵役者不输租赋及徭役（力役），农民不服兵役，而供租赋与徭役（即赋役）本即《隋书·志第二十六·地理下》所谓："常免徭役。"是言营田戍边，封建王朝敕令蠲免。《宋史·蛮夷列传》谓为"不事赋役"，也是因为蛮夷土著归附，入版籍，授田以耕，营田戍边。宋王朝蠲免其赋税差役（见《宋史·兵志》）亦即《桂海虞衡志》所谓："名为徭而实不供征役"。（蠲免差役之征）《宋史·食货志》谓："营田，其徭役科配并免。"（即不事赋役）宋周去非在粤西为范成大之幕僚，归自岭外，有问其风土物产者，乃著《岭外代答》以应，大旨本范成大之《桂海虞衡志》更增所风闻。他与范成大所谓瑶人的内容实质是一致的。"营田，其徭役科配并免"只是表述的文字不同而已，范从免其徭役科配而言："名为徭而实不供征役。"周则从营田戍边，执弓弩而卫国而言"瑶人者，执徭役于中国也"，犹古之徭戍，清代班第《清理很瑶军田折》谓："很瑶土兵，分守要隘，拨田耕种，蠲徭薄赋，终明之世，承田充兵，粮饷不差，地方足资守御。"充徭役，言入籍之土著为土兵，分守要隘，且耕且守。《桂北瑶族榜文》云："扼隘口把守，立王法，迎官接送，修补路途（官道），崩漏修整（驿舍）谨守隘口，以靖地方。""不事赋役，谓之瑶人""名为徭而实不供征役"与"徭人者，言其执徭役于中国也"并不矛盾。

生瑶与熟瑶的界分，是以入版籍为标准。《古今图书集成》卷1296《广西瑶僮蛮》谓："庆远思恩分生熟二等，入编籍为熟。"入版籍，始有租税差役之赋，未入版籍，王朝何据而敕令"其徭役科配并免"，故是把营田戍边，"执徭役于中国者"视为熟瑶，把"常免徭役""不事赋役"言为"生瑶"是错误的。

其次，瑶族自宋始从湖南迁徙岭南之说，不符史实。宋元两广各府州已遍布瑶族，宋代王象之《舆地纪胜》，清代《古今图书集成·职方典》，明清《广东通志》《广西通志》已有详载，本书予以采述。

③由于一些学者对粤北瑶族宗教信仰未作深入调查，多凭个人认识而作不恰当论断，谓"粤北瑶族宗教信仰道教化"。故是，以余在粤北乳源瑶族自治县，连南瑶族自治县（八排瑶）的实地调查，及民间收集到的《瑶经》和文献资料看，瑶族宗教信仰是在尚鬼崇巫原始宗教发展起来的民间宗教，不是道教化。宋代《方舆胜览》载："瑶俗畏鬼神。"《大清一统志》谓："（瑶人）信巫鬼重淫祠。"它是崇拜盘古（瓠）为主的祖宗崇拜，鬼神崇拜的多神信仰，它在发展的过程中吸收道教、佛教的尊神（元始、灵宝、道德天尊、释迦牟尼、观音菩萨等神）及其一些经典、符箓、榜牒与科仪，及儒家的伦理道德，来丰富自己的宗教，仍然保持自己宗教的特质与民族特色，其目的是求"人丁六畜兴旺，五谷丰登，财产平安，人寿年丰"，祈求现实生活的安居乐业、民族生存与文化传统的延续。

在瑶人心目中，盘古王是至高无上万物创造者，是瑶人的祖神，守护神，是拯救瑶人于苦难的永恒力量。"祖宗圣、祖宗神、祖宗永远保人民"。历史上凡是瑶人居住过的地方，都建有盘古庙以祭祀，初步统计，四川、河南、陕西、江苏、江西、湖南、广西、广东等省区均有盘古庙。

瑶人有自己供奉的六庙神，连州庙唐王圣帝，伏灵庙五婆圣帝，福江庙盘王圣帝，行坪庙十二游师，厨司（一作造司）庙五旗兵马，扬州庙宗祖家先。与道、佛教的神不同，瑶人以特有的歌堂为民族的礼仪祭拜盘王，盘王节为瑶人最隆重的庆典。

祭祀盘古王（瓠）之俗，历史悠久，晋郭璞《搜神记》载："用揉杂鱼肉，扣槽而号，以祭盘瓠，其俗至今。"即晋以前就已有之。唐刘禹锡为连州刺史，作《蛮子歌》："蛮语钩辀音，蛮衣斑斓布。熏狸掘沙鼠，时节祠盘瓠。"扣槽而号，为扣椿堂而歌，即歌堂，体现了瑶人宗教信仰的民族特色。

新中国成立之初对瑶族宗教信仰作过调查。但有关记述瑶族宗教信仰的专著很少，故本书多加叙述。

千百年来瑶族崇拜盘王的传统，宗教信仰一直根植于瑶族群众之中，具有深厚坚实的基础。它吸收道教与佛教的经典，不仅体现瑶族自身文化的优势，融化进本民族宗教活动之中，又体现中华文化兼收并蓄的优良传统。

岁月蹉跎，82岁之年，始动笔撰写是篇，不胜感慨，安贫知命，穷且益坚，希望能裨益于阅者。书中疏误之处，望读者指正。

# contents 目录

# 第一章　瑶族族称探讨

## 第一节　瑶名

瑶是他称，不是自称，自称为"勉""门"等。

瑶名源自古代的徭役世兵屯戍制度，《六书故》："徭，役也。"《说文》："役，戍边也。"《诗·小雅·采薇序》："遣戍役，以守卫中国。"所谓"徭"，即蛮夷归附，世代为兵，营田戍边，免其徭役（力役），由古之徭戍而得名。

瑶名始见于《梁书·列传第二十八·张缅弟缵绾》："州界零陵、衡阳等郡，有莫徭蛮者，依山险为居，历政不宾服。"所谓"历政不宾服"，意为历朝以来或叛或服。《宋史·蛮夷列传》卷493谓："西南溪峒诸蛮皆盘瓠种……后汉建武中，大为寇钞，遣伏波将军马援等至临沅击破之……历晋、宋、齐、梁、陈，或叛或服，隋置辰州。"

《隋书·志第二十六·地理下》云："长沙郡又杂有夷蜑，名曰莫徭，自云其先祖有功，常免徭役，故以为名。"莫徭是因先祖有（军）功，得王朝敕令，蠲免徭役。《辞书》："徭役，古力役之征也。"莫徭，为王朝戍边征战，而免其徭役（力役）。据此，我们从史籍记载，来探讨瑶族的族称的由来。

### 一　以先父有功，母帝之女，田作贾贩，无关梁符传、租税之赋

《后汉书·南蛮西南夷列传第七十六》载："昔高辛氏有犬戎之寇，帝患其侵暴，而征伐不克。乃访募天下，有能得犬戎之将吴将军头者，购黄金千镒，邑万家，又妻以少女。时帝有畜狗，其毛五采，名曰槃瓠。下令

之后，槃瓠遂衔人头造阙下，群臣怪而诊之，乃吴将军首也。帝大喜，而计槃瓠不可妻之以女，又无封爵之道，议欲有报而未知所宜。女闻之，以为帝皇下令，不可违信，因请行。帝不得已，乃以女配槃瓠。槃瓠得女，负而走入南山……经三年，生子一十二人，六男六女。槃瓠死后，因自相夫妻。织绩木皮，染以草实，好五色衣服。制裁皆有尾形。其母后归，以状白帝，于是使迎致诸子。衣裳斑兰，语言侏离，好入山壑，不乐平旷。帝顺其意，赐以名山广泽。其后滋蔓，号曰蛮夷。外痴内黠，安土重旧。以先父有功，母帝之女，田作贾贩，无关梁符传、租税之赋。有邑君长，皆赐印绶，冠用獭皮。名渠帅曰精夫，相呼为姎徒。今长沙武陵蛮是也。"

"其在唐虞，与之要质，故曰要服。夏商之时，渐为边患。逮于周世，众党弥盛。宣王中兴，乃命方叔南伐蛮方，诗人所谓'蛮荆来威'者也。又曰：'蠢尔蛮荆，大邦为雠。'明其党众繁多，是以抗敌诸夏也。"

"平王东迁，蛮遂侵暴上国。晋文侯辅政，乃率蔡共侯击破之。至楚武王时，蛮与罗子共败楚师，杀其将屈瑕。庄王初立，民饥兵弱，复为所寇。楚师既振，然后乃服，自是遂属于楚。鄢陵之役，蛮与恭王合兵击晋。及吴起相悼王，南并蛮越，遂有洞庭、苍梧（《路史》：地广，东至湘潭）。秦昭王使白起伐楚，略取蛮夷，始置黔中郡。汉兴，改为武陵。岁令大人输布一匹，小口二丈，是谓賨布。"

盘瓠的传说，表明盘瓠蛮夷（瑶族的先民）尊犬为图腾，为民族的标志，显示盘瓠蛮夷对王朝的忠诚。我们对传说中的犬理解为以犬对主人的忠诚效命，表示盘瓠蛮夷族群对中央王朝的服从与隶属关系。是保卫王朝的一支军事力量。

《汉书·卷三十九·萧何曹参传第九》载："汉五年，已杀项羽，即皇帝位，论功行封，群臣争功，岁余不决。上以何功最盛，先封为酂侯，食邑八千户。功臣皆曰：'臣等身被坚执兵，多者百余战，少者数十合，攻城略地，大小各有差。今萧何未有汗马之劳，徒持文墨议论，不战，顾居臣等上，何也？'上曰：'诸君知猎乎？'曰：'知之。''知猎狗乎？'曰：'知之。'上曰：'夫猎，追杀兽者狗也，而发纵指示兽处者人也。今诸君徒能走得兽耳，功狗也；至如萧何，发纵指示，功人也。且诸君独以自从我，多者三两人；萧何举宗数十人皆随我，功不可忘也！'群臣后皆莫敢言。"

汉高祖与诸功臣的对话，把披坚执兵，立汗马功劳的战将喻为狩猎的功狗，因而《南蛮传》盘瓠的传说表明：①盘瓠蛮夷是为国家效力，忠于王朝，归附于中央的族群，如板楯蛮，"天性劲勇，初为汉前锋……遂世世服从"；②政治上，先父有功，显示了盘瓠为王朝立军功。母为帝女，确立了蛮夷族群的身份与地位，与华夏族建立了不同社会体系之间的交往关系。族内有渠帅为邑君长，受王朝赏赐，授予印绶；③具有不同的语言与风俗的民族特质，"言语侏离""衣裳斑斓""自相夫妻"的族内婚。其宗教信仰，奉祀盘瓠，尊犬为图腾，作为民族的标志；④在地域上，居我国西南山区丘陵地带，"好入山壑，不乐平旷""帝赐以名山大泽"，居于山险水沮之地，居于山水。故《旧唐书·志第十六·天文下》有"南方蛮貊""岛夷蛮貊"之称（貊者，薄赋敛。岛夷卉服）；⑤经济上，已过着定居农耕生活，"安土重旧""田作贾贩""衣服制裁""田作贾贩，无关梁符传、租税之赋"，基本上反映了瑶族先民蛮夷的政治经济社会的全貌。

"其在唐虞，与之要质，故曰要服。"即是在尧舜时，盘瓠蛮夷族群是臣服于中央王朝。所谓"要服"，《史记·夏本纪第二》卷2谓："令天子之国以外五百里甸服……绥服外五百里要服：三百里夷，二百里蔡。要服外五百里荒服：三百里蛮，二百里流。东渐于海，西被于流沙。"南蛮是处于南方要服、荒服者也。

周朝之时，称之为"蛮荆"，亦称"荆蛮"，朱熹注释为"荆州之蛮"。《通历》谓："周武王十有三年，初是南海为藩服，于是蛮扬入贡方物。凡八蛮之距扬州者为蛮扬，近荆州者为蛮荆，皆贡而不税。贡则有蛮隶役于校人。八蛮者，天竺，咳者，僬侥，跂踵，穿胸，儋耳，狗轵，旁春。"（清道光《广东通志》卷331）学者认为，瑶族先民来自荆蛮，从《通历》的记载看，应包括扬蛮，蛮扬贡方物，"贡则有蛮隶，役于校人"。隶，是附属，贱者之称，即徒役者，《周书·五隶》："曰罪隶、曰蛮隶、曰闽隶、夷隶、貊隶"。校人："掌马之政，主池沼之小吏也。"由是观之，周时南蛮贡蛮隶而为朝廷服役。

"平王东迁，蛮遂侵暴上国……"盘瓠蛮夷活动的范围从荆州而河南，至山西，并与楚国作战，后来"楚师既振，然后乃服，自是遂属于楚"。楚强盛，吴起相悼王，南并蛮越，遂有洞庭苍梧（秦为长沙郡）。秦昭王使白起伐楚，略取蛮夷，置黔中郡（秦取巫郡及江南为黔中郡，包括川、鄂、湘、黔交界之地）。

晋干宝《搜神记》谓，高辛氏犬名盘瓠，今梁、汉、巴蜀、武陵、长沙、庐江郡夷是也。指出晋代盘瓠之裔分布范围。亦谓其"田作贾贩，无关梁符传、租税之赋"。

秦汉，蛮夷成为统一的国家成员之一，对国家负有一定的义务，"岁令大人输布一匹，小口二丈，是谓賨布"。王先谦注賨布，僚人细布。唐《通典·板楯蛮》谓："板楯蛮，巴郡阆中夷，巴人呼赋为賨，谓之賨人，汉末天下大乱，自巴西之宕渠迁于汉中杨车坂，其裔为沔中蛮。"

秦汉之际，蛮夷立功，经王朝敕令蠲免租赋者，史载有板楯蛮"秦昭王时，射杀白虎有功，昭王复夷人顷田不租，十妻不算。高祖为汉王，以夷人定三秦，复其帅七姓不输租赋，余户乃岁入賨钱四十"（《读史方舆纪要》卷48）。

《后汉书·南蛮西南夷列传第七十六》载："时，有巴郡阆中夷人……天性劲勇，初为汉前锋……遂世世服从。至于中兴，郡守常率以征伐。""板楯七姓，射杀白虎，立功先世，复为义人。其人勇猛，善于兵战。昔永初中，羌入汉川，郡县破坏，得板楯救之，羌死败殆尽，故号为神兵。……至建和二年羌复大人，实赖板楯连摧破之。前车骑将军冯绲，南征武陵，虽受丹阳精兵之锐，亦倚板楯以成其功。近益州郡乱，太守李颙，亦以板楯讨而平之。忠功如此。"此黔中蛮夷之有功者。

汉代，有功于王朝，受封于长沙有：

汉代越人番君吴芮，有功封长沙王，都临湘。《汉书·高帝纪第一下》："……从百粤之兵，以佐诸侯，诛暴秦……其以长沙、豫章、象郡、桂林、南海立番君芮为长沙王。梅鋗，吴芮之将，沛公攻南阳，遇鋗。与偕攻析郦，降之。乃项羽相持，以芮功多，封为衡山王，而鋗亦封十万户，为列侯。羽死，高祖以鋗率百越从入武关，有功故德，徙芮为长沙王，而鋗从之，所居曰梅山。海阳侯，以越队将从破秦，以都尉击项羽，千八百户。陆梁（陆量）诏以为列侯，自置吏，受令长沙王"（《史记·高祖功臣诸侯年表》卷18），"沅陵侯，长沙嗣成王子，侯"（《史记·惠景间诸侯表》卷19）。以上越人有功受封，在湘中、湘南、粤北、桂东北地区，其族裔，免于租赋。

汉武帝平定南越，所置岭南、西南等新郡，以其故俗，而无赋税。《汉书·食货志第四下》卷24载："番禺以西至蜀南者置初郡十七，且以其故俗治，无赋税。"（南海、苍梧、郁林、合浦、交阯、九真、日南、珠崖、儋耳、武都、牂牁、越巂、沈黎、汶山、犍为、零陵、益州）

《后汉书·循吏列传第六十六》载："先是，含洭、浈阳、曲江三县……民居深山，滨溪谷，习其风土，不出田租。"

以上材料说明，受王朝敕免租赋的，皆为王朝立过功。

东汉末年，由于国内外各民族有了大融合，三国时为争取蛮夷，壮大自己的力量，对蛮首予以赏赐，吸收为兵，屯田备战，于是形成了一个战斗的总体。（三国）吴、蜀两国，争夺长江流域之地，常发山越巂夷人为兵，由屯田发展成营田。特别是（吴）孙策时，对士兵免徭役及租赋，《三国志·吴书十六·潘濬陆凯传》卷16载："先帝战士，不给他役。"晋兵士另立户籍为"兵籍"，世代相袭为兵，兵户家属随营居住，而又称之营户。蛮夷营户，版籍不属所在州县，而属于所在军镇，为南蛮校尉所统领。

《太平寰宇记》载："戎本无君，夏后氏末，商周之际，或从侯伯征战有功，天子爵之以藩服，春秋陆浑蛮夷称子。"此亦先祖之有功者。

## 二　蛮户兵籍，营田徭戍，莫徭族群形成

南北朝时，征战繁剧，各封建王朝均以投降归附的蛮夷为兵，实行兵户制度。兵户立有专门户籍，谓之军籍（或称兵籍），还设立专门管理兵及其家属的机构"营"（五千余家，置营二十七）。兵户随营居住，故兵户又称营户。兵户身份低微，世袭兵户要解除军籍，必须经过敕免，有功可放免兵籍为民籍。

《宋书·列传第五十七·夷蛮》载："荆、雍州蛮，盘瓠之后也。分建种落，布在诸郡县。荆州置南蛮，雍州置宁蛮校尉以领之。世祖初，罢南蛮并大府，而宁蛮如故。蛮民顺附者，一户输谷数斛，其余无杂调……蛮无徭役。"南蛮、宁蛮校尉，为军事长官，统领蛮落，其内部仍由蛮首统领。蛮首受封建王朝赏赐为贵族，而全体成员亦兵亦民，具服兵役的终身世袭性特征。

蛮夷归附，授田以耕，兵籍，称之蛮户，见之史载。

《宋书·列传第二十五·刘道产》载："七年……随六郡诸军事、宁远将军、宁蛮校尉、雍州刺史、襄阳太守。……蛮夷前后叛戾不受化者，并皆顺服，悉出缘沔而居。"即归附蛮夷，移徙到沔水沿岸居住，授田以耕，

一户输谷数斛，其余无杂调（无徭役）。立为蛮户，兵籍，宁蛮校尉领之。蛮户之名，见《宋书·后妃传》卷41《文帝皇后》载："大明五年，世祖又诏曰：'赵、萧、臧光禄、袁敬公、平乐郡君墓，先未给茔户。……外戚尊属，不宜使坟茔芜秽。可各给蛮户三，以供洒扫。'"《宋书·列传第五十七·夷蛮》谓："……又以蛮户立宋安、光城二郡，以义之为宋安太守，光兴为龙骧将军、光城太守。"

蛮户兵籍，则见之，《宋书·列传第四·谢晦》卷44："以晦行都督荆湘雍益宁南北秦七州诸军事、抚军将军、领护南蛮校尉、荆州刺史（元嘉三年，太祖即位后），惧祸，反。……晦欲焚南蛮兵籍，率见力决战。"即以解除南蛮兵籍，放免为民，以激励南蛮士兵为其战斗。

兵籍蛮户，称之营户，见于《宋书·列传第三十七·沈庆之》卷77谓："元嘉十九年……大破缘沔诸蛮，禽生口七千人。进征湖阳，又获万余口。……分军遣庆之掩讨，大破之，降者二万口。世祖至镇，而驿道蛮反杀深式，还庆之又讨之。……平定诸山，获七万余口。郧山蛮最强盛，鲁宗之屡讨不能克，庆之剪定之，禽三万余口。还京师……南新郡蛮帅田彦生率部曲十封六千余人反叛……大破诸山，斩首三千级，虏生蛮二万八千余口……庆之前后所获蛮，并移京邑，以为营户。"

宋元嘉后期，沈庆之伐蛮，前后俘获20余万人，很多被迁徙到建康以为营户，并将进征湖阳所获的蛮族万余口迁于广陵，"雍州刺史武陵王讳讨缘沔蛮，移一万四千余口于京师"（《宋书·本纪第五·文帝》卷5）。

宋、齐、梁凡蛮夷营户，皆兵籍世袭，南朝（宋）以蛮夷营户戍役，奠定了莫徭族群形成。《南史·蛮貊下》谓："蛮夷猾夏，其作梗也久，宋之方盛，盖亦屡兴戍役。"《梁书·列传第二十八·张缅弟缵缵》载："州界零陵、衡阳等郡，有莫徭蛮者，依山险为居，历政不宾服，因此向化。"历政不宾服，言其时叛时服。《宋史·蛮夷列传》卷493谓："历晋、宋、齐、梁、陈，或叛或服，隋置辰州。"

据《通鉴·梁纪》载："简文帝太宝元年（公元550年），（宋）泰始籍民之材力者为府兵，身租、庸、调一切蠲之，以农隙讲阅作战，马畜粮备，亦众供之。"奠定蛮夷部落兵，部民服兵役的长期性与世袭性，和酋豪地位的固定性和世袭性，即部民世世代代是兵士，酋豪世代为军队的当然长官。数十万蛮户营田戍边，身租庸调一切蠲免（蛮无徭役）且耕且守以备战（古谓之徭戍），在营田内共同生活、生产、守边，免其徭役，长期形成了有共同习俗，传统文化共识，免于徭役的民族共同体，时人称之莫徭。

南朝（梁）莫徭族名的正式出现，从蛮夷中分化出来，成为有共同习俗与传统的族群，正是由蛮夷世袭兵役，营田屯戍，常免徭役而形成的民族共同体。

## 三　隋唐莫徭的分布与唐代徭名的确立

《隋书·志第二十六·地理下》载："南郡、夷陵、竟陵、沔阳、沅陵、清江、襄阳、春陵、汉东、安陆、永安、义阳、九江、江夏诸郡，多杂蛮左。其与夏人杂居者，则与诸华不别。其僻处山谷者，则言语不通，嗜好居住全异，颇与巴、渝同俗。诸蛮本其所出，承盘瓠之后。"又"长沙郡又杂有夷蜒，名曰莫徭。自云其先祖有功，常免徭役，故以为名。其男子但著白布裤衫，更无巾裤；其女子青布衫、斑布裙，通无鞋履，婚嫁用铁钴莽为聘财。武陵、巴陵、零陵、桂阳、澧阳、衡山、熙平皆同焉。其丧葬之节，颇同于诸左云"。

《隋书·志第二十六·地理下》所载莫徭分布于长沙、武陵与熙平等八郡。据唐代史料稽考，莫徭分布不止上述八郡。

《全唐文·遣使分巡天下诏》卷31云："其浮寄逃户等，亦频处分。顷来招携，未有长策。又江淮之间，有深居山洞，多不属州县，自谓莫徭。何得因循，致使如此？并与州县商量处置。"江淮间深居山洞之莫徭，是指上述《隋书·志第二十六·地理下》所载：南郡、夷陵……江夏诸郡其僻处山谷颇与巴渝同俗之蛮左。

隋代，隋炀帝增置军府，扫地为兵，大开屯田，承六朝之制，蛮夷归附，籍以为兵，免其徭役，谓之莫徭。其开发岭南，岭南俚僚原有部落兵，称俚兵，如"大宝元年，冼夫人举高梁俚兵破李迁仕，会陈霸先于灉石"（《古今图书集成》卷924《赣州府部纪事》），而唐称之莫徭。

隋代岭南与湖南交界五岭山脉，其间衡岭支脉，包含桂阳、衡阳、熙平等郡。开皇末，何稠讨桂州俚帅李光仕。《隋书·列传第三十三·何稠》卷68载："师次衡岭，遣使者谕其渠帅洞主莫崇解兵降款。桂州长史王文同锁崇以诣稠所。稠诈宣言曰：'州县不能绥养，致边民扰叛，非崇之罪也。'乃命释之，引崇共坐，并从者四人，为设酒食而遣之。崇大悦，归洞不设备。稠至五更，掩入其洞，悉发俚兵，以临余贼。"衡岭诸峒，即《梁书·列传第二十八·张缅弟缵缵》所谓零陵、衡阳等郡莫徭依山险而居之地。另据《梁书·列传第二十六·兰钦》载："又假钦节，都督衡州三郡兵，讨桂阳、阳山、始兴叛蛮。"清金光祖《广东通志》卷19载："梁大同中徐度从始兴太守萧介赴郡，时诸峒瑶僚屡出剽掠，境内大扰，介令度帅师讨之。"明代嘉靖《衡州府志》卷34载："梁大同十一年，时湘、衡之界五十余洞，不宾救令，衡州刺史韦粲讨之，粲委颊（欧阳颊）都督，悉皆平殄。"此该可以说明衡岭诸峒，居住俚僚，诸峒俚人，唐谓之莫瑶（《天下郡国利病书》卷18："俚俗有二，一曰瑶，二僮。"）。

由于唐王朝实行府兵制，府兵选自户籍或土著应募，开军府以捍卫要冲，因隙地置营田，在少数民族地区实行团结训练，设立防御守捉使，各道设营田使，经团结训练的蛮僚营田守边，免于徭役，而称莫徭。《全唐文》卷413《授魏少游洪吉等州团练使制》谓："可使持节督洪州诸军事守捉洪州刺史，兼御史大夫江南西道洪、吉、虔、抚、信、袁、江、饶等州都团练守捉观察处置及莫徭军使。"洪、吉等州，其土著南朝时称僚子，团结训练为兵，称之莫徭军。

唐代安史之乱前后，为加强对少数民族地区的统治，开元二十六年，在黔州置五溪诸州经略使，天宝时经略使增领守捉使，代宗广德二年置湖南团练守捉处置使，并永、道等州。乾元元年置韶、连、郴团练守捉使。乾元二年置鄂、岳、沔州都团练守捉使，治鄂州。

唐代宗时，诏定诸州兵皆有常数，其差点土人秋冬追集者，谓之团结，又谓之团结兵。《资治通鉴·卷第二百二十五·唐纪四十一》载："代宗大历十二年五月，又定诸州兵，皆有常数，其召募给家粮、春冬衣者，谓之'官健'；差点土人，春夏归农、秋冬追集、给身粮酱菜者，谓之'团结'。"

唐乾元元年（公元758年）置韶、连、郴三州团练守捉使，治韶州，团结训练之土兵，谓之团练兵，由团练守捉使领之，公私营种，且耕且战。此三州之蛮僚团练兵时称莫徭军，此三州之土著蛮僚，称之莫徭。

唐元和十年刘禹锡为连州刺史，有《莫徭歌》："莫徭自生长，名字无符籍。市易杂鲛人，婚姻通木客。"《连州腊日观莫徭猎西山》："海天杀气薄，蛮军步伍器。林红叶尽变，原黑草初烧。围合繁钲息，禽兴大旆摇。

张罗依道口，嗾犬上山腰。……箭头余鹄血，鞍傍见雉翘。日暮还城邑，金筛发丽谯。"蛮军，即莫徭军。

唐代韶、连、彬三州都团练使所辖地区，团结训练莫徭军，其地望与南朝梁欧阳頠为临贺内史，"大同十一年，时湘、衡之界五十余洞，不宾敕令，衡州刺史韦粲讨之，粲委頠都督，悉皆平殄"（明嘉靖《衡州府志》卷34 事纪）。亦与《宋史·蛮夷列传》所载："蛮徭者，居山谷间，其山自衡州长宁县，属于桂阳，郴、连、贺、韶四州，环纡千余里，蛮居其中，不事赋役，谓之瑶人。"地望吻合。亦与何稠发俚兵之地，衡岭诸洞相合。唐代莫徭分布地除《隋书·地理志》所载八郡外，唐杜甫《岁晏行》诗云："岁云暮矣多北风，潇湘洞庭白雪中。渔父天寒网罟冻，莫徭射雁鸣桑弓。"蒙叟注谓："莫徭江湖猎手，不他徭。"不他徭即常免徭役。

此外，史籍还记载，在蜀中，有"阆中莫徭，以樵采为事"（《文苑英华》卷409）。三国周谯《三巴记》载："阆中渝水，賨民锐气喜舞。"《风俗通义佚文》："巴有賨人，剽勇，高帝为汉王时，阆中人范目说高祖募取賨人定三秦，封为阆中慈凫乡侯，并复除其所发賨人卢、朴、沓、鄂、度、夕、龚七姓，不供租赋。"（《文选·蜀都赋》李善注）《宋史》卷496谓："渝州蛮者，古板楯七姓蛮。"唐阆中莫瑶，古先板楯蛮也。

《太平寰宇记》卷101记载："建宁县，本将乐县地，晋绥城县，莫徭之民居之。"

综上所述，唐代莫徭之分布，有长沙、武陵、巴陵、零陵、桂阳、澧阳、衡山、熙平等郡与江淮、江南西道洪、吉、虔、抚、袁五州，韶、连、贺、郴州及四川阆中、福建建宁县。

唐代中叶以后，随着府兵制破坏，代之而起的是募兵制，而莫徭仍保留营田戍边的世袭兵制。

莫徭是蛮夷归附，入版籍，世袭为兵，营田戍边，免于徭役，长期形成的。是蛮夷基于兵役、赋役制度下形成的族群。因此，我们回顾古代徭戍制度，会有利于我们理解莫徭的形成。由于营田戍边，免其徭役而称之徭。

税与赋二者，古代有别，税以足食，赋以足兵，至后世，则渐混而为一，至于役则系征收其劳动力。古代力役与兵役不甚区别，与赋税二者截然不同，而近世亦并为一谈。

《汉仪注》谓：算赋，民年十五以上至五十六，出钱人百二十为一算，为治库兵车马。更赋：兵役与力役不甚别，更有三品，有卒更，有践更，有过更，古者正卒无常人，皆当迭为之，一月一更，是为卒更。贫者欲得雇更钱者，次值者出钱雇之，月二千，是为践更。天下人皆直戍边三日，亦为更，律所谓徭戍，诸不行者，出钱雇戍者，是为过更。①

范文澜《中国通史简编》谓："汉朝规定人人必须到边疆去当戍卒三日，但事实上不可能，汉之边防屯戍多在西北，且屯戍之期常在一年以上，往往就地调凉州人为戍卒，后来多遣罪谪与胡羌人为胡卒，内地人不必为屯戍，这项'三日之戍'的兵役义务等于具文，于是规定不能往戍者，须出钱三百，官家以此津贴戍卒，叫做过更，这过更等于一种变相的赋税，古时称戍边为徭戍，遂称此为徭赋。"

故是，莫徭名起自徭戍。唐李华《吊古战场文》："浩浩乎，平沙无垠，夐不见人。……黯兮惨悴，风悲日曛。……亭长告余曰：'此古战场也。尝覆三军。往往鬼哭，天阴则闻。'伤心哉！秦欤汉欤？将近代欤？吾闻夫齐魏徭戍，荆韩召募。"

唐代实行府兵制，府兵选自户籍或土著应募，开军府以捍卫要冲，因隙地置营田。《续通典》卷5载："屯田：自唐末中原宿兵所在，皆置营田以耕旷土。"府兵制兵农分离，即兵役与力役分开，兵役称徭戍，力役称徭役，服兵役者免徭役，而农民不服兵役，而输赋役。《旧唐书》卷40载："凡赋役之制有四，一曰租、二曰调、三曰役、四曰杂徭。"

唐兵农分离，从唐代的诏令中可以见到，《全唐文·置劝农使诏》卷29："恤编户之流亡，阅大田之众寡。至如百姓逃散……勿令州县差科，征役租庸，一皆蠲放。"《安存流民诏》："近闻河南宋沛等州百姓，多有沿流逐熟去者，役有徭戍之勤……减停征徭，与人休息。"营田屯戍称徭戍，服兵役称徭。

为正确反映蛮僚营田戍边徭戍之义，唐李吉甫《元和郡县图志·江南道五》卷29《潭州》条载："（晋）怀帝分荆州湘中诸郡置湘州，南以五岭为限，北以洞庭为界。汉唐以来，亦为重镇。今按其俗，杂有夷人名曰徭，自言先祖有功，免于徭役。隋开皇九年平陈改为潭州。"（潭州，旧为长沙

---

① 吕思勉：《中国制度史·赋役》，上海三联书店，2009。

郡）从此瑶名确立。宋《太平寰宇记》卷114 谓："潭州其俗杂有夷人，名徭。"

## 四　营田戍边，不事赋役，谓之瑶人

宋承唐朝对少数民族的羁縻政策，"树其酋长，以自镇抚"。蛮僚土著充弓弩手，营田守边，免其赋役，谓之瑶人。

《宋史·蛮夷列传》载："庆历三年，桂阳监蛮瑶内寇……蛮瑶者居山谷间……属于桂阳之郴、连、贺、韶四州环行千余里，不事赋役，谓之瑶人。"宋范成大《桂海虞衡志》谓："名为瑶，而实不负征役。"即是说营田戍边，服兵服，不事赋役（赋税及差役）。

宋代一些著作，对瑶人称谓，有从版籍上区分，如宋陈师道《后山谈丛》谓："二广，居山谷间，不隶州县，谓之瑶人。"营田戍边，世袭兵籍，由军镇管理，其户籍不入州县行政管理。有从兵籍，营田戍边，以古徭戍之义，而称之为徭，如宋周去非《岭外代答》谓："徭人者，言其执徭役于中国也。"意为瑶人为国家营田戍边。有从赋役上，营田戍边，不事赋役，而谓瑶人。《文献通考》谓："溪洞诸蛮，种类滋炽，保据岩险，或叛或服，控制陬落，须其土人，故置是军（义保），皆选自户籍，蠲免徭赋，番戍寨栅。"《宋史·蛮夷列传》卷494 载："绍兴三年，臣僚言：武冈军溪洞旧尝集人户为义保，盖其风土、习俗、服食、器械悉同徭人，故可为疆场捍蔽。"武冈土著为义保习俗悉同徭人，而称为徭。故此《宋史·蛮夷列传》卷493 记述瑶族用猺字，卷494 记述瑶人为徭字。

史籍关于瑶人营田戍边，免于赋役的记述。

《宋史·兵志》卷187 载："守京师备征战曰禁军。诸州之镇兵，以分给役使曰厢军。选于户籍或（土民）应募，使之团结训练，以为所在防守曰乡兵。"

"元祐七年，选差邵州、邵阳、武岗、新化等县中等以下户充土丁，弩手，与免科役。"

《宋史·蛮夷列传》卷494 载："绍兴六年（1136），帅司言，营田四州（辰、沅、澧、靖），旧置弓弩手九千一百一十人，练习武事，散居边境，镇抚蛮夷，平居则耕作，缓急以备战守。"《宋史·食货志》卷176："前代军师所在、有地利则开屯田营田，以为馈饷，路帅悉领营田使，营田其徭役科配并免。"可见以土著为弩手，分处要害，营田戍边，免科配，平居耕作，缓急以备战守。徭役科配并免，即"不事赋役"。

宋嘉定五年（1212）臣僚言："辰、沅等州，旧尝募民为弓弩手，给地以耕，俾为世业，边陲获保障之安，州县无转输之费。"七年（1214），臣僚复上言，"辰、沅、靖三州，多接溪峒，其居内者为省民，熟户山瑶峒丁乃居外为捍蔽。其初，区处详密，立法行事，悉有定制，峒丁等计口给田，一夫岁输租三斗，无他徭役，故乐为用，边陲有警，众庶云集，争负弩矢前驱，出万死不顾。比年防禁日弛，山瑶峒丁得售私田，宜敕湖广监司檄诸郡，俾循旧制毋废，庶边境绥靖，而远人获安"（《宋史·蛮夷列传》卷494）。

从上述史料看，募山瑶弓弩手营田戍边，计口给田输租（丁身米）无他徭役之制，宋嘉定之前已有之。《皇朝编年纲目备要》（宋本）载："景德二年五月，给弓箭手田。"且耕且守。《永州府志》卷5下《瑶防古今因革论》谓："凡良瑶禀听官府号令，即宋之所谓熟户山瑶也。其田有税而无役，即宋之丁米，而无他科也。其耕民田者，富民役属之，有盗贼亦可以御之，即宋之任其耕种，边界有警，而极力为卫也。每溪洞间，瑶所聚居，必立瑶老以长之，小则瑶老经自分解，大事不决，乃讼于官府，即宋之设总首以任弹压之责。各乡设团，择其势力可以服人者以为团长以率之。其迫及溪洞要害之处，又设营堡，召募勇力者谓之杀手，分布各营以守之。"对宋营田戍边，结合永州实际状况作如上阐述。

《汝城县志·武备》卷19载："建炎后，荆湖有义军土丁弩手之制，以御溪洞诸蛮。蛮僚据险，叛服不常，控制须用土人，选自户籍，免其徭役，更番迭戍，盖安其风土，则罕撄瘴毒，知其区落，则可制犵狫，其校长有都头、军头，皆叙功补选，使相综领，有御侮之备，而无馈粮之劳，其后归、峡、鼎、郴、衡各置土丁弩手，以御溪峒诸蛮。"即招募之弓弩手土丁，人给田耕，免其赋役，平时耕种，有边警则充当前锋。宋曾公亮《武经总要前集》卷20《荆湖两路》条载："其澧、辰、峡、潭、全、邵、永州仍募土丁置寨将。"辰、澧等州土人应募，营田戍边，免于赋役而称瑶。

岭南东西路土人营田守边，参戍的情况，《宋史·兵志》卷187载："熙宁十年（1077）枢密院诣，邕、钦峒丁并为三等，军功武艺出众为上，蠲其徭役。人材矫捷为中，蠲其科配，余为下。边盗发，则酋长相报，率众以捍寇。"

《永乐大典》卷8506《南宁府志》载："《邕州志》：熙宁二年六月，枢密院言：闻邕州、钦州洞丁能饶通，但训练不至，激赏无术，欲令分为三等，有战、阅武艺出众为上等，免差役；人材骄捷为中等，免科配；余为下等。检准元丰法应两江洞丁，自二十以上，六十以下，并须尽数供通其丁壮，仍分三等，内曾战功或武艺如能出众者为上等，人材骄捷，习熟武艺者为中等，余下等。上等人以备缓急，选募出战与免诸般差役及科配，中等以备把阨隘栅，防守溪洞，互相照应，警遏盗贼，及镇寨代戍与夫免役，下等人以自来条例，轮流差使，遇调发出战，即负器甲锚。"

《续资治通鉴》载："仁宗嘉祐元年八月，李师中提点广南西路刑狱。师中建言：'岭南自古不利戍兵，乞置土丁，募敢勇，家丁至四五则藉一人。总为五番，上州教阅，不及五百人为四番；利器械，农隙训之，禁一切他役。'于是一路得四万余人。"

建炎后砦兵，荆湖南路、福建路、广西路（贺州二砦，临贺、富川、昭州、四砦、钦州二砦）（《宋史·兵志》卷187）。

宣和七年（1125）三月，诏："广南东、西路，地远山险，盗贼间有窃发，内郡戍兵往彼屯守，多缘瘴瘟疾病，不任捕盗，又不谙山川道路林壑曲折，故盗不能禁，可令巡检下招置土人健勇者参戍之半，易于擒捕，令枢密院行之。"

宋《舆地纪胜》卷103载："静江府：张田，熙宁九年知桂州，溪洞酋长请选将练土兵以代戍守。"卷106载："邕州：籍峒丁二万七千人，左右江四十五峒，阅土丁精兵五万。"

"土人健勇者参戍之半"，岭南土著是俚僚，即俚僚之土丁、峒丁参与屯守戍边，而为瑶兵，免其赋役科配。因而召募之俚僚健勇参戍于巡检，就不仅具乡兵性质，而具有厢军性质。《宋史·兵志》卷186载："庆元中，招收广南巡海水军忠毅、澄海，虽曰厢军，皆于旗鼓训练，备战守之役，于是岭南州军，多并教阅厢军，免其徭役。"于是岭南俚僚沿海疍民、卢户（卢亭）（旧称鲛人、泉郎，白水郎，旧为刘宋卢循、徐道覆败散之卒始兴奚子。）召募为巡海军者，皆称之为瑶。如宋广东、东莞属之大奚山土人称之为瑶，"庆元三年，盐司峻禁，瑶人遂啸聚为乱"。"庆元六年，减瑶洞之

成，屯官富场，后悉罢之。"（《古今图书集成》卷 1393）

《天下郡国利病书》卷 103《广东·峒僚》谓："东莞县大奚山，在县南大海中，有三十六屿，周三百余里。《旧志》云：居民不事农桑，不隶征徭，以渔盐为生，宋绍兴中招降其人来祐等，谓选少壮者为水军，老弱者放归立砦，砦水军使臣一员，弹压官一员，无供亿，宽鱼盐之禁，谓之醃造盐，庆元三年，盐司峻禁，遂啸聚为乱，遣兵讨捕，徐绍夔等就擒，遂据其地。经略钱之望与诸司请于朝，季拨摧锋水军三百以戍，季一更之，六年复清减卒之半，屯于官富场，后悉罢之。"

明初，亦有召募蜑人为水军之举，《明史·列传第十七·廖永忠》卷 129 载："十四年，闽、粤盗起，命庸讨之。……奏籍蜑户万人为水军。"

《宋史·高宗纪》载："高宗建炎十二月，增置广西弓手以备边。三年七月，诏闽、广诸路教峒丁，枪杖手。"

元丰六年，广西经略使熊本进言："宜州土丁七千余人，缓急可用，欲令所属编排分部都分，除防盗外，缘边有警，听令合掩捕。"（《宋史·兵志》卷 120）

广南东路枪手，嘉祐六年，惠、梅、潮、福、循五州，以户籍增置，二等以上免身役，四等以下免户役，岁以十月一日集县阅教（《宋史·兵志》卷 120）。

林概，康定中以大理寺丞出知连州，"时州数被流贼，概选土民为兵，栅要冲，购瑶人使之守御，由是贼不敢犯"（清郝王麟《广东通志》卷 29）。土人俚僚为兵，不事赋役是谓瑶人。

《宋史·兵志》卷 120 载："乡兵选自户籍，或土著应募，在所团结训练，以为防守之兵也。当时荆湖南、北有弩手、壮丁，广南东、西有枪手、土丁，邕州有溪峒壮丁、土丁。以其田募民耕，户两顷，蠲其户以为保甲。熙宁七年，以土田募弓弩手。十月中书条例司分五路弓箭手，砦户除防扼巡警缓急事许差发外，若修城诸役，即申经略安抚钤辖司，其有擅差发及科配和雇者，并科违制之罪。从之。广南枪手、土丁、峒丁，湖南弓户，福建乡丁、枪户依此法。"此亦说明，土著团结训练，营田戍边，不事赋役，谓之瑶人。

《宋史·兵志》亦谓："内属部落，团结以之藩篱之兵也。"即营田守边。

"诏福建，广东，团结民壮"。即团结训练土著之民健勇者，有团练使领之。

唐肃宗元年诸州置团练使，代宗后凡刺史悉带团练使。宋团练使无定员。

"大观二年（1108）诏：熙宁团集左右江峒丁十余万众，自广以西赖以防守，今又二十万众未归。"

团结训练营田之制唐已有之，故是宋代岭南俚僚，因团结训练土著，营田戍边，而为瑶者众。

宋《桂海虞衡志·瑶人》谓："乾道九年（1173）夏，遣吏经理之，悉罢官军，专用边民（土著，岭南俚僚），籍其可用者七千余人，分为五十团，既数月，诸瑶团长袁台等数十人，诣经略司谒谢。又各以誓状来，其略云：某等既充山职，今当钤束男侄。"这说明山僚之归附者，入版籍，营田戍边，不事赋役而谓瑶人。土著应募为弓弩手，免其徭役，营田戍边免其徭役称之瑶人。因此构成瑶人来源成分复杂多元。

广西同样有瑶兵之设，《广西通志·宦迹》卷 245 载："刘子荐，吉州福安人，知融州，德祐二年（1276）十月，北兵（指元军）至静江，权经略使马塈遣子荐提瑶兵药弩手守城东门。"

景定元年（1260）蒙古世祖忽必烈建元中统，这对风雨飘摇的南宋政权予以沉重打击，只有南方及西南边疆可以退守，而这些熟户山瑶峒丁弓弩手，是勤王之师的一支力量。后来文天祥在江西募勤王之师，其中就有山区的瑶族、畲族、峒僚。《资治通鉴·卷第一百八十一·宋纪一百八十一》载："勤王诏至赣，天祥捧之涕泣，发郡中豪杰，并结溪峒山蛮，有众万人，遂入卫。"为适应以后更大范围内动员这批力量，战略转移更具流动性，修订了以前计口给田的规定。在当时战争情况下，中原人民大量南迁，对瑶人计口给田已不可能，改以为三锹以上之地，任其开垦，大量发给券牒或换发券牒，一来可借此募勤王之兵，以此稳定与固守西南边疆，二可避免与当地豪强与南迁百姓争夺田地的矛盾，并且利用这批人力开垦荒田荒山增加粮食生产，这可能是《过山榜》（又称《评王券牒》）大都写上景定元年发给的原因。

宋代山瑶计口给田输租（丁身米）俾为世业，无他徭役，边陲有警，众庶云集，边陲获保障之安。这种营田屯戍的世袭调发制度，为瑶兵制奠定模式。各地称谓不同，有称之寨丁、隘丁，广东连平称之巢田兵，畲族称之畲兵。

地方志记载唐宋少数民族地区募土民为兵的史料，如《永州府志·武备志》卷4载："（唐）开元中置五溪诸州经略使，天宝时经略使增领守捉使。天宝末，诸军皆募民为兵，代宗广德二年，置湖南都团练守捉处置使，兼永、道等州。"宋代道、永等州溪峒置义军土丁弩手。建炎三年（1129），诏荆湖教峒丁枪杖。景泰三年（1203），安抚赵励亮选土豪瑶人总首，以任弹压。《汝城县志·武备》卷19载："建炎后，荆湖义军，土丁，弩手之制，以御溪峒诸蛮，蛮僚据险，叛服不常，控制须土人，选自户籍，免其徭役，更番迭戍，盖安其风土，则罕撄瘴毒，知其区落，则可制狡犷。其校长有都头、军头，皆叙功选补，使相综领，有御侮之备，而无馈粮之劳，其后荆南归、峡、鼎、郴、衡各置土丁弩手，以御溪峒诸蛮，桂邑密迩峒瑶当时应分置。"

由于历代兵（军）役，赋役制度形式内容有所变更与差异，因而徭役的内涵亦有所不同，唐军役与力役分离，徭役只指力役，故瑶"常免徭役"。而宋代厢军，"诸州之镇兵，以分给役使"，兼有力役的内容，故瑶"不事赋役"，表述时徭役指赋役（赋税与差役），宋范成大《桂海虞衡志》谓"名为瑶，而实不负征役"。不负征役，即不事赋役。仍有著作谓"无他徭役""免于科役"。宋周去非《岭外代答》以土人应募营田戍边，参成巡检兵丁，具厢军性质，以古代徭戍之义（《六书故》："徭，役也。"《说文》："役，戍边也。"《诗·小雅·采薇序》："遣戍役以守卫中国"），则谓："瑶人者，执徭役于中国也。"不用"名为瑶而不负征役"，故将土人参戍，营田守边之瑶人，谓为"执徭役于中国也"。

宋代募土著为弓弩手，团结训练蛮僚，营田戍边，不事赋役谓之瑶人，故人数众多分布更广。

宋代湖南瑶族之分布：辰、沅、澧、靖、鼎、岳、潭、邵、衡、永、郴、道、全（后属广西）。

广东瑶族分布：肇庆、德庆、英德（府）、广州、韶州、连州、南恩州、高州、潮州（元）、循州（元）。

广西瑶族分布：静江府、庆远府、思恩府、贺州、梧州、浔州、邕之横州、全茗州。

贵州瑶族之分布：建平、从、允三州。

江西瑶族之分布：龙泉、南安。

## 五 募民立屯，屯田徭户

元代，刘国杰恢复宋代营田戍边制，募民立屯，《续资治通鉴》卷5232载："成宗元贞元年（1295）六月，辰、澧接溪洞，宋尝募民立屯，免其差役，使御之，在澧者曰隘丁，在辰者曰寨兵，宋亡皆废。湖广平章刘国杰悉复其制。继又经画茶陵、衡、郴、道、桂阳。凡广东、江西盗所出入，南北三千里，置戍三十有八，自是东至交广，西至黔中，地周湖广，四境皆屯戍。"而立屯被募之民，即该州土著蛮僚，而为隘丁、寨兵，免其赋役，是谓瑶人。《元史·秃忽鲁传》卷134载："至元二十九年，辰州蛮叛，副枢刘国杰，金院唆木兰往讨之，不利，移文索辰、澧民间弩士三千，汉军不习弩，因蛮攻蛮，古所制。"民间弩士，即宋之弓弩手，而募民立屯，亦即蛮僚（土著）归附，入版籍，营田屯戍，免其徭役，使御之。屯田徭户弓弩手，亦称徭兵。《古今图书集成》卷1266《辰州府兵制考》载："《泸溪县志》本县先年上下五都蛮民，惯习刀弩，勇悍可用，免其差役，俾守县治。"

《元史·成宗纪》卷18载："行枢密院臣刘国杰讨长洲贼，诏选州民刀弩手助其军。"

元代，湖广平章刘国杰，悉复宋营田戍边之制，而称之民屯，免其徭役，使御之。《永州府志·食货志·户口》卷76载："道州土著民屯徭户38644户，宁远土著民屯徭户23357户，永明土著民屯徭户23769户，新田土著屯田徭户15013户。"屯田徭户之田，称徭田。

《元史·兵志》卷100载："屯田，为守边之计。""赣州路南安寨兵万户府屯田：成宗大德二年正月，以赣州路所辖信丰，会昌、龙南、安远等处，贼人出没，发寨兵及宋旧役弓手与抄数漏人户，立屯耕守，以镇遏之，为户三千二百六十五，为田五百二十四顷六十八亩。""汀、漳屯田，世祖至元十八年，以福建调军粮储费用，立屯田，命管军总管郑楚等，发镇守士卒年老者、不堪备征战者，得百有十四人，又募南安等县居民一千八百二十五户，立屯耕作。成宗元贞三年，命于南韶、黎、畲各立屯田，摘拨见戍军人，每屯置一千五百名，及将所招陈吊眼等余党入屯，与军人相参耕种，为户汀州一千五百二十五名，漳州屯一千五百一十三名，为田汀州二百二十五顷，漳州二百五十顷。"土著畬人（陈吊眼为畬人首领）屯田，是为瑶户，此后乃见汀、漳瑶人之名。

《元史·兵志》载："元制，郡邑设弓手以防盗，职巡逻，专捕获，官有运纲及流徙者至，则执兵杖导送，以转相传授，外则不取役（免其徭役）示专其职。"

兹就湖南地方志所载，有关瑶人营田戍边之情况，简述如下：

晃州：（宋）营田弓弩手。

（元）巡检弓手。

（明）巡检弓兵，巡检司率徭役弓兵警备不虞（《晃州厅志·兵志》卷51）。

宝庆府：（宋）梅山开后，峒瑶拒险，其投诚者，随部分编伍而去（《宝庆府志》卷末上）。

东安："瑶峒六处，皆熟瑶，自明以来，俱附宣义中乡里，籍粮当差。本朝（清）以来，久已向化，以西华流人唐氏、廖氏设两瑶户，岁输粮一石二斗。"（《东安县志·纪事》卷2）

永州："（宋）道、永等州溪峒，置义军土丁弩手，淳熙二年，敕募弓弩手，教阅犒物如禁军例。"（《永州府志·武备志》卷8）

"瑶家伍籍（军籍），以瑶版为凭，盖先朝所定，上书盘瓠，旁记其派系。"（《永州府志》卷5下）

零陵县：瑶峒，上午辛峒，皆熟瑶，在二十五里内，听本县纳粮当差（《零陵县志·风俗》卷5）。

江华县：瑶峒，竹子尾宿，平冈尾宿，且久宿，三宿俱在上五堡，皆平地瑶。洪武初年，瑶老李东幼等共十七户，约三百余名，县令周于德协同百户韩恩招抚，下乡买大同乡民秋粮一百四十石三斗零为业，编户四十五，每宿金点一人为千长，又立瑶老为约束，后有征调，惟听韩恩后裔遣使（《永州府志》卷5下）。

广东募瑶人弓弩手立屯戍守，《续资治通鉴》载："仁宗皇庆元年，其岭表要害，因募土人从戍。"高、雷、化、廉州募民立屯，"至元十年，雷州路千百六十户，高州路九百四十八户，化州路八百四十三户，廉州路六十户"（清道光《广东通志》卷161）。《乳源县志》载：屯田二处，明不再设置。高雷等四州募民立屯，民户为土著蛮僚之归附者，即此四州之瑶人。

元陈大震《南海志》卷10《兵防》谓："兵以防民，常制也，广为岭南巨镇，山林险隘之地，水道津要之冲，自唐宋以来，设屯戍、司马巡捕弓手、巡检寨兵、水马站，朝廷立法，舟站夫税与他役并免。"

广西方面的状况：

清雍正《广西通志·兵制》卷46载："元世祖置屯军隘口，募兵耕种。"募当地土兵（土著为兵）且耕且守，而为瑶户。顺帝至正十年，中书奏准广西平乐等古城、竹山院、桑江隘、尊化乡刺坊岭，湖南道州等路，置义兵千户，所募土人为军，讨贼守御。土兵、义兵且耕且守，时称瑶兵。

由于刘国杰恢复宋营田戍边的制度并加以推广，湖广、岭南、江西等地置36屯，屯田瑶户增加很多，因此瑶人分布范围较宋更广，人数众多。如广东循州宋代称蛮僚，而元代称瑶，福建汀、漳宋代称畲军，元代称之瑶兵。

由于阶级矛盾时而瑶兵激变，"静江路徭兵为寇，湖广行省督兵捕之"（《元史·本纪第三十·泰定帝二》卷30）。"八番顺元及静江、大理、威楚诸路徭兵为寇，敕湖广、云南二省招谕之。"（《元史·本纪第二十九·泰定帝一》）

元代，其他各地有关瑶兵之记载：

元舒頔《贞素斋集》卷3《祭先妣安人戴氏文》："壬辰（1292）夏四月，寇至邑，絜家上坑口依亲弟故瑞夕即……迨至丙年（1296）二月，洞瑶卒至，时寇据五郡猖獗，瑶却捕，屯驻水涡仅七八千余人，恣杀人掳牛羊如妇丝帛之物，时俱苧子莫之避，众惊懼，以货通于瑶，老幼间道出。"舒頔，字道之，绩溪人。

《古今图书集成·职方典》卷955《杭州府部纪事》载："至正十六年二月，红巾临平江，浙江省丞相塔夫贴木儿大懼，召杨完者以救兵来守杭州。杨完者，武冈绥宁之赤水人，初群无赖啸聚溪峒，完者内深刻持权诈，故众推以为长。王事日棘，湖广陶梦桢举师勤王，闻苗有众司斗击，往招之，由千户累阶至元帅。梦桢死，枢密院制阿鲁恢总兵驻淮西，仍用招纳，既得旁缘，中国不可复控，略上江，顺而下，抵仪征，度扬子宿留广德、吴兴间，至是应召来杭，所统苗僚洞瑶。"

## 六 广东设立瑶兵

明初，有弓兵应役之制，洪武五年，准招瑶弓弩手击贼之举①并将归附的瑶人入籍当差。"洪武初，瑶剽阳山村落，寻降，太祖赍抚陈阳满等386 户，入籍当差"（民国《阳山县志》卷 15）。

不论招募的弓弩手是否入籍当差（"差"，言服兵役，不是民户的差役），均照营田屯戍之制，给田输租，免其徭役，使御之。据清光绪《德庆州志》卷 9 载："瑶在晋康都城者，前代已尝为患，洪武二十六年，三十六年讨平之，永乐元年向化贡献，朝廷授以敕谕，自是皆佃耕民田而输纳租米。故洪武，永乐以后一瑶皆百姓之役。"即为守隘或驿、铺之役。

《明太宗实录》卷 52 永乐四年三月甲午条载："广东高州信宜县陆毫、云峒、下水三山瑶首盘贵等来朝，上嘉向化，赐赏遣还，仍敕有司免其徭役。"仍承前制且耕且守，免其徭役。

湖南蓝山县荆竹公社瑶民保存的《过山图》记载瑶人被招募为弓弩手，为瑶兵的情况："洪武五年，广东省广军作乱，皇恩照准招瑶弩手剿灭广贼。隆庆二年，江、蓝二县苏都太爷在广东奉旨招瑶弩手，镇治柳（郴州）城池地，瑶弩铳手，协手射死流贼，助国安邦。"②

《桂北瑶族榜文》载："景泰恩开榜文，招粤东韶州府乐昌县盘瑶人民把守隘口……谨守隘口以靖地方。"

广东瑶兵之制，据地方志记载："明成化间，高州知府孔镛立抚瑶，拨荒田以俾之耕，有事则按籍调遣，遂立瑶兵，每山每寨设瑶目统辖之。"其员额茂名县听招瑶共 31 山，抚瑶 7 名，领瑶兵 535 名，背招瑶共 13 山，抚瑶 3 名，领瑶兵约 140 名。电白县听招瑶山共 21 山，抚瑶 3 名，领瑶兵 942 名，化州听调瑶共 51 山，抚瑶 3 名，领瑶兵约 524 名（清道光《广东通志》卷 330）。"信宜县听招瑶 15 山，抚瑶 2 名，领瑶兵 230 名，背招瑶共 12 山，抚瑶 2 名，领瑶兵 350 名，流瑶共 125 名，听调防岭底寨，瑶总一名领之。"（《天下郡国利病书》）《古今图书集成》卷 1393 载：《广东瑶僮

①《过山榜》编辑组：《瑶族〈过山榜〉选编》，《过山图》，湖南人民出版社，1984，第 44 页。
②《过山榜》编辑组：《瑶族〈过山榜〉选编》，湖南人民出版社，1984。

蛮僚彙考》云："向者丘文庄仿土官之例，以寓建卫之意，韩忠丞设为秩调之法，以严要害之防，宪副孔镛始以恩信招来，约束其众，以为征调，并丘韩之法而行之，彼等有田园之利而听我，此藉其捍御之力以安民，实百姓之利也。""嘉靖间，有广西瑶兵调来府"（《古今图书集成》卷1086《兴化府部纪事》），"终明之世，各兵后人，承田充兵"（《廉州府志》卷23）。

从以上情况分析，明成化孔镛立瑶兵，是沿宋营田戍边，元募民立屯之制而创设。直至万历广东仍有瑶兵之设，据清道光《肇庆府志》卷4载："罗旁瑶（万历）凌云翼犁其巢穴，乱乃定，今则瑶贴顺矣，命之塞径则塞径（即把守隘口），命之击贼则击贼（听调遣），今则瑶即我兵也。"

嘉靖年间戚继光剿倭寇于浙江沿海，奏清"南调湖广土兵，广东瑶兵，广西俍兵"（《戚少保年谱·附征兵考实》）。

广西方面，《明史》记载："（广西）桂平，平南二县旧归瑶民，皆便习弓弩，惯历险阻，若选其少壮千余，免其徭役，给以军械衣服，与官军相声援协同捕逐。"

《古今图书集成》卷1409《柳州府田赋考》载："府总，隆庆二年拨给来宾县白牛峒兵耕种，例免田差。"卷1421《思恩府兵制考》载："按府志，本府在弘治以前为土州土府土官世守之地，即以土人自卫其地，负赋外，不过羁縻而已，计选民之精壮者立为头目，土兵给以荒田，使开种以卫其地。"

湖南，宋代募民立屯，免其徭役，使御之，在澧者曰隘丁。元代刘国杰复其制，明万历陈光前修《慈利县志》卷16《卫所》载：明代仍沿其制，谓："尤溪卫城，属湖广都司，安福守御千户所，隶九溪卫，千户正副十人，百户十人，领旗军隘丁2240人，户560。麻寮隘丁千户所，洪武年间开设，地名樱桃隘，在县西北300里，十七都均邻边镇，最为重要，因以土酋为千百户，卫民为隘丁，隶九溪卫，隘十，曰黄家隘、九女隘、青山隘、山羊隘、梅梓隘、曲溪隘、拦刀隘、樱桃隘、靖安隘、守所隘，以上各以百户一人领隘兵分戍。添平隘丁千户所，乃古添平台宜寨，甲辰年归附，洪武元年土官夏克武举土酋覃顺为寨官，二年肇设今地为所，仍以土酋覃顺等为千百户，领土兵守之，复分百户十人，住各隘，隶九溪卫，其酋长隘兵任其耕艺，无赋税，隘十，曰鱼洋隘、走避隘、细沙隘、遥望隘、鹳心隘、中靖隘、磨冈隘、石磊隘、长梯隘、龙溪隘，以上各以百户一人领隘兵分戍。"

湖南东安县"瑶粮止纳秋粮，瑶丁二十四丁，例不当差（力役）"（《古今图书集成》卷1276《永州府赋投考》）。

明代，瑶人户籍分军、民二籍，清初仍袭其制，《古今图书集成》卷1433载："怀集县，皇清初年，落山民有奉调守御，而领田正户者，有军、民二籍，咸安于俗，且载版章。"落山民，指岭南蛮僚，军、民二籍皆奉调守御，军户守城，民户守隘，且耕且守。

乳源瑶族自治县牛婆峒乡（现为汉族），其始祖李本琛，原籍肇庆瑶人，奉命调来乳源牛婆峒，把守连阳、英德、清远三县交界隘口。他举族而来，屯戍于此，且耕且守，开垦荒田山岭，藉耕凿糊口，蠲免什税，有抚瑶领之（李本琛为抚瑶），设瑶总，瑶甲，并设立乡学家塾。牛婆峒《察院甦瑶碑》载："李本琛原籍肇庆，于弘治间奉部院易调乳源牛婆峒，把守隘口，并就地开垦屯驻，蠲免杂税，不食钱粮。"［明崇祯十六年，（1643）］。其清咸丰七年（1857）《复造文凤楼碑》谓："祖李本琛迁入牛婆峒，剿平寇匪获赏，奉旨承顶抚瑶世袭。"明亡，瑶兵制废。清道光年间，牛婆峒瑶已同齐民，编入保甲，故其换发之印照文书，已不称瑶，但仍纳粮当差。清道光八年（1828）《乳源正堂张换给印照文书》称："成化十五年（1479）李本琛屯驻牛婆峒以后自行开垦的土地范围及土名，承税纳粮，前任县正堂给予执照管业，因年久原照霉烂，换发新照，即将所承前项土名牛婆峒田地，随粮带山等处照数管业，递年纳粮当差，永为已业。"虽已无瑶名，然仍承担徭差之实，据《乳源县志》记载，徭差与汉人民壮丁相类，似乡兵性质。

广东有些地方志把瑶列入《兵志》记载，如《广州府志》。

## 七 粤右土著先时受抚，籍其户口，以充徭役，故曰瑶

明代之役法，明正德徐琏《袁州府志》卷2载：徭役：皂、祗候、弓兵、马夫、门子、库子、看仓老人，斗级（府学、四县学、永丰仓）、禁子（府司、狱司）、膳夫、防夫、管夫（驿）巡栏（税课司、渡子）铺司、驿司、铺兵。

《天下郡国利病书》卷80载："（吉安）府隆庆中始易为条编，分均徭、里甲、民兵、驿传，名曰四差。"

吕思勉《中国通史》谓："明初定赋役法，一以黄册为准，册有丁有田、丁有役、田有租、租曰夏秋粮。英宗正统初，行均徭法，先时编徭役里甲者以户为断，凡役民，自里甲正办外，粮长、解户、马船夫、馆夫、祗候、弓兵、皂隶、门禁、厨斗等常徭役，又有斫薪、抬柴、修河、修仓、运料、接递、站铺、戍夫之类，因事编签，岁有增益，凡军、匠、灶户，役皆永充。"

瑶人除被召募为弓弩手，土兵充寨兵、隘兵、巡检兵丁、堡兵外，还充驿递、徭编、铺司兵。据《邵阳县志》卷 8 载："我朝惟存急递传送文移而皆出召募，但存徭编永充耳，邵阳旧设铺司兵徭编二百二，永充十。"《新化县志》卷 8 载："铺司徭编兵三十四。"《古今图书集成》卷 1235《宝庆府驿递考》载："府总，各铺司兵徭编四百三十九名。"卷 1279《永州府兵制考》载："江华县，又民兵徭编八十名。"卷 1180《黄州府兵制考》载："蕲水县，兰溪设巡检一员，司吏一人，弓兵一百名，永充五十四名，徭编四十六名，旧赋役户永充后，以徭户更役。"卷 1287《靖州府驿递考》载："（绥宁县）铺司兵徭编五十五名。"卷 1430《桂林府驿递考》载："全州徭递铺兵六十名。"卷 1416《庆远府驿递考》载："古积铺：去县东三十里大路，防宜山巢瑶，旧设堡目堡兵，今废，改设铺兵二名。"

明代的役法有所改变，岭南土著归附，仍以营田守边的基本制度为主，但在名称形式上有所不同。清雍正金鉷修《广西通志》谓："瑶者，徭也。粤右土著，先时就抚，籍其户口，以充徭役，故曰瑶。"与宋周去非《岭外代答》谓："瑶人者，言其执徭役于中国也"，其义基本相同。

瑶人珍藏之《过山榜》谓："勤耕瑶田，理应当差，名为瑶户，瑶田瑶地免科杂项税粮。"《明实录》载："成化八年，马平王篯孔性善言：溪洞蛮僚梗化，乱岂无因，陈景文为令，瑶僮应差徭，厥后抚字乖方，始乃反侧。"

明周笃棐《重修富川县志·兵防论》卷 123 谓："国家之置守御所，千夫长一，百夫长十，军千百二十人，择腴田以为屯，俾为世业，即古寓兵于农之意。严约束，勤操阅，修利戈甲，时按籍而稽，使无失伍。"仍以给田以耕，且耕且守，营田屯戍之制。

《古今图书集成》卷 1421《思恩府兵制考》载："按《府志》本府在明季以前，为土州为土府，土官世守之地，即以土人自卫其土，负赋之外，不过羁縻而已，及后改流官弹压，一切戍城与夫征调御侮，九土司是问，土兵给以荒田，使之开种以卫地方。"

广西临桂宛田小河村藏《桂北瑶族文榜》载："景泰年间，招粤东肇（韶）州府乐昌县瑶人民，把守隘口，立王法迎官接送，修补路途，崩漏整修……乾隆五年，把守江口隘、九龙山，把住大罗（山）界四处，依旧纳粮，新垦无税，民瑶耕山无租无税，只要勤俭开垦，谨守隘口，以靖地方。乾隆十九年吩咐各甲，照旧当夫，分派各户以夫抵马，龙胜之地，照粮派闪岭夫……瑶民黄元香承顶，依旧纳粮，新垦无税。"[1]

广西瑶族，充徭役之情况，桂北以外，其他各地情况如下：

《思恩府兵制考》（《古今图书集成·职方典》卷1421）载："一堡兵：有何旺、顺山二堡，每堡募民兵五十，统以头目五人，给以荒田耕种，正赋之外，免其差徭，使之防御地方，缉捕盗贼。其在武缘者，又有高峰等堡十数处，照制募民丁以给工食，或拨弓兵防守，或合其军守御。又思、武各隘，亦皆引兵防守要隘，清诸堡俱废。一兵款：兵款之设，原以戍守本府，今武缘县城池仓库，并把守要隘。旧额二百四十名，召募人民之精壮者充用，每名给工食银七两二钱，今废。一弓兵：弓兵之设，凡险隘处置巡检司，统以弓兵，以为一方捍御，在各处皆刮民丁役之。武缘五寨，弓兵明季旧制俱系世充，不知其从来，旧额镆耶寨弓兵一百一十二名，博涩寨五十六名，嵩井寨五十六名，西舍寨五十六名，横山寨五十六名，以上弓兵，原有田租，例有优免。一民兵：民兵之设，始于明季成化十年，兵备道叶琪条议。按籍金丁，比其什伍，领以千百长，令买马骑，操同官军备御，谓之民款，武缘县编甲壮三百九人，又武缘各堡及看守仓库民款一百七十九名，今废。一土兵，旧制各土属九司，俱有土兵供征调。英宗治平初年，诏左右江诸峒，籍其壮丁，听帅司调遣，其田计口授耕，世世隶属，谓之田丁。"

土兵耕守，有以下记载：

《古今图书集成》卷1420《思恩府关梁考》载："武缘县，旧城土司，旧有六路通各邻境，东南一路往定罗土司二十里，各有土兵耕守。防守正南路往都阳土司，距司治二十里，设土兵十七名，在东望村耕守。"卷1423

---

① 广西壮族自治区编辑组：《广西瑶族社会历史调查》，第8册，民族出版社，第128页。

《平乐府建置沿革》载："贺县洪武元年三月，平章杨景遣指挥蔡先抚谕，收集土兵归附，在城里各军籍始此（注：土兵元时已有）。永安州，洪武十九年奉文委官黄断事前来招抚。昭平县，望高山在昭平里，峻可四望，宋元间屯夷作叛（注：反映宋元已有营田屯戍），出掳人物，乡人望至一呼，举方知避。"卷1479《浔州府瑶僮峒蛮考》载："正统六年，总兵官云奏，浔州府大藤峡等山瑶寇，不时出没，劫掠民居，阻绝行旅，近山荒田，为贼占耕，左右两江人多食少，议拨田州土兵兴屯浔州近山等处，从之。"（田州士兵时称俍兵）卷1476《浔州府兵制考》载："罗秀里，旧设土巡检一员，都合里设平堡官一员，各督弓兵，俍兵防守。"

《明史》卷75载："巡检司。巡检、副巡检，俱从九品，主缉捕盗贼，盘诘奸伪。凡在外各府州县关津要害处俱设，俾率徭役弓兵警备不虞。初，洪武二年，以广西地接瑶、僮，始于关隘冲要之处设巡检司，以警奸盗，后遂增置各处。"

至清代，雍正四年实行改土归流，大部分瑶人已融合，与齐民一体，编入保甲，瑶民耕山者，交丁粮外花麻不赋，耕亩者与齐民同。赋役与兵役制度的更改，使瑶人充徭役的情况亦随之变化，瑶兵制亦随之而废。清乾隆十六年，广东廉州知府周硕勋有《规划瑶土兵议·清理俍瑶军田札》谓："瑶俍土兵，分守要塞，拨田耕种，蠲徭薄赋，终明之世，承田充兵，粮饷不费，地方足资守御。"企图恢复俍、瑶土兵，然世异时移，瑶民已与齐民一体（大部分已融合），无复再设瑶兵、俍兵，故朝廷未予批复，乾隆二十年，大部分瑶族地区已裁革瑶目，瑶兵不复存矣。《泸溪县志》谓："本县先年上下五都蛮民，惯习刀弩，勇悍可用，免其差役，俾守县治，盖蛮民以强力出守汉里，以丁粮代役，皇清废蛮兵而不用，留戍洞口哨者，悉听散归。"

瑶族已融合地区，不再称瑶。瑶田已归私业，仍纳粮当差。至道光年间，广东乳源县牛婆峒瑶，在换发田地山场券牒时，虽不再称瑶，而券牒仍写明"纳粮当差"，至民国始废。

明代瑶族之分布：

湖南分布五府二直隶州及其所属的二十七县。

郴州直隶州：永兴、宜章、兴宁、桂阳、桂东。

衡州府：桂阳州、常宁、蓝山、临武、酃县。

永州府：道州、宁远、东安、永明、江华、新田。

宝庆府：武冈州、邵阳、城步、新宁。

辰州府：溆浦、黔阳、辰溪、沅陵。

靖州直隶州：绥宁县。

长沙府：安化、宁乡。

明代广东瑶族分布九府五十七州县。

广州府：南海、番禺、东莞、新安、增城、龙门、香山、新会、新宁、从化、清远、连州、连山、阳山二州十三县。

韶州府：曲江、乐昌、英德、乳源、翁源五县。

惠州府：归善、博罗、永安、海丰、长乐、兴宁、河源七县。

肇庆府：高要、高明、四会、德庆州、开建、封川、新兴、阳春、阳江、恩平、广宁一州十县。

罗定直隶州：东安、西宁一州二县。

高州府：茂名、电白、信宜、化州、石城一州四县。

雷州府：海康、遂溪二县。

廉州府：合浦、灵山、钦州三县。

琼州府：文昌一县。

潮州府：（畲瑶）海阳、澄海、饶平、程乡四县。

明代广西瑶族分布七府四十八州县。

桂林府：全州、永宁州、灌阳、古田、灵川、兴安、临桂、阳朔二州六县。

柳州府：宾州、象州、柳城、洛容、上林、马平、武宣、融县、来宾、罗城、怀远二州九县。

庆远：河池州、忻城、荔波、天河、思恩、永顺长官司、永定长官司一州四县二长官司。

平乐府：永安州、富州、恭城、贺县、平乐、昭平、荔浦、修仁二州六县。

梧州府：郁林州、苍梧、藤县、岑溪、容县、博白、怀集、北流一州七县

浔州府：武靖州、桂平、平南、贵县一州三县

南宁府：横州、宣化一州一县。

瑶名来自"常免徭役""不事赋役""执徭役于中国""粤右土著，籍其户口，以充徭役"。应从历代兵制与赋役，户籍等方面去探索，特别是唐、宋团结训练土兵营田戍边，结合蛮僚地区社会，军事，政治、经济背景去考察。

瑶族先民，营田戍边，为国效劳，在历史上作出贡献。饱受五代割据纷争战祸之苦的瑶族人民，拥护宋太祖的统一事业，《过山榜》载："到宋朝赵匡胤登基，众姓瑶人一概归转中原，受王封赐。""乃助国之人，与朕分忧。"① 当国家受到侵略时，抵抗外敌。《宋史·蛮夷列传》卷494载：荆湖南路营田四州弓弩手9100人，靖康初调发应援河东，为国捐躯。瑶族人民执弓弩捍卫国家。"乃助国之人，为朕分忧。"明代调发瑶兵抗倭。国家也维护了瑶族人民的利益，蠲徭薄赋，"常免徭役""不事赋役"。唐代实行羁縻政策，宋袭唐制，"恃文教而略武卫"。宋哲宗说："国家疆理四海，务在柔远，树其酋长，使自镇抚。"（《宋会要手稿》蕃夷五之八一）元代把少数民族区别对待，"化外羁縻者用轻典"（《经世大典·宪典·职别》）。明代前期采用招谕政策，后期则多征剿。清代是绥抚与征讨兼施。

瑶族世代营田戍边，效忠国家，边陲有警，众庶云集，争负弩矢前驱，出万死不顾，为祖国的统一，社会的稳定，反对外来侵略，作出了历史的贡献。


## 第二节　瑶户


瑶户之称，宋已有之，《宋会要辑稿·蕃类五》载："郴、桂、衡、道诸州溪峒徭户。"

宋招募土人弓弩手营田守边，元选土民立屯，明行弓兵应役之制，广东设置瑶兵，南方土著蛮僚，归附入版籍，营田戍边，免于徭役，而为瑶户。《永州府志》谓："瑶家伍籍（兵籍）以瑶版为凭，盖先朝所定，上书盘瓠。记其派系。"勤耕瑶田，理应当差，名为瑶户。

南宋建炎后，瑶户中有被调遣征战之瑶兵，元代称屯田徭户，明代兵

---

① 广西壮族自治区编辑组：《广西瑶族社会历史调查》，第8册，民族出版社。

事繁多，土著蛮僚，入版籍，为瑶户。地方志亦有徭户之记载，如《东安县志》卷3《田赋》载："徭户560户。"瑶户分军籍与民籍。军籍为弓弩手，调遣守城，其耕之瑶田称瑶军田。民籍是耕守，纳粮当差，以供官差徭役，如守隘、驿铺差遣、迎官接送、修补道路，地方调遣，其所耕田称瑶田。归附受募之土著蛮僚弓弩手，营田守边，是为徭户。其计口授田，俾为世业谓之瑶田，世代承田充兵。其后奉文招抚之瑶，准纳粮，不当差（不负地方差役），听本州调度（防守捕逐），置瑶官统率（《天下郡国利病书·岳州府》）卷76）。

在瑶族珍藏的《过山榜》有明确的记载，如《十二姓瑶人来路祖途》谓："一十九岭九十六亩军田。每亩还军粮。军户不当差，所立锦田祠，作为兴贤一里，二十四户当差。又开四十八寨又十八甲三十户民粮。"很清楚，军籍耕瑶军田者，纳军户粮，民籍耕徭田者纳民户粮。军籍不当差，永不抽丁正役，民籍耕瑶田，纳粮当差，"守隘修补路途，当夫抵马，照旧当差"。

清初，瑶户仍是军民二籍，据《古今图书集成》卷1433《梧州府风俗考》载：怀集县"皇清初年，落山民有奉调守御，领田正户者，有军民二籍，咸安于俗，且授版章"。落山民，为岭南土著蛮僚，入版籍，授田听调守御，而为瑶户，分军籍民籍。亦即清雍正《广西通志》所谓："粤右土著，先时受抚，籍其户口，以充徭役，曰瑶。"

《古今图书集成》卷1423《平乐府建置沿革》载："贺县，洪武元年三月平章杨景遣指挥蔡先抚谕，收集土兵归附，在城兵军籍始此。"《辰州府兵制考》载："《泸溪县志》：本县先年以上下五都蛮民惯习刀弩，勇悍可用，免其差役，俾守县治。"

《江华县上五堡总户粮册小引》谓："宣德二年八月二十日，祖父奉富四，唐养幼，李冬幼，右领一十七户奏告，诛征按抚上伍堡，有三条九隘，拨瑶把守，司立户籍，景泰三年成册，军造一图着守城，民造二图，自当差，徭造三图，把守三条九隘。"

清乾隆废革瑶目、瑶兵制，瑶户只有民籍，而无军籍。

## 第三节　瑶田

瑶田的产生，与蛮僚归附，兵籍，营田戍边，承田充兵，密切相关。

宋嘉定五年臣僚言："旧尝募民充弓弩手，计口给田。"是田称之为瑶田，"而比年防禁日弛，山瑶峒丁得售私田，绍兴后，又加整顿，瑶兵分处要害，量口给田，训练以时耕战合度。"（《宋史·蛮夷列传》卷494）庆历三年，桂阳监蛮瑶内寇，岁余逾岭南遁。庆历七年，杨畋往韶连等州招安之，乃约贼出山峒，授田为民（《宋史·杨畋传》）。《宋史·食货志》卷176谓："前代军师所在，有地利则开屯营田，以省馈，路帅悉领营田使，营田其徭役科配并免。"

元代，实行屯戍营田之制，纳税而无役。

宋亡，营田戍边，瑶兵之制皆废，湖广平章刘国杰悉复其制，称之为土著民屯。《永州府志》卷7《食货志·户口》载："道州土著民屯徭户38644户。宁远土著民屯徭户23.353户，永明土著民屯徭户23.769户。"屯田瑶户之田，称之瑶田。《广西通志·经政略》卷155载："（元）大德六年，黄圣许叛逃，遗弃水田五百四十五顷，募牧兰及融庆溪峒瑶僮民丁处屯耕种。"溪峒瑶处屯耕种，正是营田之制。广东清远县有瑶四十巢，元例岁征山地租米三百石（《清远县志》卷8）。反映元代广东清远瑶田纳粮状况。雍正《广西通志·屯田》卷26载："唐中宗景龙末（公元709年）王晙为桂州都督，州兵旧仰食衡永。晙始筑罗郐罢戍卒，隶江开屯田数千亩，以息转运。元和初，韦丹为容州刺史，教民耕织，止惰游，筑州城，周十三里屯田二十四所。"宋理宗景定三年（1262）都省言："广西诸郡措置屯田已有小效，若邕、钦、宜、融、柳、浔诸州能一体讲行，可省籴运，诏守臣责措置经略安抚，提领课以殿最，仍条具上来。元至元二十年（1283）秋七月，并左右两道归广西安慰司置元帅府，乌克逊泽为广西两江道宣慰副使金都元帅府事，邕管徼外蛮崑，泽循行并得其扼塞处，布画远迩，募民伉健者四千六百余户，置雷留、那扶十屯，列屯堡守之，陂水垦田，事上行省哈喇哈逊曰：此土著之民，诚为便之，内足以实空地，外足以制交趾。"唐宋土著屯田，是谓营田，元屯田土著，谓之瑶户，是田谓之瑶田。

同治《常宁县志·杂纪》卷15载："五洞民瑶，即欧阳修所谓莫瑶……宋熙宁间相率纳土输米粟。明宣德时知府余奏，瑶田纳赋比民，常宁瑶田始有定赋，遂称民瑶。"

明代，由于瑶户分军民二籍，瑶人军籍耕种之田称为瑶军田，民籍耕种之田称瑶田，二籍之田，仍泛称瑶田。"瑶民受抚，计口授田以耕，其田有税而无役，即宋之丁米，无他科，受豪强（招主）役属之，听本州调度，置瑶官统率，有盗亦可御之。"（《天下郡国利病书》卷76）乳源县黄连山旧有隘口，有瑶屯戍。洪武平定连阳瑶乱后，募福建汀、漳等地人民耕种，承顶瑶户，其《黄连山分山总部》记载："洪武三十年二月，来居瑶地山场，耕瑶地山岭。"

明成化年间，广东高州实行瑶兵制，各地推广，瑶田普遍存在。据地方志记载："万历四年，总督凌云翼平定罗旁瑶乱，立东安县，割阳春之云廉等十一峒瑶田税米五百九十四石二斗零七合，凑之以为县。"（清道光《阳春县志》卷4）兴宁县，明代"瑶人山米七石，每石折银一钱五分"（《兴宁县志》卷5《赋役志》），合浦县永平司，有瑶军田一百四十四顷一十八亩八分七厘（清道光《廉州府志》卷23）。晚明，阳春仍有瑶田计税米四百三十二石斗（清道光《阳春县志》卷4）。

明广东都御史韩雍讨平广东永平瑶乱后，将所领广西俍兵、瑶兵，分守要隘，拨荒田耕种，蠲徭薄赋，名曰俍田、瑶田。终明之世，承田充兵，粮饷不费，地方足资守御（清道光《廉州府志》卷23）。

有关湖南瑶田的资料，《古今图书集成》卷1231《宝庆府赋役考》载："本府共秋粮四万九千五百六十九石，内除武冈更名庄为，那溪、小坪二里苗瑶粮，新宁、城步苗瑶等米，内除新宁瑶粮。又那溪，小坪瑶粮，例不当差。顺治十六年，又垦瑶田九十亩七分。"卷1233又云："武冈、那溪、小坪二里，瑶田一百五十八顷五十五亩七分，瑶粮一百九十六石六斗九升。（新宁县）瑶丁、瑶民米一十石九斗六升五合，垦瑶二十四顷六十三亩六分五厘（瑶丁为军籍，瑶民为民籍）。"

卷1275《永州府赋役考》："东安县，以上科税粮五千八十石五斗三升七合六勺，内瑶粮止纳秋粮，折色免派差徭，不分官兵一体编差，实在人丁七千六百一十丁，瑶丁二十四丁，例不派差。道州：科秋粮八千五百五十一石三斗四升八合八勺，内除本色瑶米三十五石六斗不派外，又除折色儒瑶官等田米二百五十六石一斗。户口人丁，实在人丁千七百三十一丁，内瑶丁一十二丁，例不派差。"卷1277《永州府赋役考》载："永明县瑶田五十一石五斗四升七合五勺，本色不派外，折色瑶粮三十石三斗二升一合五勺"，免丈瑶田，三顷田十四亩六分三厘，每亩科瑶粮五升三合五勺，该瑶粮米一十八石四斗三升七合七勺，奉例将免丈瑶粮本色外，入籍瑶粮止纳就折银，免派徭差，余不分官民，一体编差。零陵县："瑶田七十五顷二十三亩八分七厘，俱下田。"（《零陵县志》）

广西方面有关瑶田的记载，《古今图书集成》卷1420《桂林府田赋考》载："本府原额官民瑶田地塘税二万三千五百一十九顷八十二亩一分六厘零。"

清代，允许瑶田民间置买为业，由是瑶田鬻卖典当（清陆向荣《阳春县志》卷4）。乾隆二十一年（1756）裁革瑶目，瑶田归瑶民私业。如乳源抚瑶李本琛子孙，至道光间换发土地印照文书，不再称瑶田，其田地山岭，则写明四至，照数管业，仍"递年纳粮当差，永为己业"。广东仍有地名为瑶田者。

# 第四节　瑶化

过去研究瑶族史的学者，注意到各个历史时期瑶族的汉化，而忽略特定历史条件下，南方各族土著的瑶化问题。

元刘鹗《惟实集·广东宣慰司同知德政碑》谓："广东一道，为海上雄藩，南距海，北抵庾岭，东接闽，西连雷、化，地方千里，户口数十万，瑶僚半之。近年以来，民化瑶僚之俗者又半，苟抚字无方，则啸山林，泛江海，相胥起而为盗，故广东视他道号称难治。"刘鹗，永丰人，元皇庆间（1312）以荐扬州学录，累官江州总管，江西行省参政，守韶州，以赣寇围城，力御不支，被执，抗节死。

瑶僚联称，说明岭南俚僚的瑶化。

明代，岭南特别是广东瑶族分布与人口数量，较宋元时广阔而众多，其中一个主要原因就是岭南土著俚僚与瑶杂处，风俗相染，融化为瑶。明嘉靖《广东通志·峒僚》记述阳春庞峒山僚与瑶杂处，已"大率与瑶同徒"。加之洪武平定各地山区叛乱后，在瑶族与峒僚地区设立瑶首，统领抚瑶总甲（《德庆州志》卷15）。此后，历代统治者不断将峒僚归入版籍，名曰新民。嘉靖时，广东布政司徐乾橒所属州县行保甲法，诸山新民，则督抚瑶里长，至是峒僚皆化为瑶。如清远龙潭大巢峒僚渠帅陈世泰"自比抚瑶里长"（明嘉靖黄佐《广东通志·峒僚》），自此而后地方史志，皆称龙潭为瑶峒，广东自此史志记载只见瑶不见僚，纵使一些文字写僚亦是指瑶而言。

稽之史志，广东土著之民瑶化的记载，如清道光《广东通志》卷43载："泷水土著之民多质悍，利入瑶为雄长，客籍之民多文巧，利出瑶为圈夺。"清康熙屈大均《广东新语》卷7《瑶人》谓："罗旁瑶……诸瑶率盘姓，有三种，曰高山，曰花肚，曰平地。其非盘姓者，初本汉人，以避徭役，潜窜其中，习以成性，遂为真瑶。"清光绪张希京《曲江县志》谓："瑶人盘姓，古盘瓠之裔也，别种有赵、冯、唐、邓姓等，系以土著而隶于瑶者。"

其他各地土著瑶化，则因土著营田戍边，免于徭役而称瑶，"（元）元贞元年，辰、澧地接溪峒，宋尝募民立屯，免其徭役，使御之，在澧曰隘丁，在辰者寨兵，宋亡皆废，国杰复其制，继又经画茶陵、衡、郴、道、桂阳，凡广东、江西所出入，南北三千里，置戍三十有八，分屯将士守之，由东尽交广，西至黔中，地周湖广，四境皆有屯戍。"因此，土著屯戍而称之瑶，如《永州府志》卷76载："道州土著民屯，瑶户38644户……"

《江华县志》卷12《瑶峒》载："瑶有真赝主客之分，大约有盘、李、周、赵、沈、郑、邓、唐为真瑶，他姓为赝瑶，土居为主瑶，究合为客瑶。按：近年以来，熟瑶纳粮当差，令行禁止，与民无异，生瑶处山入谷，自食其力，不为民害。"

《瑶族过山榜选编》第108页《千家洞木本水源》谓："古传略记云：吾太太如祖，溯其源原居桂郡，避元乱，潜入灌阳之深山，有一千家，郡人无数逃入，以避元逆奸淫妇女，故兹吾祖弃民属瑶，可免元党之屈，投入良瑶耕作，历来朴实……千家洞非全瑶也，多郡人变之。"因战乱，汉人避入瑶山，而瑶化为瑶（弃民属瑶）。

历史上也出现过土著蛮化瑶化的现象，《宋书·列传第五十七·夷蛮》载："蛮民顺附者，一户输谷数斛，其余无杂调，而宋民赋役严苦，贫者不复堪命，多逃亡入蛮。蛮无徭役。"《宋史·蛮夷列传》卷494载："绍兴三年，臣僚言："武冈军溪峒，旧尝集人户为义保，盖其风土、习俗、服食、器械悉同瑶人，故可为疆域捍蔽，虽曰籍之于官，然亦未尝远戍。靖康间，调之以勤王。其后湖南盗起，征敛百出，义保无复旧制，困苦不胜，乃举其世业，客依蛮峒，听其徭役……兼武冈所属三县，悉为瑶人所有。"这反映了民族间相互融合，武冈人户为义保瑶化为瑶。故《宋史·蛮夷列传》称武冈瑶户之为徭，而称辰州瑶人秦再雄与桂阳监瑶则书之为猺，明显地反映出前者为瑶化之瑶。

# 第二章　瑶族社会、经济若干问题的探讨

## 第一节　瑶官

历代封建王朝，在蛮夷地区均设官统领，在其族内则由渠帅管理内部事务，然皆纳贡献，授以官爵，使自镇抚。《宋书·列传第五十七·夷蛮》卷97载："荆、雍州蛮，盘瓠之后也。分建种落，布在诸郡县。荆州置南蛮，雍州置宁蛮校尉以领之。……少帝景平二年，宜都蛮帅石宁等一百二十三人诣阙上献。"唐代实行羁縻政策。宋太祖时，以辰州瑶人秦再雄智勇双全，而熟悉地方情况，在瑶族中有威信，擢为辰州刺史，"自辟吏属，予一州之赋。后升为辰州团练使，其所辖地区数千里，国家不增一兵，不费帑庾，终太祖之世，边境无患"（《宋史·蛮夷列传》卷494）。后来北江二十州增置刺史，以溪州彭氏为溪州刺史兼都誓主，"州将承袭，州有押案副使，听自补置"。宋稽唐之制，分析其种落，大者为州，小者为县，又小者为峒，有知州、权州、监州、知县、知峒。又有同发遣，分发遣之属，谓之首领（清金鉷《广西通志》卷94《诸蛮》）。

南宋宁宗嘉泰年间，推行赵亮励以瑶豪为"总首"之议，《文献通考》卷328载：嘉泰三年（1203）湖南安抚赵亮励言："为今日计，莫若先事选择土豪为瑶人所信服者为总首，以任弹压之责，诸司言：'以蛮瑶治蛮瑶，其策莫良，宣诏本路监司遵守'，从之。"《宋史·蛮夷列传》卷454载："赵亮励言：宜择素有智勇为瑶所信服者，立为酋长，借补小官以镇抚之。……往时溪峒设首领、峒主、头角官及防遏、指挥等使，皆其长也。"

宋洪迈《容斋四笔》卷16谓："靖州、武冈、桂阳之属瑶民，蛮首自称曰官，谓其所部之长曰都幞，邦人称之曰土官……男丁受田于酋长，不输租而服其役，有罪则听其所断，谓之草断。"

宋朝在广东瑶族地区，亦设官管理。据《韶州府志·顾孺履传》载："淳祐五年，英德府峒瑶煽乱，远近骚然，孺履廉其情，密檄慑瑶萧宗远开诚招抚，瑶即期来款，孺履悉招之。"这说明府里有专门管理瑶民事务的慑瑶官。英德明代前设抚瑶官员办事之处名抚瑶署，"陈抚瑶署在洛涯江旗龙山下，黎抚瑶署在蕉冈乌栢塘山下"（清道光《英德县志》卷5）。

实行羁縻政策，在瑶族地区以其首领自治之，其基层所设的官员名称，见之史志有：

峒主：庆历七年，补唐和等为峒主（《宋史·仁宋纪》）。

瑶长：绍兴五年，廖容知化州，平定泷水瑶乱，复传檄召瑶长，并谕顺逆，而瑶人降（清道光《广东通志》卷303）。"瑶之长，曰瑶官，今曰瑶管"（同治《酃县志》卷7）。

团长：宋欧阳修《再论湖南蛮贼宜早招降札子》谓："正蛮叛者（招降）得一团主之名足矣。"光绪《道州志》卷12载："县东南两个乡与邵阳、武冈为界的九溪峒等六峒，每峒设瑶总一名，六峒共立团总一人。"宋范成大帅广西时，令诸瑶团长纳状云，"某等既充山职，令当钤束家丁"（《桂海虞衡志》）。

《纪录汇编》谓："溪、寨、团、隘咸瑶人负固自保之所。"团相当于村寨或分散寨数个而成一团，是以团结训练的编制。

总首：宋代在瑶族溪峒，"总首以任弹压之责，凡细小斗争，止令总首弹压，开谕劝解。而总首言语嗜好皆与之同，朝夕相接，婚姻相通，习知其利害，审察其情伪，瑶人悦服，而听从其言"（《宋史·蛮夷列传》494）。

土官：元代对瑶族首领，封以官职，称之为土官，如"泰定三年二月，广西全茗州土官许文杰率诸瑶以叛"（清嘉庆《广西通志》卷89）。而对于率领瑶人归附的首领，封以官职以领其众。所封官职大小，视其所率之众多寡而定，如"瑶人蓝赖率丹阳三十六洞来降，以赖等为融州怀远县簿、尉"（《元史·本纪第二十·成宗三》）。

明朝，在西南少数民族地区推行土司制度，因名为土官，瑶区一样实行。《皇清职贡图》载："明洪武、永乐时，（新宁）瑶首盘贵等相继来朝，始立土司。"由于土司制之实施，因此把瑶官称为土官，如"海丰瑶明初设土官领之，俾略输山赋论刀（计算单位）为准，在羁縻之意而已"（《罗浮山志》卷2）。

瑶首：明朝初年，太祖平定广东瑶僚之后，在瑶区设立了瑶首，下有瑶总，瑶甲，管理溪峒瑶民。清屈大均《广东新语》卷7云："明洪武初，命将讨平溪峒，立瑶首以领之，朝贡方物，赏赐有颁。""洪武三十一年，西山瑶盘穷肠为乱，命王浚讨平，设立瑶首，统领镇瑶总甲，每岁来朝，赐以钞布，自是四面向化。"（光绪杨文骏《德庆州志》卷15）

瑶首，有些史志称为瑶目。首，首领。目，头目之意。《天下郡国利病书》谓："洪武三十一年，西山瑶人盘穷肠为暴，官兵捣其巢，设立瑶首。瑶首即瑶目也，盖以管辖瑶民者。"又"永乐十四年，高要瑶目周四哥来朝，籍其户八十有七，厥后隶籍为编民"（康熙《高要县志》卷26）。"连山八排，有瑶目八人司约束"（清屈大均《广东新语》卷3）。

瑶首，有时指某地的瑶族首领，或称之瑶官，如"香山县，万历间三灶瑶民相聚为盗，难以化异，东澳人周高扬者，铁匠出身，鬻器于市，习其人，通其语，瑶众悦之，巡海官至，则高扬为宣谕，俗渐革，奏授高扬为瑶官，抚其地，世其职，入觐加授宣武将，清时，其子孙仍袭职五世，至乾隆四年奉裁，瑶官署在春花园，久圮"（光绪《香山县志》卷4）。

瑶首，有称为瑶长，有称为抚瑶官，如"长乐县瑶有五姓，盘、蓝、雷、钟、苟，瑶有长有丁，自明初苟姓者为抚瑶官领之，俾略输山赋五石五斗五升，羁縻而已，久之稍听调遣，长枪劲弩，时亦效力"（清道光《长乐县志》卷6）。又"隆庆间，从化松子寨寇作，洞瑶多从乱，邑人黎邦平抚平之，当事委受抚瑶官，宁卒，瑶仍梗化，弟梦吉复能驯之，于是奉委世袭。国初，邑中多盗，瑶官黎振采召瑶分守四门，城恃无恐，上其事，录功给衔，仍世袭焉"（清王思章《增城县志》卷1）。

瑶长：《明孝宗实录》卷76载：弘治六年闰五月乙巳"广东招发广州等府南海等县砍山流食瑶人，俱无籍户业，止有瑶长管率"。

瑶官，在西宁瑶峒则称之峒官，清屈大均《广东新语》卷7载："西宁瑶曰峒官，峒官之家，婚姻以豪侈相尚。"

峒长：《湖南通志》卷85《瑶峒》载："（新宁县）景泰二年，知县唐荣招抚城步瑶人，给田世住，分为八峒，把守各隘，瑶服王化，通声气，号为熟瑶。内择峒丁之能干者，给帖命为峒长，外择近瑶汉民，给帖命为千长，隘长，使其相约束，世守其地。"

瑶总：（与抚瑶把总不同）。管理范围与职责，"景泰七年（1456）破黄泥型等（瑶）寨，新会县丞陶鲁，于是年七月，遍历诸村，设乡老，置木牌，开写各户丁口，逐月开报。诸村劫息，每五十家仍设总甲二名，管束出入，互相劝戒"（《古今图书集成》卷193）。"摄之以瑶总，岁时或一谒县官，正德中，曲江油溪山瑶诱引为盗，本府通判莫相，令其瑶总自擒斩之"（清康熙裘秉钫《乳源县志·瑶僮》）。

清道光汪兆柯《东安县志》卷4载："万历后，在东安者，设瑶官四，瑶总一名，瑶甲二十三名，瑶众四百六十四，居二十二峒。按：自万历平定后，详请世袭抚瑶主簿等职衔，钤束瑶丁，今北路瑶目已革，总甲约束，西路瑶目三名，有事则檄令协守城池，无事则归耕云。"

抚瑶参政：清雍正《广东通志》卷40载："弘治十二年（1499）刘大厦迁督两广军务，奏言：因奏革抚瑶参政，高肇捕盗通判数员，民其便之。"可见明弘治十二年以前有抚瑶参政之设，此抚瑶参政为军职，汉人充任。

抚瑶把总：《明英宗实录》卷282载："天顺元年（1457）九月壬戌，广东广州等府，清远等县，抚瑶把总袁弥来朝，贡马及方物。"《中宿文献录》作如下说明："明代治理瑶僚，德庆有瑶目，翁源有瑶目，潮州有畲官，恩平有瑶总，高州有抚瑶，化州有招主等职。此皆拔于瑶部，择其谨厚明远者为之，至抚瑶把总，则纯属汉族流官，盖把总中备各名色，把总，皆是军界差遣之称。"

抚瑶把总，旧驻永安堡，隆庆三年设，时姓氏无考，国初时废，顺治十八年招安复设，则皆住瑶首人承项（《永安县志》）。

抚瑶总甲：《明英宗实录》卷314载：天顺四年（1460）四月辛末，"广东韶州府陈村等山抚瑶总甲杨成福等来朝，贡马及方物"。抚瑶总甲，主要职责，"领其兵目"，以绥靖地方，总甲由瑶人充任。《连山县志》卷5载："洪武三十一年（1398）大木山瑶陈猛颜，白弓山瑶马以亮，黄连山瑶齐有善俱就抚，设立瑶首统领抚瑶总甲以绥之，为绥瑶之始。"

从广东乳源县瑶区情况分析，瑶总管辖的范围，如清末民初的瑶目管辖的范围北山24坑，相当于民国时期的乡保长。曲江县则相当于民国初年的瑶长，管西山 24 坑，其职责我们从以下一张通告中可了解到："迳启者，现因世事多端，人心不古，时势不能清平，同人等为防范后患起见，特于十月初九日在游溪坑大岭脚会议，是日各坑瑶甲，请到领回布告，整顿治安，切勿各步为盼。荒洞瑶甲盘敬清、敬钱、赵才文、才金，瑶长赖义发曲江西山二十四坑启。"

瑶甲：相当于保甲长制度的甲长，但必须"度身"后的人才能担任，这是由瑶山政权、族权、神权结合为一体的特殊情况所决定。据民国《乐昌县志》卷 3 谓："瑶甲，死前，必以方术授其人，谓之度身，其人预斋三日，至有七日功课，竖刀鸣角，略如觋，用费颇巨，此人即号为瑶甲，以后瑶族事无大小，听其公断，有疾病痫疸，乞其符水治之。"

乳源瑶山，明代实行瑶总甲，甲长相当于明代推行的里排（十甲）基层组织的一甲之长，世袭，无嗣，则甲内众人推选，至民国，仍世袭，称之大甲。抗日战争（1937）前，推行乡保甲制度，甲长为委派，又称小甲，大甲仅有虚名。

《天下郡国利病书》卷 28《广东》载："（阳山县）瑶三坑田土，俱系各租承佃，自天顺年间下山陆续开垦批耕往种，后因各山田主借收租利，加派粮差，以致各瑶不得安生，今愿立为十排，照肇庆府广宁县则例，只纳正派粮料，并免杂差……又各坑成家男丁九百五十九人，妇女九百五十九口，编为一里，作十排，内金殷实十户编为里长，每排管下甲首五户，每户二丁上册。"嘉靖中，广东布政使徐乾定保甲法，使乡村互为声援，而诸山新民（入版籍之瑶僚）则督抚瑶里长。令其旬朔至县庭，禀守法令，俾自相约束，毋得侵犯（《天下郡国利病书》卷 103）。

清乾隆六年（1741）"编立城步瑶峒甲长，编立保甲，寨大者十户立一牌头，十牌头立一甲长，每寨择小心知事者金立寨长一人，寨小者不必限定，牌甲亦必立一寨长，责其稽查，按户给发门牌，将大小丁口逐一备载，不许容留汉人及生面可疑之苗瑶居住，所藏军械，悉缴官，不许私行打造，其从前捏造篆字，即行销毁，永禁学习，如有敢故违不行首报，牌内一家有犯，连坐九家，治寨长失察之罪"（清道光《宝庆府志·大政纪六》卷6）。

在潮州，畲族地区，有畲官、畲总、畲长之设，"潮州府畲瑶，我朝（明）设土官以治之，衔曰畲官"（明戴璟《广东通志》卷35）。其下亦设畲总，"所领又有畲总"（清道光《广东通志》卷330）。其首领人物又称畲长，"畲长雷文用等九百四十九户，俱愿复业"（清卢蔚猷《海阳县志》卷48）。

瑶老：《天下郡国利病书·广东下》载："景泰三年（1452）左都御史王翱，总督两广军务……奏用招瑶僮老人等，令其归峒生理。"

《古今图书集成》卷1415《庆远府风俗考》载："河池州，瑶僚多种，莫一姓居其半，性情习气、居食、婚丧皆无异别县瑶僮，然不能张弓，善于射弩，弩以紫枪木为主，山中多射鸟兽，江边或射龟鱼，出入佩带刀，而多仍鞴鞨，制亦颇精，至断事多平赛老，即本村年高有行之人，凡里中是非曲直，但向此老论说，其论之时，甲指乙云某事如何，赛老又置一草于甲前，论说即皆赛老乃计草而分胜负，听此老一一评之，如甲乙俱服，即如决断，不服然后讼于官。按赛老，即《广州记》所谓倒老者，老者是也。"

而老人制，在明代推行，据《天下郡国利病书·浙江四》卷87载："（永康县）役之别有里长，有粮长，有均徭，有驿传，有民壮，本非役而视役者，有老人，均徭自粮里正役之外，凡诸执役于官者，通曰均徭。均徭非役名，乃所以别役之意。按《宋史》有衙前，即今之解户，散从官即今之皂隶，弓兵，元站之役，有祗候，禁子，有弓兵，有站夫，有铺兵。宋人差雇之法，分为银、力二差，银差者，征银入官以充雇值，以免其役。老人，即汉之三老，掌教化者也。洪武中，令天下州里设老人一名，以耆年有德者充之，凡民间细事，俱听值亭老人会众剖断。"

里长：《天下郡国利病书》卷70《江南八》记载：《嘉定县志》徭役，"洪武十四年，诏天下十年一编黄册，以一百一十户为里排，丁粮多者十户为一长，百户为十甲，岁役里长一人，摄一里之事（催办钱粮，勾摄公事），十年而周，终而又始，故曰排年，册成贮之"。里甲，似民、清之保甲，是统治阶级最基层的组织。

巡检：《明英宗实录》卷167记载，正统十三年六月壬戌"广东清海军监察使刘训言……乞如端州府例，拘集瑶首，推保有能抚管五百户者授以副巡检，一千户者授以典史，二千户以上者授以主簿，就于流官衙门到任，专统瑶人，或有别项瑶贼出没，悉听总兵官调遣，同官军剿杀"。《古今图书集成》卷139载："巡抚戴璟议欲择招主。旧时阳江、阳春等县，俱有主簿，巡检，乃用土人。"

正统十三年（1448），朝议正式任用有功瑶首为副巡检、典史、主簿，从此改变由汉人担任抚瑶的州县的官员状况。

兴宁县，正统中县人彭伯龄能拊辑瑶僮，其党悦服，壬戌岁（1442）知县朱孟德以其事闻，请授伯龄为水口巡检司副巡检，专抚瑶事，仍俾世袭。伯龄死，子玉袭。成化丁酉，瑶党讼玉于上，乃革其职，并罢其制，第取其属一长者董之，号"抚瑶老人"（清咸丰《兴宁县志》卷12）。

至于"土巡检"一职，明文规定作为制度，即在广西瑶僮地区置长官司长官，长官任用土人，而又称之土司。《明英宗实录》卷76记载，正统六年，"置长官司以抚安其余众，选土人之有智识兵力如贤者，俾为长官，从府管辖，则瑶僮畏服，地方宁谧"。因而在长官司辖内之巡检，称之土巡检，以土人充任。

瑶官：多以招抚瑶人，或有军功而授予，然亦以纳银多而得之者，"有力者纳银若干，给札为瑶官"（明王临复《粤剑篇·志土风》卷2）。明中叶以后，吏治腐败，景泰年间，土官有"纳米"升授之事，见《土官底簿》载，安顺司同知。

知县：《明太宗实录》卷51载："永乐四年二月辛未，命荔波县民单敬信为本县知县，敬信奉命招抚梅木村等七十三洞洞首潘父长……遂授敬信知县，命专抚瑶民。"

明朝对于率瑶归附，或绥抚瑶有功者，均授以抚瑶官（亦称瑶官），世袭其职。其名目有县丞、主簿、典史、巡检，因在少数民族地区施行土司制，故一些史志记载时往往加上"土"字，称"土巡检"等。因各地情况不同，名称亦有不同，今分列如下：

新兴：明初设瑶官四人，世袭其职，瑶皆听其归来。肖震，新兴仁丰都人，洪武年间，广西侵贼沿劫乡村，震带领瑶众征剿有功，赐袭土巡检，管辖仁丰、宁化二都，诸瑶297户。梁间，宁化都人，明洪武间，集众瑶擒斩有功，赐袭土典史，管辖宁化都诸瑶（92户）。陈天元，延寿都人，明洪武十二年，率瑶目进贡，赐袭土典史，管延寿都诸瑶（82户）。陈千，延寿都人，其父陈志则，明洪武十二年率瑶目进贡，赐袭土典史，管辖延寿都诸瑶（1514户）（乾隆《新兴县志》卷26）。

永乐十一年（1413），肇庆府学增生廖谦，招携新兴山峒瑶首梁福寿来朝，贡方物，凡招瑶人五十余户，以谦为新兴典史以抚之（清康熙金光祖《广东通志》卷29）。

泷水：永乐四年，先是化州吏冯原泰，陈志宽言：天黄、大帽、曹连、茶峒、石粟诸山瑶人素未归顺，今有向化之心，遂遣人赍敕同原泰等往抚谕之，至是赵第二等籍其属二千五百余户，凡七千五百余口来朝，赐钞币袭衣，命原泰为泷水县丞，志宽为信宜主簿。永乐十一年，升冯原泰为德庆州判，以其善抚诸瑶（清康熙金志祖《广东通志》卷29）。弘治十年复置主簿，泷水原设立主簿，景泰三年知县周刚请奏省，至是，右都御史邓延瓒奏复，专理抚瑶（民国《罗定县志》卷4）。

阳江："江邑自明永乐间，瑶人黄福明率众归化，授抚瑶主簿，职衔世袭，国朝（清）则以瑶目承袭。"（民国张以诚《阳江县志》卷3）

高要：谢永安（明）正统七年，时瑶民犷悍，永安抚以义，俾知归化，朝命抚高要、四会瑶民，袭瑶官。子守信。景泰四年，高要、四会、广宁、德庆诸山瑶复叛，守信抚定368户，明年瑶贡方物，命守信原辖四县瑶僮。后谢守信子孙，承袭纷争，骚扰滋事，且瑶民向化日久，各安耕凿，与齐民一体稽查（道光《高要县志》卷18）。

鹤山：永乐十二年，禄洞生员李宏鬻田赈皂幕山瑶，乱止，功授抚瑶官世袭（道光《鹤山县志》卷18）。

英德：黄茶山瑶，盘姓者三十余家，别姓者亦三十余，永乐间，瑶首陈朝亮以杀流贼有功，除瑶官世袭（清道光《广东通志》卷330）。

上述抚瑶官，有瑶人有非瑶人担任，并设置办理瑶族事务的公署。如前述香山周高扬，其瑶官署在春花园，英德有陈抚瑶署，黎抚瑶署之设。清远白抚瑶公署在石潭乡内，白晟公建署于此，故名其地为白湾（民国朱汝《清远县志》卷9）。

明成化间，高州郡守孔镛，立抚瑶免差役，约束其众，咸听调遣，遂立瑶兵，每山每寨，皆设一瑶目相统辖（清道光《阳江县志》卷1），此瑶目，相当于瑶总。高州每山有总甲，领其兵目，听招者，调之攻守，纳粮当差（阮元《广东通志》卷173）。

因高州孔镛立抚瑶，故后来史志记载便改瑶总名为抚瑶，见表2－1的对比。

表 2－1

| | |
|---|---|
| 君子山：山甲盘一通，瑶总莫朝圭。 | 君子山、大人山、茶山、天露山，凡四山抚瑶吴茂桂主之。 |
| 大人山：山甲方守贵，瑶总莫朝圭。 | |
| 茶山：山甲黄龙清。 | |
| 天露山：山甲盘观山，瑶总吴明连。 | 良车田：抚瑶冯宏元主之。 |
| 白鹤山：山甲雍静山，瑶总谢文恭。 | 白鹤山：抚瑶谢国惠主之。 |
| 凤凰山：山甲唐仙良。 | 西坑、凤凰、榄银；抚瑶梁姓者主之。 |
| 东田山：山甲唐仙良。瑶总盘汝安。 | 康熙二十年，上水峒有抚瑶梁荣璋，冯尔雅，上水下峒有抚瑶吴业，高官陂抚瑶有谢道灼，皆良瑶。 |
| （明嘉靖《广东通志》卷69） | （民国《恩平县志》卷4） |

这里的抚瑶，即是瑶目，于乾隆二十一年，以瑶民向化日久，瑶目可不设，详请裁革（民国《恩平县志》卷4）。

而高州府抚瑶，除领瑶山外，并详列领瑶兵额（见广东设立瑶兵一节）。

招主：明代，寇乱地区，政府奖励地方富豪，招募外地俍瑶来守御或剿捕盗贼，给予荒田山岭开垦，以防卫地方，政府给以招主之名，世袭。对被招募的俍、瑶有统领管辖的权力。史载：弘治年间，瑶披猖，阳春刘迁亮与伍、林、黄姓者，捐资赴广西招俍兵剿平。诸里排以瑶所据民间荒田，签与俍兵自耕而食，防守汛地，即以刘、伍、黄、林姓世为招主，瑶患以息，至康熙四年撤招主，悉归保甲（道光《阳春县志》卷10）。阳江县，正统四年，以施赈为抚瑶招主（《阳江县志》卷31）。

明朝所称之抚瑶官，到顺治四年（1647）不少投诚清朝。顺治八年，行查各路瑶丁，瑶官册籍，准复原职世袭。乾隆二十一年裁革。只有粤北瑶族地区与粤东畬族地区保留瑶目与畬官。

清初，连阳八排瑶一直反抗清王朝统治，因此清王朝加强此地区的军事力量。顺治九年，复建连阳营于连州，营兵一千。康熙四十二年平定八排，改韶州副总兵为三江副总兵，节制营兵二千人，立三十六汛，置绥瑶同知，设绥瑶营兵百人。嘉庆二十一年绥瑶同知归并连山县，改为连山绥瑶直隶厅，民国后废厅立县，下设瑶务处，后为化瑶局。

清王朝除设有统治瑶民的军事及行政机构外，还在八排瑶民中遴选能办事的人。康熙四十年十一月，提督殷化行《剿瑶再奏疏》提出在八排择设瑶目，编为保排，使有相统属稽查，委以瑶长、瑶练。湖南《宁远县志》卷5武备载："练长，由各姓报充。"

道光十三年，平定赵金龙起义后，尚书禧恩奏准，令八排瑶人举老成知事者立为瑶老千长，赏给顶戴，办事瑶目，立为瑶长、瑶练。瑶长每月口粮银三两，瑶练每月一两五钱，凡瑶长十八人，瑶练六十四人，隶绥瑶把总，月朔日赴绥瑶营领饷具结状。连山理瑶同知郭际清与各官分赴瑶山，遍历东西八大排，百三十一冲，核实人口，填给门牌，按牌设立瑶老和瑶长，其小冲则设立瑶目。某冲某人大排分支，统归某大排瑶老千长管领，皆择谨厚者为之（《南越游记》卷3）。练，练勇也。

## 第二节　瑶人居地名称

瑶人居住，大体有三种形式：一是聚族而居，以同姓血缘关系居住于一个村落。有数姓居住一个村落，这是在血缘关系基础上出现的，以地缘而形成的村落。前者如乳源瑶族自治县必背镇大村皆邓姓，后者如连南瑶族自治县之八排瑶，每排均有数姓，盘、房、唐、冯、邓等。民国《贺县志》卷2载："瑶居山中，亦聚族而居。"一是散居，如乳源瑶族自治县的西边瑶，新中国成立前散居于大东山一带，三五家一群，散居山谷，俗称过山瑶。一是与其他民族杂居。

其居住地之名称，有随山水，有随地形、地势，有随政治组合而名者。元《平瑶记》谓：元代广西诸瑶"若所谓曰生瑶、曰熟瑶、曰僮人、曰款人之目，皆强犷之标也。曰溪、曰洞、曰源、曰寨、曰团、曰隘之属，皆强固自保，因以肆暴之所也"。

村：清魏笃《浔州府志·纪人·风俗》载："瑶人桂平无之，惟平南鹏化、大同二瑶村居多。"村，村落也。清嘉庆《广西通志·列传》卷278载："岑溪连城乡上里为平河等二十村，中里为大峒等四乡，下里为佛子等五村，皆瑶所居。"

溪：溪即山间之溪流，瑶族居于溪谷之间。瑶族先民，古称五溪蛮，宋朱辅著有《溪蛮丛笑》一书。古籍常谓，瑶居住深山阻溪，或山溪阻险间。

源：为河流山溪水发源之山地。嘉庆《广西通志》卷278载：富川瑶"皆来自黔中五溪，散处三十六源。"光绪《零陵县志》卷5载：（湖南）零陵县瑶峒有麻江源。《元史·本纪第三十·泰定帝二》卷30载："道州路栎所源徭为寇。"元虞集《平瑶记》卷38载："凉泾源、大厚、黄辛等二十一源。"

洞（峒）：洞原义为深谷，幽壑之地，蛮僚所居。《旧唐书·列传第五十九·冯盎》："罗窦诸洞獠叛。"道光《广东通志》卷238："嘉泰中（1203）广州通判留恭，后知广州，瑶乱，捕降其豪渠，四十四峒悉平。"今广州郊区，有地名为"龙眼峒"居民社区，地形为丘陵地山间小盆地。

其他史志，亦多记载。《元史·本纪第二十九·泰定帝一》载："融州否泉洞、吉龙洞。"卷30载："永明县五洞徭来降。"《招捕总录》："罗蛮洞瑶。"《平瑶记》载有"边山慈洞""田若洞""唐妙隐洞"等。湖南方志，记载瑶人居住之地，多名之为瑶洞，如清光绪《邵阳县志·建置下·瑶峒》谓康熙时"各乡瑶不编都，峒十有六"。

宋代营田戍边，宋熙宁后开疆拓土，以土人参戍之半，因而瑶人居地名称之称谓增多。明王翱《边情疏》谓：广西瑶僮诸族"名曰溪、曰寨、曰团、曰隘，咸负固自保之所，既无城郭可居，亦无沟池可守，不过依山傍险，为自全计"。

团：《资治通鉴·卷第二百二十五·唐纪四十一》载："代宗大历十二年五月，又定诸州兵，皆有常数……差点土人，春夏归农、秋冬追集、给身粮酱菜者，谓之'团结'。"又谓之团结之兵也。《资治通鉴·卷第二百四十二·唐纪五十八》："穆宗长庆二年，又乞'检责所在实户，据口团保。'"注：团保者，团结户口，使之互相保织也。《宋史·兵志》载："今团集保甲。"唐宋均有团结训练，设团练使，即征集丁壮编制成团，施以兵法训练，用以捍御盗匪保乡土者，谓之团练。《宋史·兵志》谓："内属诸部落，团结以之藩篱之兵也。""今既遣官隐刮义勇，又别遣官团练保甲。"

《桂海虞衡志》谓："乾道九年，遣吏经理之，悉罢官军，专用边民，籍其可用者七千余人，分五十团，立之长副，阶级相制。亦视省民相团结，毋得犯法，既数月，诸瑶团长袁台等数十人，诣经略司谒谢，又各以誓状来。"其略云："某等既充山职，今当钤束男侄。"编团以瑶丁人数计，村寨小者，可数寨合为一团。《古今图书集成》卷 1236《宝庆府峒蛮考》载："宋庆历三年，邵州蛮叛，转运使潘凤督诸部破其团峒九十余。"

《宋史》卷 83 载："高宗建炎四年，武冈瑶人杨再修，正拱率九十团峒瑶人，纵火掠民财为乱。"《元史·本纪第二十九·泰定帝一》载："招谕融州徭般领、大、小木龙等百七十五团。"元代瑶族村寨，广泛使用团名称谓。《元史·本纪第三十·泰定帝二》载："广西透江团徭为寇，宣慰使买奴谕降之。"此处"团徭"之称谓，如"峒瑶"之称谓。元《招捕总录》载："降全州清湘县瑶人沽油团、屋孙耶捧水团、门客耶师歌骂耶车田团，喉无未喉社自耶龙堂团等二十余团。"又有"石仓团、头团、白团、提江团、淋背团、岭豚团"。

元陆文圭《墙东类稿》卷 12 载：武岗路瑶蛮依绥宁县青城，为 15 团。还有《粤西文载》卷 45 载元代胡明台《平瑶碑》写道：元军直抵柳州，"大塘，枫木林，绞峒等团"。继至融州"败获者墨江等凡六团"。宜融之瑶"凡大搔来降者二十八团"。可见元代广西、湖南瑶族地区，大多使用团的称谓。

《汝城县志·兵事纪》卷 19 载："周城垣修武备，令各乡之民，听其自便，各立团寨，使钱谷有所贮，妻子有所避，遇有警自相保护。"

《汝城县志》卷 3 载："明定甲名立团之法，民户迁移，而团不易（按团之名，实始于隋，《隋书》立籍之法曰三党五党，共为一团是也）。"

《长沙府志》卷 60 载："武岗之地，西接绥宁，北按黔阳、溆浦，东接邵阳、东安，南接新宁，西南接城步，所属村团百有五十余。瑶团二十，瑶峒十三，为宝庆之西蔽。"

《耒阳县志》卷七《风俗附·瑶俗》："瑶有二种，共为四团，居东南七都，龙植、南岸、毛坪、距城九十里、百余里不等。"

《湖南通志》谓："乾隆六年，行保甲法，司农寺请令邵州土丁弩手团与村土人共为保甲，以正副指挥使兼充都保正，以左右等级甲头兼充小保长，番上则本铺土丁等同为一保，其隔山岭不及五火保者，亦各置都保正一人。"

广西《浔州府志》卷 28 载："沈信、洪武丁卯知浔州，请以桂平、平南二县附近瑶民，便习弓弩者选千余人，免其差徭，给以军械衣裳，俾各团村寨烽火与巡检兵相为声援，协同逐捕。"

而广东则未见瑶山有团之名的记载。

寨：（砦）列木成栅，以为防守，藩落也，为瑶人居住之处的村落。

《古今图书集成》卷 1452《梧州府风俗考》谓"瑶俍蛮俗，寝处架木，聚而成村曰寨"。

"寨置于险阨控御之处，设寨官，招收土军阅习武艺，以防盗贼"（《古今图书集成》卷 1393《广东瑶僮蛮僮汇考》）。此有塞之含义。

《平瑶记》记载广西瑶人的寨有"秀峰、桃源、新田、野猪等寨"。"石上，上棉、蓝峡，水确、滑石等寨"。嘉庆《广西通志》卷 187 元代有"八寨瑶"的记载，该志 278 卷载："昭平瑶，皆以山寨命名。"

《续资治通鉴长编》卷 348 载："元丰七年（1084）八月戊辰王江一带团峒，熙宁中尝遣承制刘初领兵丁置寨于安口，诸蛮并力杀伤官军，自此蛮情日见生梗。今遍招纳，例皆效顺，当开道路，置堡、寨、驿、铺分兵丁防守，乃为久安之计。"

山：《元史·本纪第二十九·泰定帝一》记有"洞村山"瑶，《招捕总录》则有"麻园山瑶人"之载，当系瑶人居住之山名而名瑶，即山瑶。

这些按"溪""洞""源""寨""团""山"组织起来的瑶人首领被称作"酋""瑶酋""瑶首""山主"等。这些瑶酋、瑶首、山主相当于后世的瑶老。

堡：堡垒防守的意思，聚众建栅以守御。清嘉庆《广西通志》卷 278《列传》载："博白县瑶，散居各堡，有瑶首领之。"光绪《兴宁县志·疆域·瑶峒》卷 3 载："永安堡瑶首李山、庞良辅。"

《古今图书集成》卷 1420《思恩府关梁考》载："武缘县：扶台堡，在县止戈四图，离城一百一十里，武缘所军二十名，目兵二十名，耕食绝田，防八寨瑶，今撤。"

又《古今图书集成》卷 924《赣州府部纪事》："正德六年辛未，程乡贼钟仕锦劫江、广、闽附近乡村，御史周命初开府于赣。后积玉复叛，知县蔡夒督民兵格杀之，余党叶茅等投诚，安插乡堡耕住为新民，听调杀贼。"

隘：险阻要害之地谓隘，《广西通志》卷 121 载："桂林府兴安县，县志隘口有木山、开山、白石、大障、西峰、画眉、牛路、蜘蛛、白旗等三十四隘，以瑶耕其田，令自为防守韦公隘，岭底瑶人守江东路。"

《桂北瑶人榜文》谓："景泰年间，恩开榜招粤东韶州府乐昌县盘瑶人民，恩招瑶人当隘口，扼隘口把守。把守隘口，无事则耕垦，有事则调遣。"

明崇祯十六年《察院甦瑶碑》载："据乳源县利井崇德都有籍瑶总李秀红，瑶甲刘凤等呈前事称：瑶等祖李本琛，原籍肇庆，于弘治年间奉部院易调乳源，把守连阳、英德、清远交界隘口，居住牛婆峒、连塘、茶山、大布、大本角、坪瓮、瓦窑岗、塔塘等处，耕凿糊口，不食钱粮，屡奉府县严拨守瑶示，得遇猖獗获功，历代无异，蠲免杂税。"

里：如竹箭瑶"散处灌阳县之归化上下二里"（《皇清职贡图》卷4）。此为编排里甲之行政区划之名称。

排：冲（涌）据《连山绥瑶厅志·总志》称："广东连阳八排瑶其属连州者，曰油岭排、行祥排、横坑排、属连山者曰军寮排、马箭排、里八洞排、火烧坪排、大掌岭排，连山之瑶以万计，五排最大。连州之瑶以万数，三排最大。其小者名为冲（涌），在三江之东，自龙尾寨以东南为冲四十三，而自龙水尾以西南，为冲九十三，中自犁头塘以西为冲四，皆八排之所分也。"

胡耐安以为八排瑶的排与冲为瑶人村落，"聚居半山间，鳞次栉比，作附梯状"而称之排。

清李来章《连阳八排风土记》谓："八排者，瑶僚所居也，以竹木为寨栅，谓之排也。"

民国《连山县志》谓："排者派也，冲者种也，冲隶于排，犹言某派之种也。"廖炯然《连阳瑶民概况》谓："瑶民依山结屋，聚众而居，自为风气，其聚居名称大曰排，小曰冲、又曰寨。"

胡耐安认为："瑶排之称，就是由于他们房屋行列，望去一排排的不相紊乱。"[1]

〔日〕竹村卓二谓："排即村落之意"（见《〈连阳八排风土记〉和〈连山绥瑶厅志〉资料的意义》一文）。

半个多世纪以来，中外学者对八排瑶的"排"解释，都解为"村落"或"村寨"。

粤北山区，山腰坡度较为平缓之处，称为山排。而排瑶（八排之简称）的"排"字，则不能解为村落，它与明王朝基层统治区划有密切关系，是

---

① 《边境论文集·说瑶》，台北华冈书局，1966。

其基层组织，与赋役合为一体的里排统治形式。

《八排文化》称："据《连山县志》记载，明成化二年官兵剿瑶事时，首次明确提到'八排瑶'的名称。"① 这就表明了"八排瑶"的名称与政治紧紧联系在一起。

上面"里"的说明，提到里排编户，"岁役里长一人，摄一里之事（催办钱粮，勾摄公事）十年而周，终而又始，故曰排年"。《桂北榜文》载："景泰闰七月二十九日，立招贴人安监里排年卢世彩等……招待广东省瑶民赵文龙……招在江口隘九龙山把住大罗山界四处。"排年是十甲轮充值年应役当差者。

因此，"排"不是简单的"村寨""村落"的意思，而是明封建王朝基层行政组织形式。《天下郡国利病书》卷99《广东》之（营砦）载："（阳春）东营、西营、粮营，正德中防峒、罗陈、合水、黄东栏等山瑶狷獭，田地荒芜，十损八九，知县黄宪令排年招广西俍兵三百余众分三营耕守上营。"这说明编里甲（排），排年轮值之制，已不限连阳地区，而是封建统治的行政制度。《六部成语·户部·总甲注释》载："各大村镇，每村分数甲，数十百家，每甲之中又分某乡某排。"《永乐大典》卷7889汀州府《税赋》载：《临汀志》"旧例编排民户分四等"。

《天下郡国利病书》卷98《广东》载："（阳山县）永化都，在县治西北十里，即三坑瑶人地，万历十年赵文桢招安为编氓，出籍供赋，乃丈田升科置瑶目。白芒、老鸦、稍陀三坑，俱系各租承佃，因各山田立借收租加派粮差，以致各瑶不得安生。今愿立为十排，照肇庆府广宁县则例，只纳正派粮科，并无杂差……各坑成家男子九百五十九丁，妇女九百九十九口，编为一里，分作十排，内金殷实十户编为里长，每排管下甲首五户，每户二丁，其余丁粮稀少不堪立户者，俱作帮户入丁。"这里清楚地说明了"排"为行政区划的实质。

由于朝代更替，社会变迁，制度有所弛废，户口粮差有所变化，因此若干年后，又来一次编定排籍。清道光十二年湖南瑶民赵金陇起义波及粤北，被镇压下去后，钦差禧恩《剿瑶善后章程疏》提出"编寨户"的意见。道光十三年，连山理瑶同知，"郭同知与各官分赴瑶山，编为东西八大排，

---

① 杨鹤书等：《八排文化——八排瑶的文化人类学考察》，中山大学出版社，1991，第6页。

百三十一冲，核定户口，填钤门牌，进行编户"（陈徽言《南越笔记》）。

因编连阳瑶人分为八排，始称之为"八排瑶"，而"排瑶"是"八排瑶"的简称。从此瑶人编排入籍，纳赋税供徭役，当差听调。

乳源牛婆峒民瑶，已与齐民一体编入里甲。乳源板瑶和箭瑶因居住分散，丁粮又少，则照其原编总甲之制，耕亩者与齐民一体纳粮，耕山者花麻不赋，而照例差徭。"瑶排"，指已编排的瑶人村寨，含指八排瑶人居住的里甲，同在连山居住的过山瑶，其村寨则不称瑶排。

冲：即山间水涌之处。居住由排搬迁而来的瑶户的村寨，如连南瑶族自治县之马头冲。而乳源瑶人称之为坑，如楠木坑。

清雍正《广西通志》卷93《蛮疆分隶》载："修仁县正东，自晓村而南，俱瑶所居，正西去县村至寨保为石墙汛五里曰头排至五排、十排，峰峦险僻。自石墙而南，曰九排、七排、八排、六排，则皆僮人。"排是里排编户的基层组织。清嘉庆《广西通志》卷123载："修仁县，南隘关，亦曰南隘口，即古南隘镇，内分十排，东界石墙堡，南北界雒容，象州永福，皆瑶僮所居。"（《一统志》）

雍正《广西通志·蛮瑶分隶》卷93又谓："六安县瑶，分五排七地，六峒，与民杂居。"

广西仍有以"排"称的地名，如贺县的大岭排、马峰排、磨刀排、牛栏排、刘屋排、赖屋排、黄屋排、佛子排等。

广东仍有称"排"的地名，如新兴县的大岭排、上排、田排。高要县的大坑排、大五排、新排；云浮县的高排、桐油排；罗定县的大排、罗排、金龙排；阳山县的石梨排。

湖南宜章的杉树排。

# 第三节　瑶人迁徙滇边境外

法国国立科学研究中心莱蒙尼，在老挝琅勃拉邦南部开梭村瑶族调查，得到了《仪典书》（瑶族经典文献），该书开卷首句谓："祭司之书，瑶人十二姓的子孙，传给兵士们，跟着祖先，在王公会议上，子子孙孙永远使用，勿得漏传。"

《仪典书》是瑶人祭祀仪典所用之书（即瑶经），粤北瑶人俗称为《请神书》，即节日拜王（祀盘古王）时，法事仪式上师爷（巫师）读唱的瑶经。祭司，指师爷祭祀盘王执法事之职（司其职）。瑶人尊称其首领宗祖家先为"公王"或"王公"。八排瑶《打银歌》云："不旺旺亚香公王"，意为烧香供奉祖先。《高山葬祖茅叶子佬歌》云："前代公王，后代尔爷"，意为上代祖宗，后代父母。"公王会议上"，是指拜王时，拜请上坛兵马，下坛兵将，宗祖家先到祭坛赐福。其在还愿，挂灯度身法事，取得法名，继承祖先的功业，保持传统，这就是所谓"跟着祖先"。而"勿漏传"，指此瑶经《仪典书》不要失传，不要外传。"兵士们"，指动乱年代跟随瑶兵首领迁徙到老挝的瑶兵。子子孙孙永远使用，即瑶兵的后代，一代一代地传下去。

明代，广东有瑶兵之设，成化间高州知府孔镛立瑶兵。据《连阳八排风土记》卷8载："正德五年（1510）连山黄连贼首李公旺以瑶兵攻州城。"

明末，桂王在广东肇庆即位，奔走于广西、湖南、广东边境瑶族地区，不少瑶族群众与瑶兵参加勤王抗清队伍。如满大壮，湖南辰州人，何腾蛟开府长沙，招募将才，大壮奉檄招练辰、麻峒兵2000，为腾蛟新兵[1]。"顺治四年（1647）冬，广东有瑶民、蜑民（水上居民）和护丁抗清起义"。清兵入广州余龙举义兵于顺德甘竹滩，"陈邦彦以甘竹滩余龙兵万千人向广州界"（《皇明末造录》）。

永历元年（清顺治四年）春，清军占领肇庆，桂王奔梧州、平乐至桂林，其监军副使汤来贺，亦曾"走广宁匿瑶峒山中"（《皇明末造录》）。平乐陷走全州、武冈（湖南境），总兵刘承胤以兵迎至武冈。湘、桂交界之平乐、全州、武冈，均为瑶族居地，亦有瑶人参加抗清队伍。七月，清军攻武冈，桂王走桂林，"由通道县入瑶境，出古泥达柳州"。

永历二年正月，桂王夜奔南宁，左右江土司之土卒偠兵多有参加勤王队伍。十二月走土司，"诸蛮各具粮饷及从官夫役……水行至田州，起陆由制伦土司向镇安，山路崎岖，于路中土司各以夫役应给"。

在桂王的队伍中，确有瑶族土兵（瑶兵）。永历帝即位后，兵部主事陈邦彦"监粤西偠兵援赣"[2]。桂王在湖南的部队中，"偠兵营总覃遇春不守宝

---

① 苏雪林：《南明忠烈传》下编，国民图书出版社，1941。

② 苏雪林：《南明忠烈传》。

庆而入粤"。俍兵，民族成分含瑶、僮。

李成栋叛清，其军官马宝，于永历六年二月率连山五排瑶人攻打上叶平头寨，驻守连山3年（《连阳八排风土记》卷5）。

永历帝在明末农民起义首领李定国的支持下，曾一度收复失地，直抵长沙。明李寄《天香阁随笔》卷1载："定国兵律极严，驻军半载，居民不知有兵，定国所将，半为罗倮、瑶佬。"

永历二年，李定国"曾率部万人攻沙定州，定州据险，且纳楼教化、车里、老挝十余土司相为声援，定国一战擒定州并万氏、归干、木邦、老挝各土司皆畏定国"。永历十三年，桂王入缅。"白文选逃木邦，木儿，定国入安南"（《皇明末造录》）。永历十五年十二月，"定国在磨盘山，大小十余战，终以兵少粮乏，孤军无援，遂走孟艮、孟定、八百媳妇国（即木邦）等处"（《皇明末造录》）。永历帝云南殉国时，李定国正在孟蜡，忧国发病而死，"定国死后，其遗部还有好几千人，他们在滇边距离阿瓦城东一百里的地方聚族而居"①。

南明败亡，湘、粤、桂三省勤王瑶兵部分散播至滇边境外的越南与老挝，其后有迁入泰国。

## 第四节　对莫瑶"常免徭役""不事赋役"
## 谓之瑶人的认识

前章已叙述莫瑶、瑶族称的由来，"常免徭役""不事赋役"是蛮僚入版籍，营田戍边，封建王朝法令规定，蠲免其徭役、赋役，而不是某一族群自行决定是否输纳，顺服或抗拒。《隋书·志第二十六·地理下》谓："长沙郡又杂有夷蜒，名曰莫瑶，自云其先祖有功，常免徭役，故以为名。"《宋史·蛮夷列传》谓："蛮瑶者居山谷间……蛮不事赋役，谓之瑶人。"宋范成大《桂海虞衡志》谓："名为瑶，实不供征役。"宋周去非《岭外代答》谓："瑶人者，言其执徭役于中国也。"都是基于蛮僚归附封建王朝，兵籍营田，蠲免徭赋，内容实质相同，各用不同的文字表述的，一些人由

---

① 谢国桢：《南明史略》，上海人民出版社，1957。

于对其内涵实质未全面理解，而产生错误的诠释。

## （一）

《桂海虞衡志辑佚校注》的《注释》谓："名为瑶，而实不供征役。"瑶作为族称，最先即因有部分古瑶人不受封建王朝徭役而被称为'莫徭'的，前引《梁书·列传第二十八·张缅弟缵绾》所载文云瑶族'历政不宾服'，即历经数代朝政不愿臣服为'顺民'，向统治者纳租税，出徭役。又《隋书·志第二十六·地理下》云：'长沙郡又杂夷蜒，名曰莫徭，自云其先祖有功，常免徭役，故以为名。'故唐代多以'莫徭'称之。杜甫游湘江时所写《岁晏行》诗有句云：'莫徭射雁鸣桑弓'。刘禹锡有《连州腊日观莫徭猎西山诗》。到了宋代，则又有些服役于封建王朝而被称为瑶的，周去非《岭外代答》卷3《瑶人》条云：'瑶人者，言其执徭役于中国也。'但大部分瑶族，仍居于深山老林之中，封建王朝势力鞭长莫及。因此，直至近代，他们仍保持着自己的生活方式，不供封建统治者征役，他们的汉文文献《过山榜》中亦记载着自己先祖有功免于徭役等句。"①

首先，瑶族先民"盘瓠蛮"是受王朝封赏，以先父有功，母帝之女，田作贾贩，无关梁符传、租税之赋，而只岁输賨布，大人一匹，小口二丈。为汉时的长沙，武陵蛮是也。巴人板楯蛮受王朝封赏而免租赋。《宋书》荆、雍州蛮，归附首领受封赏，南蛮、宁蛮校尉以领之，授田以耕，一户输谷数斛，其余无杂调，亦是王朝敕令蠲免。在宋、齐世兵制度下，蛮夷归附兵籍，营田戍边，至（梁）形成莫徭的族群，从蛮夷中分离出来。《梁书·列传第二十八·张缅弟缵绾》谓："零陵，衡阳等郡有莫徭蛮者，依山险而居，历政不宾服。"所谓"历政不宾服"，《宋史·蛮夷列传》卷493作了清晰的说明，"西南溪峒诸蛮，皆盘瓠种……后汉建武中，大为寇抄，遣伏波将军马援等至临沅击破之，历晋、宋、齐、梁、陈或叛或服，隋置辰州。"历政不宾服，言其历晋、宋、齐、梁、陈，或叛或服。莫徭，历晋、宋、齐、梁时叛时服。这是南北朝时期，南朝与北朝君主互相争取蛮族支持而产生的，都采用赏赐其首领的方法，故蛮族首领时投北朝背叛南朝，时而因利益关系脱离北朝，臣服南朝受其赏赐，或蛮族首领之间互相冲突，

---

① （宋）范成大著《桂海虞衡志辑轶校注》，胡起望等校注，四川民族出版社，1986。

各找靠山而叛服。莫徭之族称，应以《隋书·志第二十六·地理下》谓："自云先祖有功，常免徭役"解释为准，而不是以《梁书·列传第二十八·张缅弟缵绾》所谓"历政不宾服"而加主观揣测为"不愿臣服为顺民，不向统治者纳租税，出徭役"而称之莫徭。其叛时，当不入统治王朝之版籍，何言纳租税。"不宾服"不纳税租不服役，当是抗役、逃役，而不是免徭役。"自云先祖有功，常免徭役。"实质与《后汉书·南蛮西南夷列传第七十六》："以先父有功，母帝之女，田作贾贩，无关梁符传、租税之赋"是一致的，皆为王朝赐予。我们从瑶族珍藏的《过山榜》："把守隘口，有事则把守城池，无事则归耕。"而享有"蠲免差役及什税""蠲其徭役""蠲徭薄赋"。这都反映了瑶人营田守边，世袭为兵而"不事赋役"。

其次，《隋书·志第二十六·地理下》载："长沙郡又杂有夷蜒，名曰莫徭，自云其先祖有功，常免徭役，故以为名。……武陵、巴陵、零陵、桂阳、澧阳、衡山、熙平皆同焉。"说明零陵、衡阳（衡山、桂阳）等郡莫瑶，是自云先祖有功，常免徭役而得名，并非"历政不宾服"，不愿臣服为顺民向统治者出租税出徭役的一部分古瑶人，不受封建王朝徭役，而称之莫瑶。莫瑶是臣服封建王朝，归附封建王朝，营田戍边，封建王朝予以"常免徭役"的古瑶人。

莫瑶营田戍边，世袭为兵，为弓弩手，唐杜甫诗句"莫瑶射雁鸣桑弓"。蒙叟注云："莫瑶江湖猎手，不他役"，即"常免徭役"。唐李吉甫《元和郡县志·江南道》卷29《潭州》载："（晋）怀帝分荆州湘中诸郡置湘州，南以五岭为限，北以洞庭为界，汉晋以来，亦为重镇，杂有夷人，名曰瑶，自言先祖有功，免于徭役。"唐刘禹锡《连州腊日观莫瑶猎西山》诗云："海天杀气薄，蛮军步武器。"说明猎西山的连州莫瑶，是当地（连州隋属熙平郡）营田戍边的莫瑶军（蛮军步武器），以上两诗，莫瑶不含"不臣服"之意。

再次，《注释》把范成大《桂海虞衡志》"名为徭，而实不供役。"说成"一部分古瑶人不受封建王朝徭役，称之为莫徭"，而对宋周去非《岭外代答》谓："徭人者，言其执徭役于中国也。"说成是"宋代则又有一些服徭役于封建王朝而被称为徭的"这是错误的注释。

范成大著《桂海虞衡志》谓："名为徭，实不供征役"，与周去非著《岭南代答》："徭人者，言其执徭役于中国也"，内容实质是一致的，是两本同一时间在南宋，同一地区在岭南西道静江府，叙述当地瑶人的著作。把两者分作完全相反的注释，一为不顺服，不服徭役；一为顺服徭役的瑶人，是疏误。

据史志记载，周去非归自岭外，有问其风土物产者，乃著《岭外代答》，大旨本范成大《桂海虞衡志》，更增所见闻。《岭外代答》卷10谓："余尝摄静江府灵川令，有瑶人私争投木契。"此说明周去非时在范成大手下为官，是范之幕僚。

范成大《桂海虞衡志》谓："瑶属桂林者兴安、灵川、临桂、义宁、古县诸邑，皆迫近山瑶。""余既得其所以然，乾道九年夏遣使经理之，悉罢官军，专用边民，籍其可用者七千余人，分五十团，立之长副，既数月，诸瑶团长袁台等数十人，诣经略司谒谢，其略云：'某等既充山职，今当钤束男侄，男行持棒，女行把麻，任从出入，不得生事者，上有太阳，下有地宿，其翻背者，生儿成驴，生女成猪，举家灭绝，不得翻而说好，背而说恶，不得偷寒送暖。上山同路，下水同船，男儿带刀同一边，一点一齐，同杀盗贼，不用此款者，并依山例'，山例者诛杀也，蛮语鄙陋，不欲没其实，略表于此。"此段充分说明"名为瑶，实不供征役"，是瑶人营田戍边，替代官军戍守（朝廷令悉罢官军专用边民），同杀盗贼，依令王朝免其赋役（不供征役），而不是"不臣服为顺民，不受封建徭役"。

周去非《岭外代答》卷10谓："乾道丁亥，静江瑶人犯边，范石湖（成大）檄余白事帅府，与闻团结边民事，瑶人计穷，出而归命，乃诣帅府纳款，其词曰：'某等既充山职，今当钤束男侄，男行把棒，女行把麻，任从出入，不得生事者。上有太阳，下有地宿，其翻背者，生男成驴，生女成猪，不得翻而说好，背而说恶，不得偷寒送暖。上山同路，下水同船，男女带刀，同一边一点，一齐同杀盗贼，不用此款，并依山例。'山例甚鄙，不可记忆，聊记其谓款者，如此。"两文相对照，完全一样，说明《岭南外答》大旨本《桂海虞衡志》实证之一例。

范谓："悉罢官军，专用边民，籍其可用者七千人，分为五十团，立之长副。"与周谓："白事帅府，与闻团结边民事。"是用边民土著，团结训练，组立成团。营田戍边，而称为瑶（诸瑶团长袁台等）。朝廷予以蠲免，"不事赋役"。《宋史·蛮夷传》谓："熟户山瑶峒丁，乃居外为捍蔽，计口给田，一夫岁输三斗，无他徭役，故乐为用，边陲有警，众庶云集，争负弩矢前驱，出万死不顾。"《宋史·食货志》谓："营田其徭役科配并免，分处要害，以时耕战。""静江府选练土兵以代戍守""宣和七年三月诏，广南东西路，地远山险，可令巡检下招置土人健勇者参戍之半。"《宋史·兵制》卷187载："荆湖南北路有弩手土丁，广南东路有枪手土丁，土丁弩手免科役。""熙宁十年枢密院诣：邕、钦峒丁并为三等，军功武艺出众为上，蠲其徭役，人材矫捷为中，蠲其科配。"

宋代疬民之政，莫甚于役。据《宋史·食货志》卷177载："役出于民，州县该有常数，宋因前代之制，以衙前之官物，以里正、户长、乡书手，课督赋税。以耆长、弓手，逐捕盗贼，以承符人力，散从官给使令县司至押，州曹司至孔目，下至杂职、虞候、拣、招等人，各从乡户等第定差。"瑶人则不征此役，故云"不供征役"。

《宋史·蛮夷列传》卷494载：乾道八年知贵州陈义上疏言："臣前知靖州时，居蛮夷腹心，民不服役，田不输赋。"瑶人只交丁身米。宋周必大《乞严禁入溪峒人法》谓："靖州民仅数百家，城外皆是蛮峒，朝廷羁縻，止令纳丁米。"即营田戍边峒丁瑶人，免其赋役。民不服役，田不输赋，即"不事赋役，谓之瑶人"。

范书所言："名为瑶，实不供征役"，是从土人团结训练，营田守边，"不事赋役，谓之瑶人"的角度而言之。周去非则从土人营田戍边，居外捍蔽，边陲有警，众庶云集，争负弩矢前驱，出万死不顾。"选练土兵以代戍守""招置土人健勇者参戍之半""息边安民"的角度，瑶人执弓弩而卫国，平居则耕守，缓急以备战守，以古人徭戍之义，而谓："瑶人者言其执徭役于中国也。"（徭：役戍边也）实《诗·小雅·采薇序》"遣戍役以守卫中国"之义。

## （二）

《瑶族史》第七章宋代瑶族第二节《五贡赋制》亦对"不事赋役"与"执徭役"作错误的论述，谓："赋役制，宋王朝根据瑶区的社会情况，实行完全不同的赋税政策。一是不事赋役，据上引《宋史·蛮夷列传》卷493载：居于桂阳郴、连、贺、韶诸州环行千里的蛮人'不事赋役，谓之瑶人。'又《宋史·蛮夷列传》卷494载：'乾道八年（1172）知贵州陈义上疏言，'臣前知靖州时，居蛮夷腹心，民不服役，田不输赋，其地若可弃。'"可见宋时居于湖南、粤北、桂北诸广阔山地的瑶人，由于社会经济较为落后，宋王朝的统治势力较为薄弱，故行'不事赋役''民不服役，田不输赋'政策，此山居瑶人，即俗称谓'生瑶'。因当时'生瑶'占瑶人大多数，宋王朝对瑶族多不征调赋役。二是输'丁口之赋'，据宋周去非《岭外代答》卷3瑶人条载：'瑶人者，言其执徭役于中国也'。可见史书关于徭人得名的由来，有'不事赋役'与'执徭役'两种截然不同的说法。其实，它们并不矛盾，前者系指'生瑶'而言，后者则针对'熟瑶'而说。'熟瑶'是需要对封建王朝承担岁输义务的，但一般只输'丁口之赋……一是出租赋如汉民。"①

生熟瑶的界定，一般理解为入版籍，营田戍边，听征调，谓之熟瑶，反之则称"生瑶"。《古今图书集成》卷1296《广西瑶僮蛮》谓："庆远思恩分生熟二等，入编籍为熟。"

把桂阳监郴、连、贺、韶四州与靖州住的瑶族，说成是"不事赋役""民不服役，田不输赋"的"生瑶"，与历史事实不符。

首先靖州，《宋史·蛮夷列传》卷494载："鼎、澧、辰、靖州、祖宗时尝置弓弩手，得其死力。""帅司言四州旧置弓弩手九千一百一十人，练习武事，散居边境，平居则耕作，缓急以备战守。"营田四州辰、沅、澧、靖弓弩手，"分处要害，量给土田，训练以时，战备合度，庶可备御"。

嘉定五年臣僚言："辰、沅、靖等州，旧尝募民为弓弩手，给地以耕，俾为世业，边陲获保障之安。"七年臣僚复上言："辰、沅、靖三州多接溪峒，其居内者谓省民，熟户山瑶峒丁乃居外为捍蔽……峒丁计口给田，一夫岁输租三斗，无他徭役，故乐为用，边陲有警，众庶云集，争负弩矢前驱，出万死不顾……庶边境绥靖，而远人获安。"

说明靖州瑶人为弓弩手，营田戍边，计口给田，一夫岁输租三斗丁口米，无他徭役，正如陈义所言"民不服役，田不输赋"，即"不事赋役"。宋周必大《乞申严谋人溪峒法》云："靖州，城外皆是蛮峒，朝廷意在羁縻，止令量纳丁米。"（《周应国文忠公集·奏议》卷6）宋洪迈《容斋四笔》卷16载："靖州、武冈、桂阳之属瑶民，蛮首称土官，男丁受田于酋长，不输租，而服其役。"不输租，即不事赋役，而服其役，即为弓弩手，

---

① 吴永章：《瑶族史》，四川民族出版社，1993。

营田戍边。

以上说明靖州瑶人，是"纳丁身米"的熟户山瑶，营田戍边居外为捍蔽，边陲有警，负弩矢以前驱的弓弩手瑶人，而不是未曾归附，未入版籍的"生瑶"。

其次，桂阳监郴州之瑶，亦不是生瑶。宋真德秀《提举吏部赵公墓志铭》谓："公谓郴、桂诸峒，虽名瑶人，实与省民杂处。"（《真文忠公文集》卷43）瑶人与省民杂处者，当已入版籍之熟瑶，由是观之，郴州，桂阳瑶人，不是生瑶。

而广东连州之瑶人，唐刘禹锡《连州腊日观莫瑶猎西山诗》反映连州已置莫瑶军。唐永徽初王唆为连州刺史"民瑶安之"（《连州志》卷6）。宋康定中林概出知连州，时州数被流贼，概选土民为兵，栅要卫，购瑶人使御之，由是贼不敢犯（清雍正《广东通志》卷39）。说明连州唐有莫瑶军，宋瑶人为土兵，瑶人已营田守边，亦不是未入版籍之生瑶。

宋代户口，主户是谓土地之拥有者，占有田地山场生产资料。客户指佃耕者，是已进入封建社会。宋《湟川志》载："连州主户2628户，客户291户，瑶峒36，计455户，11户客户（佃户）。连山瑶峒6计33户。连州瑶峒：东村峒、南木峒、潭头峒、下阶峒、徭山峒、船平峒、卢田峒、神后峒、高峒、东岭峒、动子峒、黄田峒、焊困峒、黄公平峒、钱场峒、高车峒、（县东七户）山峒、郁风峒、苦竹峒、歙冈峒、鱼良峒、白芒峒、波罗峒、大坑峒、师姑峒、带头峒、成家池峒、古武峒、长屹峒、高峒、横山峒、行平峒、高车峒（县东北十三户）坑平峒、见溪峒、黄檗峒。连山县瑶峒：小获峒、曹溪峒、板洞、白沙峒、春峒、下泷峒。"（《永乐大典》卷1197）古地名尚待稽考，然白芒峒、板峒、卢田峒、行平峒至今仍住瑶人，连州瑶人，已入版籍，为史料所证实，何谓之"生瑶"。

1984年10月16日房先清（瑶族）收集到连南香坪房老比公收藏的明崇祯戊辰（1628）冬立森香花大平脚房君法香七郎抄本《八排断券》载："（宋）景定元年（1260）十月二十日给照东连甲水、南至洞冠白虎、板洞顶、三周对、白芒、行项落，鹅公界，南盆瑶人寨。西白水带、白石记、行十街、单竹背、黄甲水、上下茅田、李弟山顶、大凹、止高楼。倒水至宜善甲水，至良洞、牛白岭、北大雾山、大小虎……令伊十姓子孙，承奉香火……乃助国之人，与圣分忧……右给瑶人十姓：唐、房、李、龙、盘、许、沈、赵、邓、陈子孙，永远执照。"其所载四至范围与《湟川志》载瑶峒地望基本一致。由此可见，连阳八排瑶人在宋代已入版籍，为熟瑶。

韶州：前面已述（梁）大同间，湘衡之界50余洞不宾服，敕令衡州刺史韦粲，讨之殄平。唐时韶州刺史韦伦，诏拜为韶、连、郴都团练使，治韶州，时设莫瑶军。宋亦团结训练土人，分团设长，土兵参成。说明桂阳、韶州瑶人已入版籍。就庆历三年桂阳监蛮瑶内寇事件，谏臣欧阳修《再论湖南蛮贼宜早招降札子》谓"潭、郴、全、邵诸寨向化之蛮"，这里显示了郴州之瑶是"向化"之熟瑶。

贺州：宋王象之《舆地纪胜》卷123载："贺州：去州二十里深山大泽间，多瑶人所居，民俗耕种，虽无积聚，亦不饥寒，虽溪峒蛮瑶，亦皆委顺服役。"说明贺州瑶人为熟瑶，"委顺服役"即"执徭役于中国也"。

由上所述说明"居于湖南、粤北、桂北广阔山地的瑶人不事赋役为'生瑶'"是违背史实。

由于以上两书之论点，从未有人提出商榷，因而谬种流传。2007年出版之《瑶族通史》第七章第三节之五《征收赋税》谓："宋代瑶人被分成两种，一种是不服役，不输赋的瑶人，名曰'生瑶'。《宋史·蛮夷列传》卷493载：'蛮瑶者居山谷间，其山自衡州常宁县属于桂阳、郴、连、贺、韶四州，环行千余里，蛮居其中，不事赋役，谓之瑶人。'一种是承担一定的赋税义务的瑶人，名曰熟瑶。《岭外代答·外国门》卷3载：'瑶人者，言其执徭役于中国也'。宋王朝时前者不甚治理，也无法治理，对后者虽然治理，但不甚严格，特别在赋税方面，只是象征收一些赋税。"[①] 此重复生熟瑶之错误诠释，把"不事赋役，谓之瑶人"称之为"生瑶"，误之甚。

# 第五节  俍兵民族成分的商榷

史志记载，明代俍兵从广西土州调戍各地，如广东成化间都御史韩雍，以高郡（高州）盗魁，招广西俍兵往各口隘，拨荒田以俾之耕，而蠲其徭

---

① 奉恒高主编《瑶族通史》，民族出版社，2007。

役，无事则耕守，有事则调遣。"茂名俍兵六百六十一名，信宜俍兵五百九十五名，化州俍兵一百九十四名"（清道光《广东通志》卷173）。调守其他地方的，有"景泰间，区昌任岑溪典史，时瑶寇猖獗，地方残破，昌诣浔南召土俍屯连、永二乡，耕守其土"（清乾隆《梧州府志》卷21）。

《古今图书集成》卷1395《广西户口考》载："梧州府，陆川拨俍军丁2059丁，不编南宁府。永淳县俍目人丁183丁，不编差。"《天下郡国利病书·广西》载："广西俍兵在郁林、陆川、兴业县者，为明中叶以后土司调发至该地耕守者。"俍兵主要地区在左右江。明丘濬《大学衍义补》谓："左右两江地方二三千里，其所辖俍兵无虑千数，今设府者四，为州者三十七。"

俍兵来自广西土府土州，其为土州之土卒，而称之俍兵。《古今图书集成·职方典》卷1438《浔州府风俗考》谓："俍兵原系土州队卒，调居山口，且耕且守。"《明史·志第六十七·兵三》卷91载："广西东兰、那地、南丹、归顺诸狼兵。"

广西俍人的分布：据《广西通志》卷93《蛮疆分隶》载："崇善县土俍杂处。左州土俍。养利州土俍。永康州俍俗。太平州土俍。安平州皆俍人，思城上州亦俍人，笥盈土州俍人，龙英土州俍人，结安土州、都结土州俍人。思州土州瑶、俍、僮，不下西土州俍人，凭祥土州俍兵，上映土州俍人，雒容有俍人，罗城有俍人，思恩县五十三峒，皆瑶僮居之。东兰州多苗瑶，荔波县瑶俍僮，那地土州亦俍人，南丹土州土俍设俍目，迁江县俍瑶僮，田州土州、古零土司俍、苗、泗城军民府瑶俍。"

而俍兵的民族成分《瑶族史》认为："明王朝把征调的重点置于僮族土兵身上，因僮族最聚集之地在左右江地区，故又称左右两江土兵。又因西部僮人名为俍人，故又名俍兵。"这样的解释，会误导人以为俍兵的民族成分只是僮人。

《古今图书集成》卷1421《思恩府兵制考》谓："按（府志）本府在明朝弘治以前为土州为土府，土官世守其地，即以土人自卫其土，负赋之外，及后改流设知府，一切戍城池与夫征调御侮，惟九司是问。"俍兵出自广西所辖土司。

俍兵原系土州队卒，土州土人自卫其土，戍城听调，其土人则为当地之瑶族、僮族人民，故俍兵的民族成分，不仅有僮人，也应有瑶人。《古今图书集成》卷 1396《广西总部》谓："夫偻兵，亦瑶、僮也。"我们从以下史料可以见到出偻兵的土州居住有瑶人，如"安定土司大察峒，瑶蛮居之""兴隆土司，瑶土杂居""罗运土司，多瑶蛮杂处"（《古今图书集成》卷 1420《思恩府考》）。上述土司征募之土人队卒，当有不少是瑶人。

偻家出自左右江地区，而此区域史志记载，不少地方为瑶族聚居之地。

横州：宋王象之《舆地纪胜·横州风俗形胜》卷 113 谓："横居广右、地隘民瘠，南濒海徼，西接瑶峒。"

田州：《元史·本纪第三十·泰定帝二》载："泰定四年，田州洞徭为寇。"《古今图书集成·泗城府建置沿革考》卷 1451 载："田州：古越裳地。（形胜）滇黔冲卫，瑶蛮什处，前临右江，后倚巴马蛮峒，险峻可扼富川之吭。""思恩邑本瑶僮地，自唐入版籍迄宋元明"（《古今图书集成》卷 1415）。

上思州：《元史·本纪第二十七·英宗一》载："上思州徭结交趾寇忠州。"

右江偻兵，以那地州最劲，而此土州有不少瑶人居住。《古今图书集成》卷 1413《庆远府建置沿革考》谓："那地、永定、东兰、永顺皆瑶人所居。"又谓："在府城西南二百四十里，唐为蛮瑶所居之地，名曰那地，宋崇宁五年纳土，置地、那二州。""东兰州，西至那地土州，瑶村一百一十里。"此州偻兵以瑶族成分为主。

永顺土长官司，东至不入版章瑶巢三十里，东南至不入版章瑶巢界三十里，充分说明那地二州，土卒偻兵，其民族成分瑶人占多数。前述偻兵，是由土司调发的土卒（土兵）。

明代已有僮之族称，若偻人就是僮人，为何不称僮兵，而称土兵，就是偻兵包含有瑶、僮民族成分，不仅有僮人，亦有瑶人。偻兵与瑶兵、僮兵有不同之处，《明史·列传第九十九·沈希仪》卷 211，解释了它们之间的不同："希仪尝上书于朝，言狼兵亦瑶、僮耳。瑶、僮所在为贼，而狼兵死不敢为非，非狼兵顺，而瑶、僮逆也。狼兵隶土官，瑶、僮隶流官。土官令严足以制狼兵，流官势轻不能制瑶、僮。若割瑶、僮分隶之旁近土官，土官世世富贵，不敢有他望。以国家之力制土官，以土官之力制瑶、僮，皆为狼兵，两广世世无患矣。"

清雍正金鉷《广西通志》卷 92《诸蛮》对瑶、僮作如下叙述：

瑶："徭也。粤右土著，先时受抚，籍其户口，以充徭役，曰瑶。瑶僚寝不置床，冬不伏被，以一木支荆棘而泥之，燃火炙背，土焦则易，故肤多鼍黑。"

僮："撞也，妥之顽民，性喜攻击撞突，曰僮。瑶人易驯，僮人难治，僮俗与瑶俗略同而性特剽悍，椎髻贯耳。富者男女皆以银作大圈加颈，男衣短窄，裂而束胫，出入常佩刀，女衣不掩膝，长裙细褶，缀五色绒于襟袂裙幅间。"

俍："男女俱抚髻，前锐后广，裹以白布，绩麻为衣，无刺绣，经年垢积不一涤除，善伏弩，猎山而食，儿能骑犬引弓，射雉兔掘鼠，少长习甲骑，应募为俍兵，善鸡卜，性饕餮血食腥秽，俍艰居室中，卧为席草，是名俍也。亦有熟俍居瓦屋稻田，尝出市山货，与民无异。"该书卷93又云：直隶郁林州："郁之蛮曰土俍，俗颇近瑶，明正德间苦流寇，募充戍兵，其后授田输编户，谓之熟俍。"

《古今图书集成》卷1395《广西总部总论·土司》议处瑶僮谓："夫俍兵亦瑶僮也，瑶僮所以为贼，而俍兵至死不敢为贼，非俍兵之顺，而瑶僮之逆，其所措置之势则然也。俍兵地隶之土官，而瑶僮地隶之流官。土官法严足以制俍兵，流官势轻不能制瑶僮。……土官富贵已极，自以如天之福，势不敢有他望，又沉恋巢穴，非能为变，及其萌芽图之易也。且夫土官之能用其众者，倚国家之力也，国家足以制土官。"足见俍之民族成分非单一于僮。

明代抗倭，奏调发广西俍兵，广西派田州俍兵5000抗倭，左右江、思恩府归顺，东兰、那地、南丹诸州也派上数目不等的俍兵。

相传俍之先人为秦汉中县戍卒之后裔。

《古今图书集成》卷1443《南宁府风俗考》谓："横州，秦徙中县民杂处西瓯。"该书卷1447《太平府风俗考》谓："各流土乡村，俍民杂处，架木为巢，妇人短衣裙，用布包头，椎髻跣足，鸟语缺舌。养利州，风俗椎鲁，土民皆汉时从征者之后，昔为俍兵。"

《永乐大典》卷8506《南宁府志》云："《元一统志》：邕人语言类襄汉，自武襄狄青平侬智高去后，留兵五千镇守，皆襄汉子弟，至今邕人皆其种类也。"

清雍正金鉷《广西通志》卷93《蛮疆分隶》谓："太平府，蛮僚居之，其存者皆征蛮时从淮、齐、鲁间从戎之士，大小各以边功受赏邑，故能役属其土著。"

兹将俍兵调发至浙江沿海抗倭史实，收录如下：

戚继光奏请"南调湖广土兵，广东瑶兵、广西俍兵"抗倭。

俍兵不但为明王朝守土戍边，同时也被调发至浙江沿海至广东潮州抗倭，英勇打击侵略者。据《嘉靖东南平倭通录》载："嘉靖三十四年春，田州土官妇瓦氏及东兰、南丹、那地、归顺等州俍兵六千馀名，承经调查。"三十四年四月，俞大猷统俍兵，广兵万余抗倭。八月，俞大猷破倭于梁庄。

《江南经略》卷35《嘉定县倭患事迹》载："嘉靖三十三年六月，贼六百，由嘉定县趋苏州府城，大肆焚掠，时调来俍兵不满百人，每与贼遇，贼辄披靡。偶以二十人当贼二百，为贼所围，力战得出，杀贼五十余，俍兵死六，其间二人骁勇，贼至刘家引，单骑追之。"

明朱九德《倭变事略》载："俍兵之勇悍，嘉靖三十四年四月十一日，倭由嘉善进犯嘉兴，燹发双溪桥，适俍兵至郡，郡侯令赍饷犒兵，俍兵即击贼，一兵甫弱冠，独奋身冲锋连杀七贼，众兵乘胜追击，斩获数十，贼皆披靡弃舟走。"

俍兵由广西调发至浙江，据《江南经略》卷9下《调俍兵记》载："兵发梧州至南雄郡，凡十五站，有司乃以三板船六百送之，越赣州复下船，亦用三板六百馀送至南昌，易大赣船四百艘送至京口，步行至丹阳，至奔牛镇，常州以民船接之，送至嘉兴。"

# 第三章　瑶族族源探讨

## 第一节　瑶族族源的多元性

### 一　从历史方面分析

对瑶族族源，学者们有不同的见解，多数人认为瑶族源于"长沙、武陵蛮"或"五溪蛮"，原始居地在长沙、武陵两郡，即湖南的湘江、资江、沅江流域和洞庭湖沿岸地区。[①]

然而《后汉书·南蛮西南夷列传第七十六》载：瑶族先民，周时谓之"蛮荆"（或称荆蛮）。荆蛮是长江中下游古民族的统称，除湖南外，还应包括湖北、四川、贵州、江西、安徽、河南、陕西等省的部分地区，及吴越地区。《汉书·卷二十八下·地理志第八下》称："荆蛮之吴子寿梦盛大为王。"荆蛮在古代亦分布于吴越地区。

《后汉书·南蛮西南夷列传第七十六》谓："及吴起相悼王，南并蛮越，遂有洞庭、苍梧。秦昭王使白起伐楚，略取蛮夷，始置黔中郡。汉兴，改为武陵，岁令大人输布一匹，小口二丈，是谓賨布。"这就说明，盘瓠蛮分布包括了黔中四川的巴人，湖南、湖北的蛮夷，及洞庭、苍梧的蛮越（即汉长沙郡地）。"长沙、武陵蛮是也"，说明瑶族来自武陵五溪蛮，也来自长沙蛮越及称赋为賨的巴人板楯蛮。

晋干宝《晋纪》与《搜神记》谓盘瓠蛮夷，"梁、汉、巴、蜀、武陵、长沙、庐江郡夷是也"。也说明了盘瓠蛮分布于四川至安徽、长江中下游地区。

---

① 《瑶族简史》编写组编《瑶族简史》，广西民族出版社，1983。

瑶族珍藏的《过山榜》载其族来源会稽郡,来自南京十宝店(殿)。其《祀神书》祀祖祷告时,除请盘王等神外,还请扬州庙宗祖家先。这也说明古代瑶族先民也分布于吴越地区,瑶族先民亦有来自百越。

《魏书·蛮僚传》云:"蛮之种类,盖盘瓠之后,其在江淮间,依托险阻,部落滋漫,布于数州……陆浑以南满于山谷。"江淮间之蛮夷,有从荆襄地区迁去的沔中蛮(其先为巴人),及伊洛间巴人板楯蛮,还有豫州蛮。《宋书·列传第五十七·夷蛮》载:"豫州蛮……种落炽盛,历世为盗贼。北接淮、汝,南极江、汉,地方数千里。"亦有汉元封初年迁江淮间的东瓯人与闽越人。沔中蛮、巴人板楯蛮、豫州蛮,他们古先为廪君之后,至此时已融为盘瓠蛮。唐《通典》按:"其在五溪、长沙间则是盘瓠之后,其在硖中、巴、蜀、梁间则为廪君之后,其后种类繁盛,侵扰州郡,或转徙交杂,不可详别焉。"

《宋书·列传第五十七·夷蛮》仍分荆、雍州蛮为盘瓠之后,豫州蛮为廪君之后,《魏书·蛮夷传》撰修时,已不能详别。江淮间蛮夷皆盘瓠之后,此时瑶族的先民有盘瓠蛮夷,既包括原廪君之裔,也包括了闽越族,皆称之为盘瓠之后。

《隋书·志第二十六·地理下》载:"南郡、夷陵、竟陵、沔阳、沅陵、清江、襄阳、舂陵、汉东、安陆、永安、义阳、九江、江夏诸郡,多杂蛮左,其与夏人杂居者,则与诸华不别。其僻处山谷者,则言语不通,嗜好居处全异,颇与巴、渝同俗。诸蛮本其所出,承盘瓠之后,故服章多以班布为饰。""其死丧之纪,虽无被发祖踊,亦知号叫哭泣。敛毕,送到山中,以十三年为限。先择吉日,改入小棺,谓之拾骨。……其左人则又不同,无衰服,不复魄。……乃衣衾棺敛,送往山林,别为庐舍,安置棺枢。亦有于村侧瘗之,待二三十丧,总葬石窟。""长沙郡又杂有夷蜒,名曰莫徭,自云其先祖有功,常免徭役,故以为名。其男子但着白布裤衫,更无巾裤;其女子青布衫、班布裙,通无鞋属。婚嫁用铁钴莽为聘财。武陵、巴陵、零陵、桂阳、澧阳、衡山、熙平皆同焉。其丧葬之节,颇同于诸左云。"由是观之,瑶的先民有蛮左人(盘瓠之裔),有夷蜒。

《隋书·列传第四十七·南蛮》谓:"南蛮杂类,与华人错居,曰蜒,曰狼,曰俚,曰獠,曰顡,俱无君长,随山洞而居,古先所谓百越是也。"

《魏略·西戎传》注谓:"一称盘瓠之后,或号青氏,或号白氏,或号蚺氏，此盖虫类，而处中国，人即其服色而名之也。"

综观以上所述，瑶族先民之来源，显为多元。

唐实行府兵制，代宗时，诏定诸州兵皆有常数，谓之官健，其差点土人秋冬追集者谓之团结。《宋史·兵制》谓："内属诸部落，团结以之藩篱之兵也。"团结即团结训练，亦称之团练。地方人民，征集壮丁，编制成团，施以兵法训练，用以抵御盗匪保乡土者谓之团练。

《全唐文》卷413《授魏少游洪吉等州团练使制》谓："可使持节都督洪州诸军事守捉、洪州刺史、兼御史大夫江南西道洪、吉、虔、抚、信、袁、江、饶等州团练观察及莫瑶军使。"

《宋史·兵志》载："今既遣官隐刮义勇，又别遣官团练保甲。"唐肃宗乾元元年置团练使，代宗后凡刺史悉带团练。宋团练使无定员。唐行府兵制，府兵选自户籍或土籍应募，宋荆湖有义军、土丁、弩手之制，营田戍边，均行团练。因此，瑶族的来源，扩大到南方土著蛮僚。

南北朝时，傒人分布于湘州，与湘州之始兴郡（宋之连、韶二州）江州之浔阳、鄱阳、豫章、临川、安成诸郡，土人团结训练而编成莫瑶军，则莫瑶中包括了傒族（傒又名溪，谿或作奚）。《资治通鉴》卷115载："晋安帝义熙六年，参军殷阐曰：'循所将之众皆三吴旧贼，百战馀勇，始兴溪子，拳捷善斗，未易轻也。'""胡三省注：始兴傒子，徐道覆所统始兴兵也。"《梁书·列传第四·杨公则》卷10载："授持节、都督湘州诸军事、湘州刺史。高祖勒众军次于沔口……公则率湘府之众会于夏口。……公则所领多湘溪人。"

《新序》谓："庄辛（楚襄王子）逐麋麠麋鹿，彍谿子随。"彍，张弓满。谿，弩名。谿子之弩，楚时，谿子为其所统治，古时包括在荆蛮之内。

陈寅恪先生考证始兴傒子为瑶族，学者考证，陶渊明、陶侃为傒族。

唐宋团结训练。以土人为兵，宋以土兵"参戍之半"，岭南俚僚营田戍边而为瑶，《天下郡国利病书》谓："《连州志》云俚有二种，一曰瑶，二曰僮。"湖南梅山在唐朝称梅山僚，宋称梅山瑶，元代广东大量僚人瑶化，称之瑶僚。《天下郡国利病书·广东》谓："（瑶）有真赝主客之分，大率盘姓为真瑶，他姓为赝瑶。"所谓赝瑶，即土著瑶化为瑶。《曲江县志》谓："瑶人盘姓，古盘瓠之裔，别种有赵、冯、唐、邓等姓系以土著隶于瑶者，俱居县西北境，幽溪、列溪、草场坪、柳坑、水源宫、暮茛坑、大坪坑诸峒。"岭南土著，史称俚、僚。以上说明瑶族族源的多元性。

## 二　瑶人语言称谓的不同

瑶人在宗教信仰上也显现出多元性。民族的图腾崇拜，崇拜盘瓠者，禁食狗肉，也有部分瑶人吃狗肉，如连阳八排瑶，肇庆部分瑶人。肇庆府《香山盘古庙碑》载：敬奉盘古而敬狗，不得叱狗，更不能吃狗肉，而另一部分瑶人则宰狗祀盘古，食狗肉。崇拜"密洛陀"的瑶人，禁食母猪肉和老鹰肉。

在语言方面，瑶语属汉藏语系苗瑶语族苗语支或瑶语支，也有极少部分属于壮侗语族。由于民族的杂居，不少瑶族群众会讲汉语，部分会讲壮、傣、苗语族语言。瑶人语言称谓存在不同，也反映了其族源的多元性。

瑶族的自称，根据语言普查的结果，共有28种不同的称谓。其中自称棉（育棉）、门（吉门）为最多，占瑶族人口的70%以上，遍及南方6省（区）。有人认为"棉""门"是汉语"蛮"字的音转，表明瑶族与古代的"蛮"有关。还有自称为"布努""炳多优""瑙格劳""拉伽"等。瑶族这种自称的复杂情况，和他们日常使用语言的差异有关。自称相同，语言相同或接近；自称不同，语言就有差异。

据1990年的调查，全国瑶族分布于广西、广东、湖南、云南、贵州、江西的有100多万人，设立少数民族自治县的有：

广东：连南瑶族自治县、乳源瑶族自治县、连山壮族瑶族自治县。

湖南：江华瑶族自治县。

广西：金秀、都安、巴马、大化、恭城、富川瑶族自治县；防城、龙胜各族自治县。

云南：河口瑶族自治县。

中国瑶族各支系自称、人口及分布地区如下：

勉（优勉）523709人：广西（金秀、龙胜、临桂、灌阳、永福、阳朔、资源、鹿寨、恭城、蒙山、荔浦、平乐、昭平、贺县、富川、苍梧、罗城、融安、忻城、环江、来宾、都安、宜山、百色、那坡、凌云、上林、田林）；湖南（江华、蓝山、酃县、郴县、宁远、道县、桂阳、东安、临武、零陵、祁阳、资兴、常宁、江永、辰溪、城步、新宁）；广东（连南、乳源、连山、连县、仁化、翁源、阳山、英德、乐昌、始兴、曲江）；云南（金平、红河、勐腊）；贵州（榕江、从江、三都、丹寨）。

董本优44716人：云南（麻栗坡、马关、广南、富宁）；广西（西林、那坡、防城）；湖南（新田、宜章）。

土优7174人：广西（贺县）。

谷岗优26244人：广西（罗城）；湖南（蓝山、江华）。

祝敦优敏511人：广西（防城）。

坳标3943人：广西（金秀）。

标曼27513人：广西（蒙山、荔浦、平乐、昭平）。

史门87622人：广西（恭城）。

标敏52799人：广西（全州、灌阳）；湖南（零陵、道县）。

交公勉16036人：广西（恭城）。

金门210714人：云南（麻栗坡、马关、西畴、邱北、广南、富宁、砚山、沔口、屏边、元阳、师宗、江城、景东、墨江、勐腊）；广西（宁明、西林、百色、凌云、风山、那坡、上思、田林、巴马、防城）。

甘迪门5570人：广西（金秀、永福、鹿寨）。

藻敏95036人：广东（连山、阳山）；湖南（宜章）。

布努490853人：广西（都安、巴马、大化、田阳、河池、百色、南丹、忻城、宾阳、上林、马山、田东、隆安、平果、德保、来宾、宜山）；云南（富宁）。

努努102038人：广西（凌云、巴马、田林、风山、东兰）。

布诺35829人：广西（都安）。

瑶格劳（色诺）52655人：广西（河池、南丹、天峨）；贵州（荔波）。

努茂3665人：贵州（荔波）。

杯冬诺779人：贵州（荔波）。

炯奈2626人：广西（金秀）。

巴哼（巴哼迈）33157人：广西（三江、融安、龙胜、临桂）；贵州（黎平、从江、榕江）。

优诺9331人：广西（龙胜）。

拉咖17091人：广西（金秀）。

炳多优（代奈江）287920人：广西（恭城、富州）；湖南（江华）。

优念 56851 人：广西（龙胜、灌阳）。

珊介 479 人：广西（防城）。

优嘉 6423 人：广西（灌阳）。

合计：2134013 人。

## 三　瑶族的他称

瑶族的他称更多，据黄珏著《瑶族名称浅释》称：据不完全统计 296 种。

莫瑶：自云其先祖有功，常免徭役。

瑶人：不事赋役，谓之瑶人。

清代，瑶的他称，除了沿用前代的旧称外，还增加了不少。这些称谓，其中也有侮称的成分。

瑶族的他称，分类如下：

**1. 反映崇拜信仰的称谓**

瑶族崇拜图腾，晋干宝《搜神记》载："用掺杂鱼肉，扣槽而号，以祭盘瓠。"盘瓠为高辛氏之犬，崇拜盘瓠的瑶族称为盘古瑶，又称盘瑶，盘王瑶。崇拜密洛陀女神的瑶族称为布努瑶。唐王（唐太宗）瑶族称为主神，崇仰唐王的瑶族被称为王瑶、唐瑶。反映自然崇拜的瑶族，被称为山公瑶、猴瑶。

盘古瑶："岁时祭赛盘古庙，因名盘瑶。"（民国《三江县志》卷2）有谓"盘古"系"盘瓠"之音转。广西凌云、龙胜等地有此瑶人，又称盘瑶。《皇清职贡图》卷4载：罗城县盘瑶人，保持其"伐山火食"之俗，故又称"自在瑶"。

**2. 反映政治生活的称谓**

瑶族入版籍。服徭役，听征调，称之为：

良瑶：如富川县"六一都旧称良瑶"（光绪《富川县志》卷12），顺服之意。

大良瑶："有户口版籍，较民淳朴，租赋犹易办，其俗敦厚。"（乾隆《马平县志》卷2）

抚瑶、抚贼瑶：见于清光绪《恭城县志》卷4《瑶僮》抚瑶，受绥抚之意。

粮瑶：系取耕田纳粮之意（见民国《桂平县志》卷31）。

安宁瑶、四亭瑶、太平瑶、下山瑶、本地瑶、王瑶、正瑶、真瑶、佃厂瑶、白正瑶、保瑶、伍保瑶、斯兰子、熟瑶、生瑶、番瑶。《天下郡国利病书》谓："听招（瑶）者，有相信抚瑶领之，调之攻守，纳粮当差，与民为一，谓之良瑶。背招（瑶）者势穷则降，稍利则摄。险恶（瑶）者，贼不可与化。"

### 3. 反映社会发展（生产方式，生产力）与经济生活的称谓

瑶族居住地域多为贫瘠山区，耕作落后，《天下郡国利病书》谓："瑶人刀耕火种，食尽一山则移一山。"这些居山刀耕火种，迁徙无常，被称为过山瑶。

过山瑶，取食尽一山复徙一山，居无定处之意。过山瑶又称砍山瑶，据载"砍山瑶，重峦绝山巘，负阻巢山，迁徙无定"（《湖南通志·诸瑶附》卷85）。

高山瑶：因"阻山凭险"住深山大岭而得名。

平地瑶：因杂居于州县平地而得名。

住瑶：据载，怀远瑶之一种，"居山下陇，耕田纳赋，谓之住瑶"（道光《龙胜县志·风俗》），取其农业定居之意。

流瑶："种山而食，去来无常，谓之流瑶。"（道光《龙胜县志·风俗》）还有，将流入瑶区的汉人称作"流瑶"的特例，如岑溪县禁令："保甲不入瑶山，凡逃捕亡命入山为流瑶，即免均摄。"（乾隆《岑溪县志·风俗》）

外瑶：平南县"外瑶，俗与民同"（嘉庆《广西通志·列传二三》卷278），当系指居瑶山之外与汉区相邻的瑶人而言，乳源瑶族称之为浅山瑶。

蓝靛瑶："以种蓝靛为业，故名。"（《凌云县志》第三编）

木皮瑶：据嘉庆《广西通志·列传二三》卷278载："白瑶，亦称木皮瑶，因常出市麋鹿皮及木菌、零陵香、降香之类而得名。"

斫山瑶、砍山瑶、开山瑶、南木开山瑶、傪（铲）山瑶、畲瑶、山瑶、岭瑶、土瑶、山子瑶、过岗瑶、谷昂瑶、护岗瑶、背陇瑶、瑶家、本地瑶、簪瑶、茶山瑶、黄茶山瑶、芹菜瑶、韭菜瑶、铁瑶、石灰瑶。

### 4. 反映头饰服饰的称谓

瑶族服饰文化丰富多彩，不少的他称是由头饰、衣装形式颜色而得名，以头部装饰或发式而称谓的有：

红头瑶：头缠红布（见《凌云县志·社会》第三编）。

长头瑶：以头留满发故名，留长发，结椎于首，椎髻。

长发瑶：清嘉庆《广西通志》卷 278《列传》载：永安有"长发瑶"，亦即长毛瑶。

剃头瑶：清嘉庆《广西通志·列传》卷 278 载："永安县，剃头瑶，赋而不役。"按此系清初所下剃发令而剃发，前额顶剃光，脑后留一小辫。

箭瑶："曲江县瑶人，男子椎髻环耳，领缘尚绣，膝下束布至胫。妇女髻贯竹箭，覆以花帕，重裙无袂跣足而行，因妇人贯竹箭，故名曰箭瑶。"（《皇清职贡图》）

箭瑶："箭瑶，女人横箭于顶"（民国《桂平县志·风俗》卷 21）而得名。

箭竿瑶："因其用竹箭为簪，长尺余，或七枝五枝三枝不等，插于髻故以名。"（《皇清职贡图》卷 3 宁远等处箭竿瑶人条）

竹箭瑶："类湖南箭竿瑶……男女俱挽髻，髻竹箭三枝，有似箭。"（《皇清职贡图》卷 3 灌阳县竹箭瑶人）

箭瑶、箭竿瑶、竹箭瑶均相类，以竹削成竿，横插于髻。

蝶板瑶：光绪《恭城县志·瑶僮》卷 4 按箭瑶："穿林入莽，频侧其首，翩翩若蝶。"

顶板瑶："横顶木板一片，两端缀珠，系以红绳结于颔下。"（《皇清职贡图》道州永明等处顶板瑶人）但因地而有别，如广西修仁县瑶人，"以绳结颔下者略异"（皇清职贡图·修仁顶板瑶人）；按顶板瑶又别名"戴板瑶"（《广西县志》卷 178 阳朔瑶人）。

板瑶：民国《桂平县志风俗》卷 31 载，据其状，当系顶板瑶之别称，大板瑶、花板瑶、三板瑶、衣板瑶、笠头瑶。

清《韶州府志》卷 11 载："瑶人府属六封，曲江、乐昌、乳源、英德四县有之，一曰板瑶，戴板于首，以油蜡束发粘其上，月整一次，夜以高物庋首而卧，采山为生者也。无板曰民瑶。"

尖顶瑶："妇女黑布束髻，形如角黍。"（民国《榴江县志·风俗》第一编）

平顶瑶：妇髻单钗盘形圆而刺，或以银结或以竹结束之。

尖头瑶：见民国《全县志·社会·风俗》，当与尖顶瑶类。

白头瑶、花头瑶、角瑶、独角瑶、隘瑶与令勾瑶。据嘉庆《广西通志·列传二三》卷 278 载："全州西延洞皆居瑶人，以布缭头，红布者曰隘瑶，青布者曰令勾瑶。"

背髻瑶：见光绪《恭城县志·瑶僮》卷 4，当系因结髻于脑后而得名。背发瑶、盘龙瑶。

狗铃瑶："髻栓银丝，直垂至项，名狗铃瑶。"（道光《龙胜厅志·风俗》）

狗头瑶："红瑶又名狗头瑶"（民国《三江县志·民族》卷 2）。当系据头巾的形状而得名。

狗瑶：据嘉庆《广西通志·列传二三》卷 278 全州条载："织木皮为铠为狗瑶"，又道光《龙胜厅志风俗》也有关于"狗瑶"戴银饰的详细记载。近人刘锡藩《岭表记蛮》中说："髻绾银丝，垂直至顶，花布包头，结成种种角度者，是为狗瑶。"换言之，狗瑶之得名，也与其头巾形状有关。头巾两端结于前额或脑后勺，形如狗之耳。

梳瑶："以髻中绾木梳，故概名梳瑶。"《皇清职贡图》永宁州梳瑶人。

以服饰颜色而得名的有：

黑瑶：贵州黑瑶，住荔波县。"隆庆里之瑶六寨……男子蓄发挽髻，青布长衫；妇人发挽髻，青布短衣"（清爱必达《黔南识略》卷十一）。

红瑶：道光《龙胜厅志·风俗》。民国《三江县志·民族》诸籍均有关于"红瑶"的记载，其得名当因服饰所致（头缠红巾）。

白瑶：永福县"有白瑶，居毛洞、里定二里，衣缟素，以锡饰笠项，望之皆白，故名"。可见此白瑶因笠饰白色之锡，衣服皆白色而得名。又南丹之白裤瑶，则是因"男青衣白裤"而得名（《广西通志·列传二三》卷 278 南丹瑶）。

花蓝瑶：见民国《桂平县志·风俗》卷 31，当系服色而得名，按有的册籍又作"花篮瑶"。

花瑶：贵州花瑶，住荔波县董界里。男子蓄发挽髻垂后，覆以花布，即以花布包头，有黑花瑶、白花瑶。

燕尾瑶："以豪猪鬃为簪加以竹片，双分鬓后，剪剪若燕尾者。名曰燕尾瑶。"（清道光《龙胜厅志·风俗》）

黄笼瑶、白领瑶、花衣瑶、花裤瑶、白裤瑶、青瑶、青衣瑶、青衫瑶、青袍瑶、长衫瑶、青裤瑶、青脚瑶（以青布绑腿缠脚）、短裤瑶、窄裤瑶、紧裤瑶、花肚瑶以斑布缝制兜肚，钱币瑶或称钱瑶，胸前挂有铜钱或银币。

赤膊瑶：清道光《天河县志》卷下《瑶僮》条，显系因露膀子而得名。

斑衣山子："散处震耆，六磨诸山，无定居，斫山种畲，射生为活。"系因衣斑斓衣而得名。

白衣山子：因白色衣服而得名。

**5. 反映居住地域的称谓**

因居住地势，位置而得名的有：高山瑶、深山瑶、半山瑶、三山瑶、寨山瑶、岭咀瑶、嶅瑶、七百嶅瑶、排瑶、八排瑶、峒瑶、牛婆峒瑶、千家峒瑶、仲家峒瑶、棉洞瑶、六洞瑶、长滩瑶、坝子瑶、平川瑶、川江瑶、拉邑瑶、石溪瑶、水瑶、小沙江瑶、四冲瑶、赤水源瑶、青溪瑶、小水源瑶、大荆源瑶、小荆源瑶、蓝田源瑶、大源瑶、小源瑶、石源瑶、东源瑶、大东山瑶、东山瑶、西山瑶、东边瑶、西边瑶、东六瑶、北山瑶、石坎瑶、龙尾瑶、南一瑶、南二瑶。以居住地域而得名的广西昭平县"县东北有南峒瑶，西北有古皂瑶、岭阻瑶、立龙瑶、西南有花州瑶，皆以山寨命名"（民国《昭平县志》卷7）。龙山县有"东山弄瑶，西山弄瑶二种"（民国《龙山县志》第二编）。以地名命名的有：道州瑶，常宁瑶，沅州瑶，邵阳瑶，辰溪瑶、增城瑶、肇庆瑶、靖州瑶、阳春瑶、金秀瑶（以上以州县名命名）。月坪瑶、乌石瑶、七都瑶、锦田瑶、雾江瑶、大锡瑶、新村瑶、王冲瑶、雄川瑶、罗旁瑶、马江瑶、双平瑶、泸刚瑶、南甸瑶、斜水瑶、大畦瑶、鱼跃瑶、罗曼瑶、麻园瑶、令勾瑶、多段瑶、思勒瑶、六泥瑶、六瑶、洞里肖瑶、五排瑶、五岗瑶、双平瑶、廷符瑶、中良瑶、六怒瑶、六定瑶、六直瑶、更九瑶、把界瑶、古寻瑶、北恒瑶、玉排瑶、黄柏瑶、富江瑶、融江瑶、乌水瑶、斜水瑶、寄石瑶、鹏化瑶、仲家瑶、三妹瑶、新田瑶、省地瑶、三宿瑶、隘瑶、唐居底瑶、白竹坪瑶、上崇顺里瑶、下崇顺里瑶。广东瑶和广西瑶是称其瑶族来源于广东或广西。

**6. 反映姓氏的称谓**

有十二姓瑶、八姓瑶、七姓瑶、四姓畲瑶、胡家瑶、盘家瑶、赵家瑶、侯瑶。

以上瑶名，不少是交差重复。

以上的瑶族称谓，反映了瑶族的社会、政治、经济、历史、文化传统等多方面内容，也反映了瑶族来源的多元性。

瑶族的瑶字，最早出现为徭。《宋史》则出现徭、猺，《元史》很多均用猺，明、清沿用直至民国仍用猺。20世纪20年代，广东中山大学学者首先提倡将"猺"改用"傜"，一些学者沿用徭。而《广西阳朔县龙尾庙纪瑶碑刻》则用"瑶"字，红军长征标语亦改用瑶字，建国后统一用"瑶"字。

## 四 瑶族及其先民姓氏众多

我们从瑶族及其先民姓氏逐代的增加繁多，也看到其来源的多元性。《后汉书·南蛮西南夷列传第七十六》记载：瑶族先民有武陵蛮首领蛮夷精夫相单程，澧中蛮陈从、谭戎，溇中蛮单儿健，零陵蛮羊孙、陈汤，武陵蛮詹山，巴郡南蛮巴氏、樊氏、瞫氏、相氏、郑氏，南郡屠山蛮雷廷，巫蛮许圣，板楯蛮渠帅罗、朴、督、鄂、度、夕、龚七姓。

《晋书》：蛮王梅安、文武龙，蛮帅田午生。

《宋书·列传第五十七·夷蛮》：蛮帅石安、张雓之、田生、鲁奴子、向光侯、文小罗、成邪财、梅式之。

《南齐书》：秦远、文勉德、向宗头、梅虫生、田思飘、李答。

《北史》：樊素安、成龙强、冉氏、向氏、田氏、鲁迢明、杜青和。

《宋史·蛮夷列传》蛮首姓：彭、田、任、舒、栗、向、谭、龚、张、覃、苏。瑶姓有：秦、魏、杨、苏、蒙、程、黄、覃、邓、唐、盘、房、舒、向、申、苞、梁、付、钟、雷、刘、彭、骆、欧、李、徐、姚、陈、吴、罗、莫、区、袁、赵34姓。

元代瑶族姓氏。广西瑶姓据《元史》记载有：蓝赖、潘宝、何童、盘吉祥、许文杰、黄焱、于国安、赵系，《招捕总录》记载有潘系，侯亘大。《平瑶记》载有：唐七十二、潘老叔、陆秀琳、潘三十一、俸传四、沈明、李百七、梁四、卢权、卢闹、唐公猛、唐游、谭公显、韦千四、古沓、潘千五、梁七。《续文献通考》载：唐父绢。

广东瑶姓《元史》记载：龙郎庚、刘寅。《招捕总录》载：盘郎梗、盘古缀、王穷肠、何穷肠、陀穷肠、潘岳护、王世禄、李伯达。《广东通志》

载：李宗起、刘文运、黄宝才、谭庚生、赵子木、肖韶、黄焱。

湖南瑶姓《元史》记载：唐大二、蒋仁王、蒋丙、吴天保。《招捕总录》记载：有可火老、刘尊长、王寨司、黄公爹、胡老鼠、蒲狗、尚金朝、李部凯。《墙东类稿》载沈有强、李威宾。

云南瑶姓《元史》载：阿吾、歪闹。

畲瑶姓：盘、蓝、雷、钟、苟、许。

由于宋、元的土著蛮僚营田戍边，参成之半而称瑶，故瑶姓大增。

明代瑶姓据《广东瑶族历史资料》记载统计，有盘、蓝、雷、钟、苟、房、唐、沈、李、莫、冯、黄、邓、何、龙、邵、胡、侯、高、许、覃、卢、刘、苏、王、陈、韦、谢、罗、文、梁、龚、吴、齐、周、张、袁、陆、林、汤、潭、甘、邹、赖、宋、廖、阮、欧、赵、黎、夏、金、蒙、郑、彭、宋、詹、练、叶、田、骆、麦、甄、温、区、方、雍、伍、马、吕、朱、余、潘、风、侃、左、严，共 77 姓。

据清雍正金鉷《广西通志》统计，广西瑶姓有盘、沈、包、黄、李、邓、周、赵、雷、蒋、唐、冯、翟、潘、奉（俸）、廖、何、郑、毛、马、罗、张、朱、覃、刘、莫、祝、韦、金、蓝、卜、龙、谭、贾、卢、孔、吴、欧、黎、彭、邵，共 41 姓。

据《瑶族〈过山榜〉选编》收入 35 篇，其中收自湖南 19 篇，收自广西 14 篇，收自广东 1 篇，不明地址 1 篇。据湖南 19 篇统计瑶姓有盘、赵、郑、陈、邓、李、沈、周、奉、包、鲍、冯、胡、唐、蒲、黄、蒋、祝、凤、吴、林。清光绪《湖南省志》卷 85 载："（湖南）溆浦县，溆瑶惟卜、奉、回、阳、蒲、刘、沈七姓，其余邓、丁、严、蓝、贺、覃、吴等七姓多自外至，而贺、覃、吴三姓为招主。靖州今瑶有盘、赵、吕、黄、杨、蒲为望姓。"（清光绪《靖州乡土志》卷 2）宁远县"九疑山瑶有赵、邓、盘、郑、张、陆、刘、雷等姓"（《宁远县志》卷 7）。

《江华县志》载："江华瑶率盘、周、赵、沈、郑、邓、唐为真瑶，他姓为赝瑶，土居为主瑶，瓦舍为客瑶。真瑶自归化以来，奉公守分，虽贫穷亦不逋欠，不似三宿富瑶犵狫而多事也。"

广东东部潮州、梅州、循州、惠州及博罗、增城、龙门、罗浮山的畲瑶之瑶姓大致相同，有盘、蓝、雷、钟、苟、侯等姓。

从瑶姓之繁多，反映瑶族族源的多元性。

# 第二节　荆蛮与百越族的关系

有学者认为瑶族先民来自荆蛮，有人将原始居地限于荆襄地区，有的限于湖南沅、湘、资江流域及洞庭湖周边地区，或湖南的五溪地区。从而否定了瑶族先民荆蛮与长江下游扬越与吴越之地的百越族的关系，其实荆蛮是长江中下游广大地区蛮夷的泛称，包含了百越族。

## 一　荆蛮为长江中下游蛮夷的泛称

《诗经·小雅·采芑》："蠢尔蛮荆，大邦为仇。""征伐玁狁，蛮荆来威。"指周宣王时派方叔南征楚国。蛮荆朱熹注释谓："荆州之蛮也。"这可能是楚联合周围群蛮（荆蛮）与周天子作对，故有方叔之伐（方叔征淮夷），这里指位于长江中游江汉间的荆蛮。

殷末，（周）古公长子太伯、二子仲雍（仲虞），知古公立少子季历以传位给昌（周文王），因此二人"亡如荆蛮，文身断发，以让季历"（《史记·周本纪第四》）。"太伯之饹荆蛮，自号句吴。荆蛮义之，从而归之千馀家，立为吴太伯"（《史记·吴太伯世家第一》）。据《史记正义》注释："吴国号也，太伯居梅里，在常州无锡县东南六十里。"由是观之，此荆蛮是居住在长江下游今江苏无锡一带的吴越之地。

《史记索隐》的注释谓："荆者，楚之旧号，以州而言曰荆。蛮者，闽也，南夷之名，蛮亦称越，地在楚越之界，故称荆蛮。"以此解释，荆蛮位于长江中下游之间。

故是，荆蛮不仅限于汉水之荆襄地区。后之学者考证，太伯奔荆蛮时在殷末，周尚未立，楚当未封，何楚界之有？故只能说荆蛮在扬越、吴越之境。

《史记正义》注释《周本纪》"古公有长子太伯奔荆蛮"一段时说："而云'亡荆蛮'者，楚灭越，其地属楚，秦灭楚，其地属秦，秦讳'楚'，改曰'荆'。"故通称吴越之地为荆，及北人书史加云"蛮"势之然也。班固撰《汉书·卷二十八下·地理志第八下》仍称吴为荆蛮，谓："后二世而荆蛮之吴子寿梦盛大称王。"荆蛮为吴之族称。

《汉书·贾捐之传》谓:"武丁、成王,殷周之大仁也,然地东不过江黄,西不过氐羌,南不过荆蛮,北不过朔方。"此荆蛮不指楚,也不仅指荆州,而指江南扬越、吴越之地。

从以上材料看,荆蛮是西周至春秋间中原人对长江下游部族的统称(泛称)。荆蛮分布于江南、扬越、吴越,不仅限于江汉间之荆襄与湖南的沅、湘、资流域与洞庭湖周边地区。

## 二 古代荆、楚有别

人们往往以荆、楚通称,以为荆蛮即楚蛮,而将荆蛮之原始居地限于楚初封时的江汉流域。荆蛮与楚蛮是有区别的,楚封于楚蛮之地,楚强大之后,侵入扬越,兼有了荆蛮之地。

西周金文中所见到的"荆"即"荆蛮","楚"即"楚蛮",时荆、楚二词之间不是同一概念。江汉之间与长江中游有许多部族,史称为群蛮,虽接近楚,但尚未为楚统一。所以中原人仍称之荆蛮,伐荆指伐荆蛮;伐楚、荆是伐楚蛮、荆蛮。这里说明荆与后来称楚为荆是有区别的。

《史记·楚世家》载:周成王(公元前1115年~前1091年)封熊绎于楚蛮,至熊渠,当周夷王时(公元前894~前879年),王室微,诸侯或不朝,相伐。熊渠甚得江汉间民和,乃立其长子康为亶王(今江陵,南郡之县),中子红为鄂王(今武昌),少子执疵为越章王。宋翔凤《过庭录》:以楚熊渠所攻之扬越,即越章,即《左传》昭二十四年,定二年吴楚交兵之豫章,在今当涂、秦为鄣郡,汉为丹阳郡地,皆在江上楚郡之地。

到了公元前690年,楚已都于郢(今湖北江陵县北),楚强盛,侵凌江汉间小国。公元前657年前后,楚征服了荆蛮。《史记·齐太公世家第二》桓公三十五年,"是时周室微,唯齐、楚、秦、晋为疆。……楚成王初收荆蛮有之,夷狄自置"。这说的荆蛮原非楚封疆,而是楚封400多年之后兼有扬越境内的荆蛮。

《史记·楚世家第十》也叙述在这个时候,楚向广大扬越地区迅速推进。成王恽元年(公元前671年)初即位,布德施惠,结旧好于诸侯,使人献天子,天子赐胙曰:"镇尔南方夷越之乱,无侵中国。"于是楚地千里。南方夷越,就是居于扬越地区的蛮夷,是荆蛮。

《后汉书·南蛮西南夷列传第七十六》叙述瑶族先民荆蛮发展为长沙

蛮、武陵蛮的过程时说："至楚武王时，蛮与罗子共败楚师，杀其将屈瑕。庄王初立，民饥兵弱，复为所寇。楚师既振，然后乃服，自是遂属于楚。"明确地说明荆蛮原非楚属，因此把荆蛮与楚蛮等同，而将荆蛮原始居地限于荆襄是片面的。

以上所说荆蛮，是对于居住在长江中下游的巴蜀、梁、汉、湖北、江南扬越、吴越地区蛮夷的泛称，说明荆蛮与百越族有密切的关系。太伯奔荆蛮，此荆蛮在吴越之地，为越族自不待言。

### 三　古代湖南为扬越之地

湖南古为扬越之地，居住有百越之族，荆蛮当包括百越族，从而说明瑶族先民与百越有关。西周江汉以南，今湖南全境属扬越。

黄佐《广东通志·事纪》载："周穆王三十七年（公元前 959 年）王从南征至九江（即洞庭湖），遂伐越。"这说明洞庭湖地区属扬越，居住着越族。

《后汉书·南蛮西南夷列传第七十六》卷 56，叙述长沙蛮、武陵蛮时说："及吴起相悼王，南并蛮越，遂有洞庭、苍梧。秦昭王使白起伐楚，略取蛮夷，始置黔中郡。汉兴，改为武陵。岁令大人输布一匹，小口二丈，是谓賨布。"洞庭、苍梧蛮越之地，居住着百越族，地属荆州，故古称之荆蛮。秦汉为长沙郡，故称之长沙蛮。瑶族先民长沙蛮含百越之族。古苍梧之地，包括湘南、桂东、粤北，秦属长沙郡，汉属桂阳郡，不言而喻，这里的蛮夷是长沙蛮或称桂阳蛮。史书记载，古粤北蛮夷与湖南蛮夷同祖同俗，具有瑶族先民之特征，"民居深山，滨溪谷，习其风土，不出田租"（《后汉书·循吏列传第六十六》）。《后汉书》《宋书》《梁书》关于桂阳蛮的记载，都是归入瑶族先民荆蛮的卷篇内。蒙文通《百越民族考》谓：汉武陵当亦巴（人）也。《礼记·檀弓》言：舜葬于苍梧之野。《墨子·节葬下》言：舜西教乎七戎，道死，葬南巴之市（原讹作"南己"，据《后汉书·王符传·注》引文改）。是苍梧古南巴之称也。疑自楚以西，自巴以南至于苍梧，古皆称巴，战国以后始称象郡以南为百越，其俗皆椎髻。

瑶族先民是五溪蛮或武陵蛮，其习俗与百越族有相同之处。如越俗崖葬，五溪蛮亦有崖葬之俗，"五溪蛮，父母死，于村外阁其尸三年而葬，临江高山斗壁凿龛以葬之，自山上悬索下柩，弥高者以为至孝。"其次越俗断发文身，武陵蛮亦有文身之俗，如《新唐书·雷满传》载："雷满，武陵人，文身断发。"这也说明瑶族先民武陵蛮与越族的关系。

从考古方面的材料看，湖南境内越族的遗物甚多。

湖南考古工作者，总结出湖南古代越人墓葬形制的特点，是墓葬中罕见礼器，主要是兵器、工具和生活用具，尤其是剑的数量最多，这与史笈所载"粤人之俗好相攻击"相吻合。湖南越式墓葬与广西银山岭战国墓情况完全相同，随墓葬出土的古越族遗物铜鼎与中原与楚的迥异，而与广东出土的相同，湖南长沙出土的褐釉鋬耳罐是相同的。① 这些出土文物充分体现湖南东部、中部特别是南部，古代是百越族居住的地方，正是战国时洞庭、苍梧之地，秦时的长沙郡。

几何印纹陶是古代越族文化的特征，它分布的地域主要在湖南地区与洞庭湖以东湘中一带。印纹硬陶，在湖南汉代遗址和墓葬中非常普遍，此种印纹陶是西汉初期长沙国南部居民常用的器具，与广东、广西出土的印纹硬陶一样。这就说明两汉时湖南南部是古越族居住之地。汉初，赵佗上书汉文帝自称蛮夷大长老夫臣谓："西北有长沙，其半蛮夷。"即说明长沙国有一半与岭南同类的蛮夷，与百越族关系密切。

《史记·秦始皇本纪第六》载："三十三年……略取陆量地，为桂林、象郡、南海。"说明岭南为陆量地。《史记·高祖功臣侯者年表》载："封（越人）须毋陆量侯，诏以为列侯，自置吏，受令长沙王。"汉初，在湖南与广东、广西交界地区，设立了陆量侯国，受长沙王越人吴芮管辖。《汉书·高惠后文功臣表》载："陆量侯须毋，诏以为列侯。"这为湖南出土的"陆梁尉印"所证实。② 这说明湘南、桂东、粤北三省交界地区居住着越人。

马王堆出土的《古地图》大约是西汉初吕后时期所绘制，地图主要是长沙国南部及广西全州和灌阳的一部分和广东的连州。在这幅地图上，有的城邑标名为"蛇君""垒君""深君""不于君"这些君，正是古代越族的遗迹。越为楚灭后"子孙散布江南海上，或为王，或为君"的佐证。

洞庭、苍梧蛮越之地，为秦汉长沙蛮居住之地。

---

① 傅举：《古越族在湖南活动的历史和遗迹》，《百越民族论丛》，广西人民出版社，1985。

② 杨其民：《长沙西汉"陆暴尉印"应是"陆梁尉印"》，《考古》1979年第4期。

《梁书·列传第二十八·张缅弟缵绾》"州界零陵、衡阳等郡，有莫徭蛮者，依山险为居，历政不宾服。"

《隋书·志第二十六·地理下》谓："长沙郡又杂有夷蜒，名曰莫徭……武陵……零陵、衡山、桂阳、熙平皆同焉。"

《宋史·蛮夷列传》谓："蛮瑶者居山谷间，其山自衡州长宁县属桂阳、郴、连、贺、韶四州，环行千余里，蛮居其中，不事赋役，谓之瑶人。"

上引材料，地理位置基本吻合，说明瑶族先民与百越有着密切的渊源关系。宋《方舆胜览》卷23载："长沙郡之潭州，潭州（风俗）颇杂越风，俗信鬼，好淫祠，（四六）惟翼畛牛女之圩，接瑶、僚、蜒、黎之俗，洞有羁縻之僚俗。"这也说明瑶与百越的关系（僚古先百越）。《古今图书集成》卷1237《永州府风俗考》载：（唐）柳宗元《代韦刺史永州谢表》云："地极三湘，俗参百越。左衽椎髻之半，可耕乃石田之余。"永州宋为瑶人聚居之地，而俗参百越，这也反映瑶人与百越的关系。

由于明嘉靖三十六年黄佐《广东通志》谓"瑶为荆蛮，僮为旧越人"的说法，从而有人否定瑶族先民与百越族的关系，其实在僮名未有之前，僮包含在瑶名之中。就嘉靖戴璟《广东通志》中，瑶山包括了僮寨："泷水县瑶山一百一十有八，自东南至高要县新兴县界瑶山凡十，曰：平莆山、思贺山、云罗山、十二界头山、参峒山、云濂山、埇岭僮寨、陈达岭、界分山、水绸山。""自北至本州大湾村界瑶山凡三十三，曰：六合山、百片山、陈化山、天平山、龙脑山、埇便山、大傍僮寨，白梅山……""自东北至本州新兴县界瑶山凡十六，曰镇峒山、揭种山、上霍、大伞、上抱山、下抱山、容草山、埇黄山、求信山、黄纱山、历峒山、黄狫山、下围僮寨、龙归僮寨、沙田僮寨、淹罗壮寨。""灵山县瑶村凡二十六，俱在东连石康县界，曰：芦庄村……替落村，俱系向化瑶僮所居。"宋皇祐间广西侬智高起事，史家考证侬氏为僮族，但一些史书称之为"侬瑶"。

另有一些人谓"瑶山居，以犬为图腾，越人以龙为图腾"。而否定瑶族先民与百越的关系。其实古蛮夷居地"名山广泽"，即盘瓠之裔有山居和水居，水居者迁陆而居，其图腾信仰亦可随俗而变，如蜒，有水蜒、蠔蜒、木蜒。蜒：其先百越，莫瑶为夷蜒。南越王越佗见汉使陆贾时，其虽然是真定人，入乡随俗，以越人之俗椎髻踞蹲以见陆贾，此俗则似以犬图腾之俗，而不是被发文身以龙为图腾者。况史书记载，汉粤北蛮夷与湘南蛮夷同祖同俗。

故是，瑶族先民古荆蛮、长沙蛮与百越有密切关系。

# 第三节 瑶族与俚僚的关系

《隋书·列传第四十七·南蛮》载："南蛮杂类，与华人错居，曰蜒，曰狼，曰俚，曰獠，曰𤡱，俱无君长，随山洞而居，古先所谓百越是也。"

岭南百越族裔，隋唐称之为俚僚，而有学者认为俚为黎，僚为僮，也有谓："俚僚则是专指今天的僮族。"并断言"俚、僚与瑶族没有丝毫瓜葛"。但从史籍与广东方志的记载，俚僚与瑶族有密切关系。

## 一 广南东路俚僚与瑶族的关系

南朝宋"广州诸山并俚、獠，种类繁炽"（《宋书·列传第五十七·夷蛮》卷97）。

南朝梁"大通元年，兰钦征夷僚陈文撤，所获不可胜计"（《梁书·欧阳頠传》卷9）。

"大通三年萧劢为广州刺史，西江俚帅陈文撤寇高要，未几降附"（《南史·萧劢传》卷51）。

隋仁寿元年"潮、成等五州獠反"（《资治通鉴》卷179）。

唐武德五年（公元622年）"岭南俚帅杨世略以循、潮二州来降"（《资治通鉴》卷190）。

以上显示了岭南俚、僚可分称，亦可通称，说明俚僚是岭南蛮夷的泛称。而史籍记载俚僚与瑶有关，《天下郡国利病书》卷98载："《连州志》云俚俗有两种，一曰瑶，二曰僮。"

《古今图书集成·广州府风俗考》载："俚俗有三，一曰疍户，又有二种皆诸蛮，即旧粤人，一曰瑶，二曰僮。"

明戴璟《广东通志》云："廉州俚者，远居山洞，耕垦为活，好则向化，怒则叛离，即今瑶人之类也。"

《元一统志》卷9谓："俚僚有四色，语各别，译而方通。"俚僚为岭南蛮族的通称，它包含了居住岭南的瑶、僮、疍、黎等少数民族。

清吴震方《岭南杂记》云："僚即蛮之别种，其在岭南，即隋唐时为患，然是时不言瑶，宋以后不言僚，意其分合无定，随代而异。"

《嘉应州志》谓："畲瑶即峒僚。《葛志》云：瑶人散处深山，砍树结茅为畲，刀耕火种，采实猎毛，男女皆椎结跣足，言语侏离，自言为狗王之后，土人亦不为婚姻，不供赋役，是时程乡有此种瑶人。"以上史料，显示了俚僚与瑶的关系。

《明史·王翱传》与《天下郡国利病书》的记载："右都御史王翱总督两广，推诚抚谕，瑶、僮向化。明年（景秦四年）六月巡按御史盛昶谕降泷水僚，而赵音旺复作乱，合诸山叛瑶，大肆剽掠，乃奏城泷水。至是调广西俍人及僮人偕官兵直捣其巢。"这里僚指瑶而言。《肇庆府志》卷22记载，"景秦四年六月，巡按御史盛昶谕降泷水瑶"。"泷水僚"即是"泷水瑶"，瑶僚通称。

《读史方舆纪要》卷100载："（明）弘治元年，峒僚谭观福恃险为乱。"而《广州府志》卷69载则谓："（明）弘治元年，番禺、增城峒瑶谭观福恃险为乱，县界（从化）有瑶寨三十五处。"此又指僚为瑶。

明黄佐修《广东通志·峒僚》载："东莞大奚山，在县南大海中，有三十六屿，庆元三年，盐司峻禁，遂啸聚为乱，遣兵讨捕，徐绍夔等就擒，遂虚其驰，庆元六年，复请减戍之半，屯官高场，后悉罢之。"这里说明大奚山居住的是峒僚。而《古今图书集成·职方典》卷1393与清康熙金光祖修《广东通志》卷23则谓："庆元三年，盐司峻禁，瑶人遂啸聚为乱，上遣兵讨捕，徐绍夔等被捕，遂虚其地。""庆元六年，减瑶洞之戍，屯官富场，后悉罢之。"此把大奚山峒僚，称之为瑶。

南朝梁，范云为始兴内史……边带蛮俚，尤多盗贼。（《梁书·列传第七·范云》卷13）始兴郡辖连州、连山、阳山、韶州等县，隋属熙平郡，《隋书·志第二十六·地理下》记载熙平郡居住有莫徭，唐刘禹锡为连州刺史，作《莫徭歌》"莫徭自生长，名字无符籍"。《宋史·蛮夷列传》卷493载："蛮瑶者，居山谷间，其山自衡阳常宁县，属桂阳、郴、连、贺、韶四州。"此对照，则俚称之为瑶。

英德县："（宋）乾、绍曩昔，蛮僚踪迹为乱。"（英德县《西祠寨将夫人记》）

"（宋）淳祐五年，峒瑶煽乱。"（道光《英德县志》卷10）

《粤中见闻》谓："英德，乳源俱是民瑶，又称熟瑶。"

英德的材料表明，这里的瑶是从僚发展而来，由于僚归附，入版籍，营田戍边，而称之瑶。

西江流域，地方志记载宋、元、明时期是瑶族聚居之地，是瑶族分布最广的地区，而古籍记载称之俚僚。

宋《太平寰宇记》引《南州异物志》谓："广州南有贼曰俚，此贼在广州之苍梧、郁林、合浦、宁浦、高凉五郡中央地方千里。"说明古代俚人分布于肇庆、高州、雷州、廉州及广西郁林等府，而这一广大地区，宋以后的史籍却记载广布瑶族。明嘉靖黄佐《广东通志》卷67载："雷、廉、高、肇群山险阻，以千百计，而瑶贼巢伏其中。"（明）姚虞《岭海舆图》称："肇庆府领州一县十，控江带山，延袤千里，境内瑶洞累累。"这里表明西江流域古称之俚，宋称之为瑶，这显示了俚与瑶的密切关系。

以下举各县情况予以对比说明：

高要"烂柯山，去县三十六里，苍梧水出焉，其上瑶人居之"（明黄佑《广东通志》卷14）。"烂柯山，在府东南四十六里，一名柯斧山，旧俗王质观棋处，亦名端山，峡之对山也。高数百仞，周五十里，其上俚人居之"（《读史方舆纪要》卷121）。

新兴：（南朝）陈"区伯虎，南海人，官至新州刺史，抚绥民僚，政得人和"（道光屠英《肇庆府志》卷22）。（宋）"新兴并无黎僮，惟有瑶人一种，宋元时亦皆不甚安静，明初设有瑶官四人"（清乾隆刘芳《新兴县志》卷26）。古代新兴俚僚，宋时已称之为瑶。

阳春：皇祐二年，薛永和《春州建置记》，"阳春环山绕林，襟岩带洞，夷僚杂居"。宋王靖（熙宁初知广州）"以司勋郎中转运使，巡行十六州，虽瘴疠如春、新，亦皆岁一再至。与卢士弘靖瑶蛮之乱"（明黄佑《广东通志》卷69）。可见宋时新兴已瑶僚通称，僚即是瑶。

再如，清道光《肇庆府志》卷8载："（明）嘉靖十二年，黄澄《留石亭记》：'兵部左侍郎陶谐讨阳春西山蛮寇，酋或首赵林花等三千七百有奇，遐迩怀慑，僚寇殒胆革心。'"而《明史世宗纪》载："嘉靖十二年，瑶贼掠境，兵部右侍郎提督陶谐讨平之。"两组材料均可看出，僚即是瑶。

泷州（罗定）：道光《广东通志》卷183载："（唐）开元十六年正月，春、泷等州僚首领泷州刺史陈行范叛。"而《岭南胜览》卷6称：罗定州，明万历五年建。《一统志》按："控带千里，江山苍络，东西水陆，蛮瑶盘据，唐开元中泷水瑶陈行范叛，杨思勖讨平之。"

泷州居住瑶族，已有悠久的历史，明王泮《罗定州志序》云："夫瑶鸥张夺攘非一世，隋唐为甚。唐分怀德为信义，立南扶州，寄泷州，亦为瑶故，故瑶平乃以还之。"（民国《罗定县志》卷9）

明代以泷水为中心的瑶民不断起事，历朝均有征剿，明万历最多一次竟动用了20万军队。瑶族的来源：①原为瑶族的先民，古代被称俚僚。②由岭南土著原民俚僚演化而来。③其他族瑶化而来，《罗定县志》云："瑶，罗属者有三种，曰高山、曰花肚、曰平地，三种语言不相通。"同一个州，有三种不同语言的瑶人居住，反映了他们的来源不一，其中百越之裔俚僚的一部分发展为瑶，是无疑义的。

德庆：《古今图书集成·职方典》卷1393载："（明）英宗正统，内臣阮能以索僚物，致僚贼四起。"而清光绪《德庆州志》卷5载："正统十一年，晋康（即德庆）瑶乱，时镇守内官阮能贪婪无艺，因瑶朝贡多索方物……于是寇贼四起。"这也显示了僚为瑶。

封川："（明）嘉靖二十四年，张岳征广东峒僚。"（《二十五史补编·明督抚年表》）

"（明）嘉靖二十四年，封川瑶民乱，提督右都御史张岳讨平之"（明黄佐《广东通志》卷67）。此封川峒僚亦称之为瑶。

## 二　广南西路俚僚与瑶族的关系

广西史志记载，亦有不少称僚为瑶。

全州："（风俗形胜）郡鄙于蛮僚，而复当交广之冲。""惟岭管之冲，夷蛮杂居，边围所繫。"（宋王象之《舆地纪胜·全州》卷60）

宋绍兴十五年，前知全州高楫言："瑶人今皆微弱，不敢侵省地。"（《宋史·蛮夷列传》卷494）

贺：宋《太平寰宇记》卷161载："贺州（风俗）俗重鬼，尝以鸡卜，俗多构木为巢，节令则鸣铜鼓，好吹匏笙，俚人则削竹筋为箭，以叶羽之，名曰圭黎。"《宋史·蛮夷传》谓："贺、韶、连、郴四州，蛮居山谷间，不事赋役，谓之瑶人。"此说明贺州俚人与瑶人之关系。

融州：宋《舆地纪胜·广南西道·融州》载："（风俗形胜）镇压诸蛮，

安静边界，州之西北，民瑶杂居。（四六）地接穷途，节分清远，彼接武冈之险，介于夷僚之居。"此可见宋人已瑶、僚通称。

平乐府："黄嵩，龙溪人，天顺间知平乐府，勤于附循瑶夷，语言不通者，俾译者谕之，必达其情乃已，夷僚感服。"（清嘉庆《广西通志·宦迹》卷247）此段文字表明瑶夷亦称夷獠。

综上所述，说明古籍是瑶、僚通称，言僚而指瑶。瑶名未有前通称之僚，瑶族先民包含在俚僚之内。宋《太平寰宇记·岭南道·容州》卷167载："（容州）陆川县废绣州，其原有俚僚三种，言语不通。"如实记载宋代陆川县有三种语言不通的俚僚，即今之瑶、僮、黎少数民族。以上说明了广南西路瑶与俚僚的关系。

## 三 湖南俚僚与瑶族的关系

俚僚其先百越与瑶族的关系，过去为人们所忽视，纵有论及，也只谈岭南俚僚，然而历史上瑶族先民活动有悠久历史的湖南从未触及，现将历史上湖南俚僚与瑶族及其先民的关系进行探讨。瑶族先民武陵蛮、五溪蛮，史籍亦称之僚、峒僚。

汉"顺帝元年，武陵蛮率种反，朝廷以李进为太守，统兵讨之，简选长吏，抚循峒僚，得其情，郡境悉安"（《石门县志·名宦》卷7）。

三国蜀"昭烈帝……武陵、五溪蛮僚遣使请兵"（《湖南通志》卷82）。

南朝宋"五溪僚犷悍，黄督以诗谕之，僚感悦，有公事莫敢违"（清同治《湖南通志·黄督传》卷96）。

唐"宪宗元和七年，武冈蛮僚作乱，发师讨之不克"（《湖南通志》卷52）。而唐刘禹锡为诗称之为俚，《登武陵城》："俚人祠竹节，仙洞闭桃花。"（《古今图书集成·常德府艺文考》卷162）《武陵书怀五十韵》"照山畬火动，踏月俚歌喧。"

《新唐书·列传第九十三·韦王陆刘柳程》谓："禹锡贬连州刺史，未至，斥朗州司马。州接夜郎诸夷……每祠，歌《竹枝》……乃倚其声，作《竹枝辞》十余篇。于是武陵夷俚悉歌之。"

瑶族先民武陵蛮、五溪蛮亦称之僚、俚，从而可以说明瑶族与百越（俚僚）关系之密切。

五代：周世宗时，周行逢据湖南，蛮僚数出寇边，偪辰、永二州（《湖南通志》卷82）。而《舆地纪胜·荆湖北路·辰州》卷75载："（四六）处重湖遐僻之乡，抚五溪蛮瑶之俗。"

"武溪控扼五溪瑶，路入京城万国朝。"（大观初《梅川诗》，《舆地纪胜·荆湖北路·常德府》卷68）

以上记述，显示五溪僚亦称五溪瑶。

长沙：《隋书·志第二十六·地理下》谓："长沙郡又杂有夷蜒，名曰莫徭，自云其先祖有功，常免徭役，故以为名。"《天下郡国利病书》卷72谓："长沙五代亦僚为边患，宋太平讨之，因立五砦以防。"《湖南通志》卷8载："潭州湘岭要剧，长沙一都会，扼控湖岭，镇抚蛮瑶。"潭州旧为长沙郡，长沙瑶亦称僚。

武陵郡旧领辰、沅、靖、澧、黔、叙、武冈等州军，兹就各地史籍所记载俚、僚的材料，予以对比，说明俚僚与瑶的关系。

辰州《太平寰宇记·江南西道·辰州》卷119载："（风俗）夷僚杂居，颇杂僚俗。"（宋史·蛮夷列传）卷493载："太祖既下荆湖，思得通蛮情，习险阨，勇智可任者以镇抚之。有辰州瑶人秦再雄者，长七尺，武健多谋……太祖召至阙下，察其可用，擢辰州刺史。"

沅州：秦属黔中郡，汉武陵郡武阳县地，据《舆地纪胜·沅州》卷71载："（风俗形胜）本其所出，承盘瓠之后，服章多以斑布为饰。"（景物上）莫徭，（古迹）盘瓠子孙，《荆州记》沅陵西口，在上就、武阳乡，惟此是盘瓠子孙。而《太平寰宇记·江南西道·沅州》卷122称："沅州秦黔中郡舞阳县地《荆州记》舞阳有詹辰、新丰二县，其乌浒万家。"同书卷119《叙州》谓："叙州，汉武陵舞阳县地。"南朝宋盛弘之《荆州记》舞阳獠浒之类，又舞阳乌浒万家，能鼻饮。舞阳即武阳，乌浒为岭南俚僚，居于广州之南，交州之北，郁林等郡（《舆地纪胜·郁林州》卷121）。南朝宋以前有岭南俚僚乌浒，居住舞（武）阳万家。武陵蛮包有俚僚，而武阳为盘瓠子孙莫徭，由此可见僚与莫徭的关系。

"沅溪县，汉镡城县，舞阳县地属武陵郡，取县界沅溪水为名，西南自獠界流入夜郎县。"（《太平寰宇记·江南西道·沅州》卷119）

（宋）"黄徹，莆田人，调沅州军事判官，摄倅事郎将汪元与瑶首有隙，酋鼓众数万。"（《湖南通志·名宦名》卷94）

《宋史·蛮夷列传》："乾道六年，卢阳西据獠杨添朝寇边，知沅州孙叔杰调兵数千讨之，败绩，死者十七八。初，傜人与省户交争，杀二人死，叔杰辄出兵破其十三栅，夺还所侵地，于是傜人相结为乱。"这里确言僚为瑶。

靖州：（宋）"嘉熙中，靖州瑶林赛良为乱，遣平瑀平之。"（《靖州乡土志》）

（明）"洪武中，王尚文知靖州，抚平蛮僚，远近向化。"（《湖南通志·名官》卷97）

黔州："（沿革）黔州、五溪之地，汉武陵郡酉阳县地。（风俗）"杂居溪洞，多是蛮僚，其性犷悍，其风淫祀。"（《太平寰宇记·江南西道·黔州》卷120）酉阳为瑶族聚居之地。

澧州：（风俗形胜）唐戎昱《澧州新城颂》："水陆吴越，风俗夷獠。"

（景物下）"宾郎洞，昔瑶人侵犯，邀击而后屈服。"（《舆地纪胜·荆湖北路·澧州》卷70）

武冈军：（唐）建初七年，武冈蛮僚作乱，发师讨不克。（《湖南通志·武备五》）

（宋）高宗建炎四年，武冈瑶人杨正修、杨正拱率九十团峒瑶人，纵火掠民财为乱。

"绍兴三年，臣僚言，武冈军溪峒，旧尝集人户为义保，盖其风土习俗服械悉同瑶人，故可为疆防捍蔽，义保无复旧制困苦不胜，絜家远徙，官失其税。蛮僚日强，兼武冈所属三州，悉为瑶人所有。"（《宋史·蛮夷列传》卷494）

此段史料说明武冈傜人即武冈獠。（唐）柳子厚《武冈铭序》亦称之为獠。（唐）"柳公绰，为潭部戎帅，蛮獠杂扰，公绰提卒百屯于武冈"。

以上材料均说明武陵各州军，广泛居住着僚人，证明武陵蛮与僚有密切关系，也充分说明瑶与僚的关系，僚指瑶，或瑶、僚通称。

再看湖南之南部郴州与中部之梅山地区，也是瑶僚通称。

《宋史·蛮夷列传》卷494载："庆历三年，桂阳监蛮瑶内寇，诏发兵讨击之，桂阳郴、连、韶、贺四州，环行千里途，蛮居其中，不事赋役，谓之瑶人。"对于此次瑶人起事，朝廷谏臣力主招抚，余靖于庆历四年三月的奏札中，称瑶为山僚。"风闻湖南蛮贼，攻烧城郭，为害不止。窃以贼本山僚，居在岩穴。""杨畋不晓朝廷素来招纳之意，多行杀戮，今专委良将，惠怀吾民，百姓因此可以复归，山僚因此可以绥抚。"庆历四年十一月，余靖又上奏："臣初以湖南州军山险之处，即是蛮僚。"（《续资治通鉴长编》卷47）

元代道州蒋丙起事，史籍记载，亦称僚为瑶。（道光《肇庆府志》）卷25载："至正十年正月十五，广西道宣慰史杨庭壁破僚寇，时僚寇蒋丙突境日以杀戮为事。"而《湖南通志》卷83载："至正元年，湖南瑶贼曾大二等作乱，其党蒋丙相继攻破江华等州县，自称顺天王，溪洞瑶民二百余寨，亦相率入边抄掠。"（清）道光阮修《广东通志》在《杨庭壁平寇记》一文的按语中指出："僚寇即瑶寇蒋丙"。从蒋丙具体人物的分析，僚即瑶。

宋熙宁间，遣章惇开梅山，史籍所载此段史事。瑶、僚通称，以下材料的对比中可以见到。

清同治《湖南通志·蔡奕传》卷之末二载："梅山，其地千里，瑶人居之，号曰莫瑶。"

而宋毛渐《开梅山颂并序》则瑶僚通称。"重湖间，蛮瑶杂处，非以一教同俗，宜开拓而统领之。壬子冬月，吏士传招谕，僚俗俛从。颂曰：粤为梅山，千里其疆，形阻埌沃，蛮僚披猖。"（《湖南通志·武备五》卷82）

《古今图书集成·荆州府部·风俗考》卷1193亦称瑶为僚："熙宁五年十一月，章惇开梅山置安化县，神宗遣章惇经制梅山，传檄招谕僚人，隶谭州。"同一时间，同是梅山，史书称瑶，有称之为僚，或瑶、僚通称，这充分说明了僚即是瑶。

另一组对比材料，说明梅山僚即梅山瑶。《宝庆府志》卷1载："（唐）光启二年石门峒酋向瓖使梅山十峒僚断邵州道。"（《唐书·邓处讷传》）《宝庆府志》卷末载："（五代）王全，湘乡人，马殷时为江华指挥使，曾与梅山瑶战。"（宋）《舆地纪胜·宝庆府》卷59载："（宋）嘉泰三年，前知谭州湖南安抚赵彦励言'湖南九郡皆接溪峒，蛮僚叛服不常为边患，臣以为宜择智勇为瑶人所信服者，立为酋长，借补小官以镇抚之。'"（《湖南通志》卷831）湖南通志瑶、僚通称。

《宋书》谓："多蛮俚之雍、郢、湘、广等皆土广人稀。"而《通典》谓："荆州虽蛮夷之国，盘瓠之种，谓荆蛮。宋分置荆州、雍州、司州、郢州、湘州，齐并因之，州境之内，含带蛮蜒。"反映出瑶族先民荆蛮含百越之裔俚、蜒。

以上材料充分说明俚僚与瑶有密切关系，故"俚僚与瑶没有丝毫瓜葛"之说是不符历史的，是错误的。

## 第四节　瑶族与蛮左的关系

### 一　蛮左与莫瑶

《隋书·志第二十六·地理下》载："荆州，其风俗物产，颇同扬州。其人率多劲悍决烈，盖亦天性然也。南郡、夷陵、竟陵、沔阳、沅陵、清江、襄阳、春陵、汉东、安陆、永安、义阳、九江、江夏诸郡，多杂蛮左，其与夏人杂居者，则与诸华不别。其僻处山谷者，则言语不通，嗜好居处全异，颇与巴、渝同俗。诸蛮本其所出，承盘瓠之后，故服章多以班布为饰。其相呼以蛮，则为深忌。……大抵荆州率敬鬼，尤重祠祀之事。……其死丧之纪，虽无被发祖踊，亦知号叫哭泣。……送到山中，以十三年为限。先择吉日，改入小棺，谓之拾骨。拾骨必须女婿，蛮重女婿，故以委之。拾骨者，除肉取骨，弃小取大。……传云盘瓠初死……以为风俗。……既葬设祭，则亲疏咸哭，哭毕，家人既至，但欢饮而归，无复祭哭也。其左人则又不同，无衰服，不复魄。始死，置尸馆舍，邻里少年，各持弓箭，绕尸而歌，以箭扣弓为节。……歌数十阕，乃衣衾棺敛，送往山林，别为庐舍，安置棺柩。亦有于村侧丧之，待二三十瘗，总葬石窟。长沙郡又杂有夷蜒，名曰莫徭，自云其先祖有功，常免徭役，故以为名。其男子但着白布裈衫，更无巾裤；其女子青布衫、班布裙，通无鞋屩。婚姻用铁钴莽为聘财。武陵、巴陵、零陵、桂阳、澧阳、衡山、熙平皆同焉。其丧葬之节，颇同于诸左云。"

由此可见，瑶族的先民，有蛮左与莫瑶。蛮左为盘瓠之后，莫瑶为夷蜒。蛮左是蛮与左，其丧葬之俗不同，莫瑶丧葬之节颇同于诸左，这反映了瑶族来源的多元性。而不是一些学者所谓，瑶族先民，"源于长沙。武陵蛮，原始居地在湖南的湘江、资江、沅江流域和洞庭湖沿岸地区"[①]。隋之

---

① 《瑶族简史》编写组编《瑶族简史》，广西民族出版社，1983。

前，瑶族先民分布地域，蛮左偏江之北，莫瑶偏江之南。

《通典》谓："荆州、盖蛮夷之国，盘瓠之种，谓荆蛮，（南朝）宋分置荆州、司州、郢州、湘州齐并因之，州境之内含带蛮蜒。"至此，蛮蜒与蛮左同是盘瓠之裔。

## 二　史籍有关蛮左的记载

上述《隋书·志第二十六·地理下》记载蛮左分布地域外，记载蛮左的史籍还有：

《魏书》记载："雍州有氐部落三万，伊阙西南群蛮填聚，巴蛮心未纯款，韦珍至桐柏山穷淮源招降蛮左七万余户，梁汝之间，蛮左唐突，而魏设南蛮校尉以领之，以范绍为营田大使。"魏设营田大使，以南蛮校尉领蛮左营田戍边。

《魏书·韦珍传》卷45："高祖初，以蛮首桓诞归附，为东荆州刺史，令珍为使，与诞招慰蛮左，珍至桐柏山，穷淮源，凡所招降七万余户。"

《魏书·辛雄传》卷79："蛮左唐突，扰乱近畿，梁汝之间，民不安乐，雄请事五条，一言逋悬租调，宜悉不征。二言简罢非时徭役，以纾民命。"

《梁书·列传第四十四·文学下·臧严》卷50："历监义阳、武宁郡，累任皆蛮左，前郡守常选武人，以兵镇之；严独以数门生单车入境，群蛮悦服。"

《陈书·列传第五·淳于量》卷11："荆、雍之界，蛮左数反，山帅文道期积为边患，中兵王僧辩征之，频战不利，遣量助之。大破道期，斩其酋长，俘虏万计。"

（宋）《舆地纪胜·荆湖北路·复州》卷76："多杂蛮左。"卷77《德安府·荆门军》："蛮左，盖姓左人所居。"

《舆地纪胜·道州》卷58："地居越徼，俗兼蛮左，俗尚韶歌，岛夷卉服。"

《水经注·沅水》："夹岸悉是蛮左所居，故谓之五溪蛮。"

《隋书·志第二十六·地理下》所载蛮左分布于南郡、夷陵、竟陵、沔阳、沅陵、清江、襄阳、春陵、汉东、安陆、永安、义阳、九江、江夏。《水经注》蛮左则至沅水流域及道州。

《湖南通志·人物志》卷160：长沙府"欧阳頠，字靖世，临湘人，为郡豪杰，梁时随兰钦征讨，南征夷僚，伐蛮左有功，除临贺内史，时衡湘五十余洞不宾，敕令衡州刺史韦粲讨之，粲委钦为都督，悉皆平殄，梁武帝称颙诚干，降诏褒赏，仍加超武将军，征讨广衡二州山贼。"衡、湘50余洞地望，与《梁书·张缵传》所称："零陵，衡阳等郡有莫徭蛮者。"之地望相合，故此50余洞山蛮，是为莫瑶。

## 三 蛮夷左衽椎髻之俗

《史记·赵世家第十三》卷43载："夫翦发文身，错臂左衽，瓯越之民也。"

《三国志·吴书八》卷53载："山川长远，习俗不齐……椎结徒跣，贯头左衽。"

《旧唐书·列传第一百二十三·郑覃》卷13载：覃曰："晋武帝以采择之失，中原化为左衽。"

《太平寰宇记》卷167载：化州（古象郡地西瓯）："风俗悉是椎髻左衽。"

《舆地纪胜》卷121载：郁林州（古西瓯）"椎结徒跣，乌浒，皆左衽椎髻。"

《舆地纪胜》卷56永州载："状与越相类，潇湘参百越之俗，左衽椎髻之半，所耕乃石田之余。"卷60："全州风俗与永州同。"卷112柳州："椎髻卉裳，风俗与全、永不相远。"即柳州民俗左衽椎髻卉裳。卷122宜州："左衽椎髻。"

《古今图书集成》卷1377载：（唐）柳宗元《代韦刺史永州谢表》谓"地极三湘，俗参百越，左衽居椎髻之半，可耕乃石田之余。"同卷《永州府风俗考》载："刘禹锡壁记曰：北居越徼，俗兼蛮左。"

《太平寰宇记》卷76载：嘉州（风俗）"夷人椎髻跣足，短衣左衽，脑信鬼神"。

上述左衽风俗者与前述蛮左之族无关系，从道州蛮左岛夷卉服，柳州椎髻卉裳看，似与蛮左有些关联。

南朝政权，在蛮夷聚居之地设立左郡左县，其名出于孔子之语："微管仲吾其被发左衽矣。"左衽即殊俗之谓，而南朝时把蛮与左联称。

## 四　左郡左县之设立

蛮左之名，从《隋书·志第二十六·地理下》《魏书》追溯，出自南北朝时立左郡州县，安置蛮夷而得名。

南朝对待少数民族的政策和措施：①争取少数民族归附，设置左郡、左县集中安置，先后在豫州、司州、荆州、郢州、雍州、江州、益州等蛮族地区设立，蛮左言其左衽殊俗。②敕封其酋豪渠帅为王侯、将军、刺史、太守等爵位，使其依附封建王朝，治理本民族。③南朝还承袭两晋之制，设专管南蛮的校尉，刘宋设南蛮校尉治荆州蛮，宁蛮校尉治雍州蛮，安蛮校尉治豫州蛮，三巴校尉治益州的蛮僚，齐时设平蛮校尉，管辖梁、益二州僚人，岭南设平越中郎将，西江督护，南江督护以统理之，实行营田戍边的世兵制，在归附的少数民族部落施行。

据《宋书·志第二十六·州郡二》卷36载："太湖左县长，文帝元嘉二十五年，以豫部蛮民立太湖、吕亭二县，属晋熙，后省，明帝太始二年复立。南陈左郡太守……孝建二年以蛮户复立。边城左郡太守，文帝元嘉二十五年，以豫部蛮民立茹由、乐安、光城、零娄、史水、开化、边城七县。"

卷37载：晋安帝隆安五年，桓玄以沮、漳降蛮立。领县二，户九百五十八，口四千九百一十四。西晋惠帝又分弋阳为西阳国，属豫州；……今领县十，户二千九百八十三，口一万六千一百二十。蕲水左县长，文帝元嘉二十五年，以豫部蛮民立建昌、南川、长风、赤亭、鲁亭、阳城、彭波、迁溪、东丘、东安、西安、南安、房田、希水、高坡、直水、蕲水、清石十八县，属西阳。

东安左县长，前废帝永光元年，复以西阳、蕲水、直水、希水三屯为县。建宁左县长，希水左县长，阳城左县长。

《宋书·列传第五十七·夷蛮》卷87谓："豫州蛮，廪君后也。盘瓠及廪君事，并具前史。西阳有巴水、蕲水、希水、赤亭水、西阳水，谓之五水蛮，所在并深岨，种落炽盛，历世为盗贼。北接淮、汝，南极江、汉，地方数千里。"廪君蛮，与盘瓠蛮，"其后种类繁盛，侵扰州郡或转徙交杂，不可详别焉"（唐杜佑《通典》）。

而《南齐书·州郡志》卷14、15载之左郡县有光城左郡；庐江郡有始新左县、旨亭左县；南新蔡郡有阳唐左县，荆州南通巴巫，道带蛮蜒。巴州有义安左郡，南新阳左郡，北遂安左郡，新平左郡，建安左郡；司州有宋安左郡、永宁左郡、东义阳左郡、东新安左郡，围山左郡，建宁左郡，新城左郡，北淮安左郡，北随安左郡，东随安左郡。雍州疆蛮带沔，阻以重山，北接宛洛，平途直至跨对樊、沔，为郢郧北门，部领蛮左，故别置蛮府焉。领郡有襄阳、南阳、新野、始平、广平、京兆、扶风、冯翊、河南、南天水、义成、建昌、华山、南上洛。

始安郡：（今广西桂林）《南齐书·州郡志》卷 15 载："湘州始安郡建陵左县"，建陵左县治今广西金秀瑶族自治县。

南朝先后在南豫州、司州、雍州、荆州、郢州、江州、益州等州设左郡左县。《宋书·州郡志》所载："左郡三，左县十六。"《南齐书·州郡志》所载："左郡六十五，左县一百三十。"

北朝无左郡左县之名，然亦设有郡县，安置蛮左。《资治通鉴》卷 147 梁武帝天监七年十一月条载："魏东荆州表，'桓晖之弟兴前后招抚太阳蛮，归附者万馀户，请置郡十六，县五十。'"胡三省论曰："自是之后，蛮左郡县不可胜纪矣。"

前引《魏书·韦珍传》"瑶招降蛮左七万余户"。

## 五　巴郡蛮板楯蛮与蛮左莫徭的关系

《后汉书·南蛮传》卷 86 载："秦昭王使白起伐楚，略取蛮夷，始置黔中郡，汉兴，改为武陵，岁令大人输布一匹，小口二丈，是谓賨布。"

賨布反映了巴蛮板楯蛮与武陵蛮的关系。

武陵蛮，岁输賨布。《通典》谓："板楯蛮，巴郡阆中夷，巴人呼赋为賨，谓之賨人。"《太平寰宇记》卷 138《渠州》条谓："春秋时为巴国，秦惠文帝伐巴蜀灭之。汉初置宕渠县，属巴郡。"《流江县》条谓："实賨国城，在县东北七十四里，古之賨国都也。"流江县，秦为黔中郡，汉为武陵郡。此反映了巴蛮板楯蛮与武陵蛮的密切关系。

梁戴言《十道志》云："故老相传，楚子灭巴，巴子兄弟五人流入黔中，曰酉、辰、巫、武、沅等五溪，为一溪之长，故号五溪。"此亦从旁说明巴人与武陵蛮之关系。

巴郡南郡蛮，古属荆州，其在周时，亦称荆蛮。《太平寰宇记》卷 146

载："荆州，汉初为南郡，置南蛮校尉以领之。按志云，荆州之境合带蛮蜒。"《明一统志》卷62谓："荆州府，夷水自州界流入，昔巴蛮巴、樊、谭、相、郑五姓，约剑中穴以为君，巴氏务相独中之。""又令各乘土舟，约浮者为君，惟巴务相独浮，因立之，为廪君务相。廪君死，魂魄世为白虎，巴氏以虎饮人血，遂以人祠焉。"

由《南蛮传》可知，盘瓠蛮产生于高辛氏，而廪君蛮出现于氏族社会，廪君蛮是从盘瓠蛮中分化而出。《太平寰宇记》谓："武落钟离山，世本廪君之后，故巫蜒。"《古今图书集成》卷1190《荆州府部封建考》谓：廪君出现于夏朝。

《后汉书·南蛮西南夷列传第七十六》卷86谓："板楯蛮夷者，秦昭襄王时，有一白虎，常从群虎数游秦、蜀、巴、汉之境，伤害千余人，昭王乃重募国中有能杀虎者，赏邑万家，金百镒。时，有巴郡阆中夷人，能作白竹之弩，乃登楼射杀白虎。昭王嘉之，而以其夷人，不欲加封，乃刻石盟要，复夷人顷田不租，十妻不算，伤人者论，杀人者得以倓钱赎死。盟曰：'秦犯夷，输黄龙一双；夷犯秦，输清酒一钟。'夷人安之。至高祖为汉王，发夷人还伐三秦。秦地既定，乃遣还巴中，复其渠帅罗、朴、督、鄂、度、夕、龚七姓，不输租赋，余户乃岁入賨钱，口四十。世号为板楯蛮珍。阆中有渝水，其人多居水左右，天性劲勇，初为汉前锋，数陷陈。俗喜歌舞，高祖观之，曰：'此武王伐纣之歌也。'乃命乐人习之，所谓《巴渝舞》也。遂世世服从。至于中兴，郡守常率以征战。"

板楯蛮夷为巴蛮，廪君之后，信仰白虎，而秦昭王时射杀白虎，昭王嘉之，可见其信仰已不是白虎。《后汉书》把板楯蛮独立开巴郡蛮条而另外叙述，其原因可能于此，即图腾信仰已有改变。故（唐）杜佑《通典》卷187《边防》按：《后汉书》云："其在黔中五溪长沙间，则为盘瓠之后，其峡中巴、梁间则为廪君之后，其后种类繁盛，侵扰州郡，或移徙交杂，亦不得详别焉。"《唐书》谓："黄国公册安昌者，盘瓠之苗裔，世为巴东蛮帅，与田、李、白、邓各分盘瓠一体。世传其皮盛以金函，四时致祭。"巴东大帅应属廪君之后，此时已称盘瓠苗裔。

我们从史书记载看到其变化。

《宋书》称：荆、雍州蛮为盘瓠之后。"豫州蛮，廪君之后也，盘瓠及廪君之事，并见前史。西阳有巴水、蕲水、希水、赤亭水、西归水，所在并深阻，种落繁盛，历为盗贼，北接淮汝，南及江汉，地方千里。"《魏书·蛮僚传》谓："江淮间蛮之种类，盖盘瓠之后，在江淮间依托险阻，部落滋蔓，布于数州，东连寿春，北接汝颖，往往有焉。"江淮间蛮与豫州蛮分布地域两相对比大体一致，而其种族之分仍存差异，前者为廪君，后者为盘瓠，未见其变化。《南齐书·蛮传》卷58谓："蛮之种类繁多，言语不一，咸依山谷，布于荆、湘、雍、郢、司等五州。"未提及其族别。唐代修《隋书》，据《隋书·志第二十五·地理中》载："自汉高发巴蜀之人，定三秦，迁巴之渠率七姓，居于商洛之地，由是风俗不改其壤。其人自巴来者，风俗犹同巴郡。"巴渠率七姓，即板楯蛮七姓，此处已不提其为廪君之后。这是征战，迁徙，民族间融合而造成。《隋书·志第二十六·地理下》谓："南郡、夷陵……蛮左……诸蛮本其所出，承盘瓠之后。"《后汉书》载巴郡南郡蛮之廪君之后，而《隋书》谓为盘瓠之后，反映两者不可详别。

### 巴蛮之迁

巴蛮，皆出武落钟离山，立廪君务相巴氏为君，廪君居于夷城（即夷陵，今湖北宜昌市）。发源于鄂西，一支沿江西上四川或溯汉水进入陕西、汉中，或顺大江下至湖北东部至湖南洞庭湖地区，其板楯蛮则在阆中，下又分为巫蛮、江夏蛮、南郡黄邮蛮、郧山蛮、五水蛮、西归水蛮、沔水蛮。

其拊迁，汉发巴蜀定三秦，迁巴渠帅率七姓居商洛，七姓为板楯蛮夷。其劲勇为汉前锋，世世服从，至于中兴，郡守常率以征战。东汉延熹三年，武陵蛮叛，遣车骑将军冯绲讨之（宕渠人。秦巴国，汉置宕渠县属巴郡）。《后汉书·南蛮西南夷列传第七十六》条谓："前车骑将军冯绲，南征武陵，虽受丹阳精兵之锐……亦倚板楯以成其功。"《后汉书·卷三十八·张法滕冯度杨列传第二十八》载："顺帝末……时，长沙蛮寇益阳，屯聚积久，至延熹五年，众转盛，而零陵蛮贼复反应之，合二万余人……又武陵蛮夷悉反……于是拜绲为车骑将军，将兵十余万讨之……绲军至长沙，贼闻，悉诣营道乞降。进击武陵蛮夷，斩首四千余级，受降十余万人。"《读史方舆纪要》卷68《汉昌城》条载："建安五年，巴郡守庞羲召汉昌賨民为兵。"以上为征战而拊迁者。其徙民之拊迁，《太平寰宇记》卷183载："建武二十三年，南郡潳山蛮雷迁等叛，遣武威将军刘尚将万余人讨破之，徙其种七千余口置江夏界中，今沔中蛮是也。和帝永元十三年巫蛮许圣反叛，荆州诸郡兵万余大破圣等，许圣乞降，复徙至江夏。"汉末天下大乱，板楯蛮自巴西之宕渠迁于杨车坂，号杨车巴。《魏书·蛮僚传》载："蛮之种类，盖盘瓠之后，在江淮间，依托险阻，部族滋蔓，布于数州，东连寿春（陕西东南，豫西北地区）西通上洛（安徽与河南交界的淮河地区）往往有焉，自刘石乱后，渐得北迁，陆浑以南，满于山谷。"《通典》卷187《板楯蛮》条载："其中沔中蛮至晋时刘石乱后，渐得北迁，陆浑以南，满于山谷。"板楯蛮徙至江淮。

《后汉书·卷十八·吴盖陈臧列传第八》载："汉诛其渠帅二百余人，徙其党与数百家于南郡、长沙而还。"即移板楯蛮数百家于南郡及长沙。《三国志·吴书十》卷55载："武陵蛮夷反乱，攻守城邑，乃以盖领太守。……诸幽邃巴、醴、由、蜒邑侯君长，皆改操易节。"时武陵蛮中已有巴人族群。《湖南通志》卷末之十五载："宋（南朝）元徽二年，湘州刺史王僧虔，以巴峡流民（《晋书》元康中李特据蜀，巴蜀流人数万家）多在湘土，表割益阳、罗湘、湘西三县沿江民，立湘阴县。"巴人板楯蛮徙至武陵、长沙。

**板楯蛮夷与蛮左的关系**

南朝政权，在巴蛮聚居之地设立左郡左县，因而称之蛮左。《宋书·志第二十六·州郡二》卷36载："太湖左县长，文帝元嘉二十五年，以豫部蛮民立太湖、吕亭二县。边城左郡太守，文帝元嘉二十五年，以豫部蛮民立茹由、东安、光城、零娄、史水、开化、边城七县。"豫部蛮民，即豫州蛮为巴蛮板楯蛮夷。南朝先后在豫州、司州、雍州、荆州、郢州、江州、益州等州郡设左郡左县，据《宋书·州郡志》载：左郡三，左县十六。《南齐书·州郡志》载：左郡六十五，左县一百三十。故是此后不称巴蛮、板楯蛮夷，而称蛮左。

左郡左县之设立，安置蛮民，南朝袭晋制设诸蛮校尉部领蛮左，故列置蛮府，设护南蛮校尉，护三巴校尉，宁蛮校尉，平蛮校尉，镇蛮校尉等，而朝迁设"左民尚书，领左民"。《南齐书·百官志》卷16载：蛮左有盘瓠之后，有廪君之后。至《隋书·志第二十六·地理下》谓："南郡、夷陵、竟陵、沔阳、沅陵，清江、襄阳、春陵、汉东、安陆、永安、义阳、九江、江夏诸郡，多杂蛮左，其与夏人杂居者，则与诸华不别。其僻处山谷者，则言语不通，嗜好居处全异，颇与巴、渝同俗。诸蛮本其所出，承盘瓠之后。"说明蛮左的信仰为盘瓠，而不是廪君白虎。其僻处山谷者，与巴渝同俗，说明此蛮左，与板楯蛮的关系。

**板楯蛮夷与莫瑶的关系**

《隋书·志第二十六·地理下》载："长沙郡又杂有夷蜒，名曰莫瑶，自云其先祖有功，常免徭役，故以为名。武陵、巴陵、零陵、桂阳、澧阳、衡山、熙平皆同焉。其丧葬之节，颇同于诸左云。"

这里反映了南下湖南的板楯蛮夷，以征战（冯绲征武陵蛮）。汉徙板楯余党数百家于长沙。晋末巴峡流民数万家至长沙。

现以史书记载与《后汉书》板楯蛮夷所述内容对比，说明板楯蛮与莫瑶的关系。

《文选·蜀都赋》李善注："《风俗通佚文》：巴有賨人，剽勇，高祖为汉王时，阆人范目说高祖募取賨人定三秦，封为阆中慈凫侯，并复除其所发賨人卢、朴、沓、鄂、度、夕、龚七姓不供租赋。"《郡国志》云："賨人劲勇，锐而舞，从古有巴渝舞。"三国周谯《三巴记》载："阆中渝水，賨民锐气善舞。"以上材料与板楯蛮条内容相吻合，说明阆中賨人，不输租赋为板蛮楯夷。《文苑英华》卷409载："阆中莫瑶，以樵採为事。"由是可知阆中莫瑶古先为板楯蛮夷。《宋史》卷96谓："渝州蛮者，古板楯七姓蛮。"《太平寰宇记》谓："板楯蛮夷，称巴郡阆中蛮夷，其俗多猎山伐木为业。"湘州长沙、武陵诸郡莫瑶，为板楯蛮夷之后。板楯蛮夷秦并天下，薄其税赋，汉为高祖定三秦，复其七姓不输租赋，世世服从，为汉前锋。此莫瑶自云先祖有功，常免徭役。

《全唐文》卷31《遣使分巡天下诏》谓："其浮寄逃户等……又江淮之间，有深居山谷，多不属州县，自谓莫瑶。"反映江淮间莫瑶不输租赋。对比《隋书·志第二十六·地理下》："南郡夷陵……诸郡，多杂蛮左，其与夏人杂居者，则与诸华不别。其僻处山谷者……颇与巴、渝同俗。"此僻居山谷，与巴渝同俗的蛮左为板楯蛮夷之后，唐称之为江淮间莫瑶。《隋书·列传第五·王谊》卷40谓："及高祖为丞相，转为郑州总管。于时北至商洛，南拒江淮，东西二千余里，巴蛮多叛。"从旁说明江淮间莫瑶与巴蛮板楯蛮之关系。

《舆地纪胜》卷75《辰州》条载："盘瓠之后，《隋书·地理志》云：沅陵郡多杂蛮左，其僻处山谷者，颇与巴渝同俗。……而山谷间颇杂以瑶俗，《皇朝郡县志风俗门》。"反映蛮左、莫瑶与巴蛮关系。

历史上以地名称谓的族称，其实是泛称。它包含了不少的少数民族，如巴人是古巴子国之民，据《古今图书集成·职方典》卷 612《重庆府纪事》载："巴子国，其地东至鱼复，北接汉中，其属有濮、賨、苴、共、奴獽、夷、蜒。"卷 580《四川地理志》谓："巴蜀广汉，本南夷……又有獽、蜒、蛮、賨，其居住风俗衣冠饮食，颇同于僚，亦与蜀人相类。"

而古代民族迁徙，致使民族间融合，卷 627《雅州建置沿革考》载："本州《禹贡》梁州之域，商为氐羌地，因属雍州，秦徙楚庄之族以实之。"因而《湖北通志·舆地志》卷 14 载："马氏《文献通考》谓：宜东、巴东、建平、江北诸蛮为五溪之北迁者。"

宋《太平寰宇记》载："五溪控临蕃落种：牂牁、提包、蛮蜒、葛僚、巴、俚人、莫徭、白虎。"五溪蛮为武陵蛮。《隋书·列传第四十七·南蛮》载："南蛮杂类，与华人错居，曰蜒，曰狼，曰俚，曰獠，曰㑻，俱无君长，随山洞而居，古先所谓百越是也。"明显的提㑻、蛮蜒、葛僚，其先百越。

武陵、长沙蛮为瑶族先民，它包括荆蛮、百越之族，有盘瓠之后，有廪君之后，这说明瑶族族源的多元性。

# 第四章　关于瑶族先民活动于洞庭湖地区与北迁江淮的探讨

瑶族族源是多元的，秦汉时期瑶族先民荆蛮活动地区在今四川、湖北、湖南、江西、安徽之间至吴越及广西东北与广东北部，其迁徙路线各不相同。《过山榜》中也有漂洋过海的传说，过海遇狂风恶浪，祈求盘王保佑，表现其宗教信仰的民族性、群众性和继承性的特点。

## （一）荆、雍州蛮所居皆深山重阻

《瑶族简史》认为："早在秦汉时期，荆蛮中的一支瑶族先民，就活动在洞庭湖和鄱阳湖的平原地区，由于历代统治者压迫和民族压迫，瑶族人民为了生存，不断向南迁移，由平原，越丘陵入溪谷，进山区，辗转流离，而反动统治者又步步紧逼，迫使他们入山惟恐不深，入林惟恐不密。"

《史记·吴太伯世家第一》："太伯之奔荆蛮，自号句吴。……从而归之千馀家，立为吴太伯。"时荆蛮之族，已布于吴。《后汉书·南蛮西南夷列传第七十六》卷86载："平王东迁，蛮遂侵暴上国。晋文侯辅政，乃率蔡共侯击破之。至楚武王时，蛮与罗子共败楚师……鄢陵之役，蛮与恭王合兵击晋。"此时荆蛮活动于湖北，河南而达山西。"及吴起相悼王，南并蛮越，遂有洞庭、苍梧。秦昭王使白起伐楚，略取蛮夷，始置黔中郡。汉兴，改为武陵。"秦汉瑶族先民活动于武陵（黔中）、四川、湖北、湖南、黔东及于岭南北部地区。

晋干宝《搜神记》载："盘瓠之裔……梁、汉、巴、蜀、武陵、长沙、庐江郡夷是也。"其分布于四川、湖北、湖南、黔东至安徽。

瑶族先民的迁徙也不是从"平原越丘陵入溪谷进山区"。《后汉书·南蛮西南夷列传第七十六》载："槃瓠得女，负而走入南山，止石室中。所处险绝，人迹不至。……经三年，生子一十二人，六男六女。槃瓠死后，因自相夫妻。……其母后归，以状白帝，于是使迎致诸子。衣裳班兰，语言侏离，好入山壑，不乐平旷。帝顺其意，赐以名山广泽。其后滋蔓，号曰蛮夷。"此说明瑶族之先民蛮夷，一开始就不是住在平原地区，而是"名山广泽"，古代，洞庭与鄱阳（澎蠡）为广泽之地。

瑶族先民荆蛮居住地，秦为黔中郡，汉为武陵郡，称之武陵蛮，此郡为丘陵山地，不是平原地区。汉建武二十三年，武陵蛮叛，武威将军刘尚往讨。"乘船溯沅水，入武谿击之。尚轻敌入险，山深水疾，舟船不得上"（《后汉书》）。《宋书·列传第五十七·夷蛮》卷97载："荆、雍州蛮，盘瓠之后也。……所在多深险……江北诸郡蛮，所居皆深山重阻，人迹罕至焉。"《魏书·蛮僚传》101载："蛮之种类，盖盘瓠之后……江淮间，依托险阻……陆浑以南，布于山谷。"《宋史·蛮夷列传》卷493载："西南诸蛮夷，重山复岭，杂厕荆楚巴黔巫中……西南溪洞诸蛮皆盘瓠种。"庆历三年，"桂阳临蛮瑶内寇……蛮瑶者，居山谷间，其山自衡州常宁县，属于桂阳，彬连贺韶四川，环行千余里。"从以上引述可知，自秦汉而宋，瑶族先民均居住于山区或丘陵溪洞。

至于"秦汉荆蛮中的一支瑶族先民，活动在洞庭湖和鄱阳湖平原地区"之说，与历史地理状况不符。就今洞庭湖周边岳阳、安乡、常德、汉寿、沅江等县历史地理来分析，据《湖南通志》载："岳阳、华容旧为岳阳州府属。"《湖南通志》卷8岳阳府地理形势"左洞庭、左彭蠡（今鄱阳湖）襄山带江。"《皇舆考》："岳州，刀耕火种，网罟为业。"《华容县志》卷1地理："云梦、苍梧之野。"就岳州属县临湘县"山极深远，居民以耕畲为业"（《皇舆考·岳阳风土记》）。安乡旧属澧州府、澧州地理形势"倚连岗以起伏，左洞庭、右接巫峡"（《湖南通志》卷8）。而常德、汉寿、沅江旧属常德府，据《湖南通志》卷8载，"常德府，左洞庭、右控五溪之要"。其风俗"本府以渔猎伐山为业"。即《汉书·卷二十八下·地理志第八下》："民食鱼稻，以渔猎山伐为业。"由是洞庭周边，是大泽周边之地，逐步淤积为平地，而大部仍是丘陵溪谷。

再者，现在我们见到深山老林的瑶族居民，是否被压迫至此，也有待探讨，如广东与湖南交界五岭山脉中的莽山瑶族，唐以前莽山是岭南经乳源过宜章上西京古道上的交通要冲。大庾岭梅关，是南北交通的孔道，宋代商旅贩运挑夫，日过万人，而今日过不上百人。唐时开拓梅关古道的张九龄庙，因粤汉铁路开通之故，已湮没于荒烟蔓草之中。古时岭南交通要道，商旅频繁，有瑶人营田耕守，不能以今日深山荒芜，而无视昔日之状况，把原调发屯驻该地营田守隘之瑶人，说成被压迫辗转流离至此，与史实不符。

瑶族迁徙原因，不只是统治阶级的压迫，战乱天灾水旱，瘟疫饥饿也是重要原因。还有一个过去被忽视的重要因素，瑶族先民营田戍边，听调守隘，《过山榜》均有记载。乳源瑶族自治县牛婆峒（明）崇祯十六年《察院甦瑶碑》载：弘治年间调李本琛瑶兵（原籍肇庆）"奉部院易调，从英德至乳源牛婆峒把守连阳、清远、英德隘口"。民国以来，处丛山之间，行人稀少。过去交通要道（广州府北上道路之一），商旅必经之地，历史变迁，今已深山密林之地。《过山榜》载：（瑶人）"乃助国之人，与圣分忧。"封建时代，忠君与爱国相联系，瑶族人民执弓弩而捍卫国家，营田戍边守隘作出贡献，调守隘口亦是迁徙原因之一，这点过去学者未曾论及。

（二）自刘石乱后，沔中蛮渐得北迁

《瑶族简史》谓："进入南北朝时，沅江流域的部分少数民族，向北迁移至长江、淮河之间的广大地区。"（《魏书·蛮僚传》卷101）

《瑶族史》则谓："（两晋时期）的盘瓠蛮，这时，两湖蛮族势力也得到迅速的发展，并不断向北蔓延开去。《魏书·蛮传》卷101在谈到蛮族的发展时写道：'其于魏氏之时……自刘石乱后，诸蛮无所忌惮，故其族类，渐得北迁，陆浑（今河南嵩县东北）以南，满于山谷。'"

《瑶族史》承袭《瑶族简史》之说，把《简史》"沅江流域部分少数民族"改为"两湖蛮族"引文删去"江淮之间……渐为寇暴矣"一段，回避江淮间原有蛮夷的分布。

查《魏书·蛮僚传》卷101，原文为"蛮之种类，盖盘瓠之后，在江淮之间，依托险阻，部落滋蔓，布于数州，东连寿春（郡名在今陕西东南豫西地区）西通上洛（洛水及丹水上游）北接汝颍（今安徽河南交界的淮北地区），往往有焉。其于魏世之时，不甚为患，至于晋之末，稍为繁昌，渐为寇暴矣。自刘、石乱后，诸蛮无所忌，故其族类，渐得北迁，陆浑（今河南嵩县北）以南，满于山谷。宛（今河南南阳市，在豫西山地以南）洛（今洛阳市，在豫西山地以北）萧条，略为丘墟"。原文本意为居住江淮间之蛮夷，自刘、石乱后，渐得北迁，其地望原属北魏所辖之地区。非南朝所辖之湖南沅江流域之蛮夷，北迁至江北地区。两湖蛮族向北蔓延之说，其词含糊缺乏实证。

查史籍记载：渐得北迁的蛮夷，是沔中蛮，不是沅水流域的五溪蛮。

沔中蛮，据《后汉书·南蛮西南夷列传第七十六》卷86载："巴郡南郡蛮……至建武二十三年，南郡潳山蛮雷迁等始反叛，寇掠百姓，遣武威将军刘尚将万余人讨破之，徙其种七千余口置江夏界中，今沔中蛮是也。和帝永元十三年，巫蛮许圣等以郡收税不均，怀怨恨，遂屯聚反叛。明年夏，遣使者督荆州诸郡兵万余人讨之。……大破圣等。圣等乞降，复悉徙置江夏。"

《读史方舆纪要》卷76载："汉和帝永元末，巫蛮反，讨平之，徙置江夏，为西阳蛮。宋元嘉二十九年，西阳五水蛮反，自是淮汝至江，咸被其害。"

宋《太平寰宇记》卷178《徼内南蛮》载："东晋时沔中蛮因刘石乱后，渐徙于陆浑以南，偏山谷，宋齐以后荆雍二州各置校尉以抚宁之，群蛮首帅受南北朝封爵。"

唐杜佑《通典》卷187《板楯蛮》条载："巴郡……阆中夷……谓之賨人，世号为板楯蛮夷，阆中（今四川阆中县）有渝水，其人多居水左右，天性劲勇……汉末天下大乱，自巴西之宕渠迁于汉中杨车板，抄掠行李，号杨车巴，魏武克汉中，李特祖将五百家归云，魏武又迁略杨北，复为巴氏。其中沔中蛮至晋时刘石乱后，渐得北迁，陆浑以南，满于山谷。"《太平御览》板楯蛮条，亦载："沔中蛮自刘石乱后，渐得北迁，满布山谷。"《北史》板楯蛮条谓："自刘石乱后，渐得北迁，陆浑以南，满于山谷。"

《宋书》卷97《列传第五十七·夷蛮》载："豫州蛮……种落炽盛，历世为盗贼。北接淮、汝，南极江、汉，地方数千里。"其地望与《魏书》所载相同。而湖南蛮夷史称武陵、长沙蛮与《宋书》所称豫州蛮显然不同，说明湖南蛮夷于魏时未曾北迁江淮地区。

《隋书·列传第五·王谊》卷40载："于时北至商洛，南拒江淮，东西二千余里，巴蛮多叛。"地望与《魏书》所载略同，而称其族属为巴蛮。即《后汉书》所谓之巴郡蛮迁江夏，后称之为沔中蛮，《宋书》称豫州蛮。

巴蛮原为廪君之后，《通典》接谓："其在五溪、长沙间则是盘瓠之后，其在硖中，巴、蜀、梁间则为廪君之后，其后种类繁盛，侵扰州郡，或转徙交杂，不可详别焉。"《魏书》修撰时已不可详别，融合一体故谓："蛮之种类，盖盘瓠之后，其在江淮间……"

故是《瑶族简史》南北朝时，沅江流域的部分少数民族，北迁长江、淮河之间大地区。《瑶族史》两晋时期两湖盘瓠蛮向北蔓延，是对《魏书》的误解。

而史籍记载五溪蛮部分北迁，是于秦，《古今图书集成》卷627《雅州建置沿革考》载："本州《禹员》梁州之域，商为氐羌地，因属雍州，秦徙楚庄之族以实之。"马氏《文献通考》谓："宜东、巴东、建平、江北诸蛮、为五溪之北迁者。"

# 第五章　关于宋元湖南瑶族大量向两广边境迁徙问题的探讨

## 第一节　宋元瑶族已遍布于两广全境

《瑶族简史》谓："宋至元代，湖南瑶族大量向两广边境迁徙，这一时期，遍布湖南辰州、沅州、靖州、桂阳、郴州和两广边境的连州、贺州、韶州。""明初至明末期间，瑶族不断南迁，深入两广腹地。"此论断不符合岭南（两广）瑶族的分布实际情况，宋元两广已遍布瑶族。

### 一　广东宋元瑶族的分布状况

（宋）广南东路领府一州十四，南宋后领府三，肇庆、德庆、英德，领州十一，广、韶、循、潮、连、封、新、南恩、梅、雄、惠。明代始割原属广西之高、雷、化、廉、钦五州于广东。元代改为路的有十二，为散州者八，基本上没有多大改动，只增加一个桂阳州，领阳山县。宋元瑶族已分布于广、韶、连、英德、循、肇庆、德庆、新、南恩、高、化、雷、廉、钦等州府，简述于下：

韶州：（南朝）梁大同中（公元 538～541 年）"徐度从始兴太守萧介赴郡，时诸峒瑶僚屡出剽掠，境内大扰，介令度帅师讨之，所向克捷"（清康熙金光祖《广东通志》卷19）。时始兴郡领曲江、中宿、桂阳、浈阳、含洭、始兴、阳山。

《宋史·蛮夷列传》："蛮瑶者，居山谷间，属桂阳郴、连、韶、贺四州，环纡千余里，蛮居其中，不事赋役，谓之瑶人。"

连州：（清）道光阮元修《广东通志》卷235载："（唐）永徽初（公元650年）王晙为连州刺史，民瑶安之。"唐元和十年（公元815年）刘禹锡为连州刺史，写下了反映当地瑶族人民的诗篇《莫徭歌》《连州腊日观莫徭猎西山诗》。连州，自唐、宋、元、明、清直至现在，一直居住着瑶人。

桂阳州：（阳山）阳山宋属连州，（唐）韩愈为阳山令时，曾作《送灵师》诗："听说两京事，分明在眼前。纵横杂瑶俗，琐屑咸罗穿。"（道光《阳山县志》卷14）

英德：据清道光《英德县志》卷10："（宋）淳祐五年，峒瑶煽乱，远近骚然，郡守顾孺履廉其情，密檄慑瑶卢陵萧宗远开诚招抚。"

广州：宋《方舆胜览》卷34"（广州）舟车之会，水陆之冲，商旅所共，蕃瑶所聚。"《宋史·蛮夷列传》载："绍兴十五年（1145）四月，广南东路提刑黄应南言，溪峒巡检、尉、砦官不严守备，纵民与瑶交通，恐起边衅，乞诏有司严申法令。"道光《广东通志》卷238载："嘉泰中（1203）广州通判留恭，后知广州，瑶乱，捕降其豪渠，四十四峒悉平。"（宋）李昂英淳祐六年（1246）正月《广州新创备安库记》一文写道："汉以来使粤岭……江湖瑶峒错落。"说明宋时广州各县居住不少瑶人，如清远县《元一统志》卷9载："清远地方与莫徭犬牙相错，无旷原沃埌，刀耕火种。"

肇庆府：清道光《高要县志》卷19载："（唐）魏元忠贬为高要尉（长安三年九月）居期月，民瑶恬谧。"（宋）包拯出守端州时，"水疍山瑶，熟化奔走，恩威并著，岁乃大和。"（清道光《肇庆府志》卷7）"（元）泰定元年（1325）肇庆瑶黄宝来降。"（清道光《肇庆府志》卷22）

德庆府：《方舆胜览》卷35《德庆府》："地居岭峤，俗杂蛮瑶。"《古今图书集成》卷1388载："（宋）祥兴元年冬十一月，德庆泷水各山瑶乱。""（元）延祐二年春三月，德庆路瑶叛。"（清光绪《德庆州志》卷15）泷水宋属德庆，明嘉靖年《广东通志》卷69载："（宋）嘉定己巳（1209）翟卷石任泷水判簿，瑶为乱，其单骑诣瑶营，抚降之。"

明王泮《罗定州志序》："夫瑶鸥张夺攘非一世，隋唐为甚，唐分怀远为信义之南扶州，寄泷州，亦为瑶故，瑶平乃以还之。"

新州：明黄佐《广东通志》卷69载："王靖（熙宁初）知广州，以司勋郎中转运使巡行十六州，虽瘴疬如春、新，亦皆岁再一至，与卢士弘靖瑶蛮之乱。"

元延祐辛酉（1321）仓振知新州，时瑶贼蜂起，振深入示以恩信，群瑶贴然向化。

南恩州："宋真宗时（998～1022）陈亚知南恩州，地多烟瘴，瑶僚杂处，亚务行宽政，深得人心。"（《阳江县志》卷25）

高州：宋时领电白，信宜等县，电白为州治，明移治茂名，据《电白县志·方言》卷3载："唐宋以前，僮瑶什处，语多难辨。""（元）泰定四年（1327）四月，高州瑶寇电白，千户张恒力战死之。"（清道光《广东通志》卷186）信宜县北三十里有赵山，《读史方舆纪要》卷101载："元时有瑶人姓赵者依山而居，故名。"

化州：道光《广东通志列传》记载："廖容（一作顒）宋绍兴五年（1135）进士，知化州，时郴寇李金啸聚万人，围城月余，漓水瑶乘时为乱，大帅陈辉以容领总管职，统诸将讨之，金懼宵遁，复传檄召瑶长开谕逆顺，而瑶人降。"

雷州：据《广东通志》载："景祐二年（1035）瑶僚作乱，寇雷、化等州。"嘉庆《雷州府志》卷14载：（元）延祐中，贾间任都元帅"瑶贼掠境，相机策应。"

廉州：元时海北路领廉州，《天下郡国利病书》载："元泰定间海北路瑶叛。"

钦州："元致和元年（1328）钦州瑶黄焱等为寇，命湖广行省备之。"（《元史》卷28）

循州：道光《广东通志》卷186载："（元）泰定元年五月，循州瑶寇长乐县。"

潮州：《宋史·许应龙传》载："山斜（畲）、峒僚所聚，丐耕田土，不输赋。"光绪《嘉应州志》卷40谓："瑶人散处深山，砍树结茅为畲，亦名畲客。"

《永乐大典》卷5343载："潮自（元）至正壬辰（1353）岭海寇起，与山峒瑶僚相煽乱，攻破潮、揭二县，人民依险防守自保。"

海南：《古今图书集成》卷1303《广东瑶僮僚部汇考》载："（元）文宗至顺元年，海南瑶贼纠率峒黎作乱，左丞移剌四奴讨捕之。"

以上材料说明宋、元时期广东瑶族已遍布各府州，故"宋元湖南瑶族大量向两广边境迁徙……明初至明末间，瑶族不断迁徙，深入两广腹地"之说，无史实根据。

## 二　广西宋元瑶族的分布状况

宋元广西瑶族亦遍布全境，清谢启昆《广西通志·兵制》卷 167 载："宋嘉定三年，章戬知静江府，建议以为广西所部二十五郡，三方邻溪峒，与蛮瑶黎蛋杂处，跳梁负固。"它概括地说明宋代瑶族广布于广西。以清代广西政治区划十一府统计，瑶族分布于桂林（静江）、柳州、庆远、思恩、平乐、梧州、浔州、南宁、太平九府及直隶郁林州，宋元时期已居住着瑶人。《瑶族简史》谓："广西东北部的贺州及静江府（桂林）与融水。""到了宋代，湖南西南部的辰、沅、靖诸州，及湖南南部广西东北部和广东北部的韶州、连州、贺州、桂阳，郴州等地，都是瑶族主要分布地区，这时广西的静江府（桂林）所属的各县和融水等地区，也有瑶族的活动。"此说与史实不符。现按清代之政治区划，按十一府一州之次序分述于下：

桂林府（静江）：宋《方舆胜览》卷 38《静江府》云："绥抚蛮瑶，不知几千万落。"《岭外代答》谓："静江府五县，兴安、灵川、临桂、义安、古田县，瑶聚落不一。"而府属全州，《宋史·蛮夷列传》卷 494 载："绍兴十五年，前知全州高楫言：瑶人皆微弱，不敢侵省地。"元陈孚《全州诗》云："城郭依稀小画图，佛光犹照铁浮屠。斑烂归洞见盘瓠，格磔满林听鹧鸪。"

清嘉庆《广西通志·前事略》卷 187 载："（元）泰定二年，六月，静江瑶为寇，遣广西宣慰司发兵捕之。"

柳州府：柳州府领州一、县七，有马平、雒容、罗城、柳县、怀远、融县、来宾、象州。

宋范成大《桂海虞衡志》称："瑶本五溪盘瓠之后，融州之融水，怀远县界皆有之。""（元）延祐三年六月丙子，融、宾、柳州瑶蛮叛命，湖广行省遣官督兵捕之。"（嘉庆《广西通志·前事略》卷 187）

宋王象之《舆地纪胜》卷 105《象州景物上》载："圣塘，离城一百里，石山高峻，昔有一藤垂地，一瑶人攀援而上……瑶人归语，后其藤为风雨折去，至今莫有至者。"

庆远府：宋张深《庆远府军厅壁题名记》谓："极边郡守，处群蛮心腹，苗瑶错居。"府属之那地州，唐为溪峒之地。崇宁五年诸蛮纳土，《府志》云："（那地州）在府地西南二百四十里，唐为蛮瑶所居地，名曰那地，崇宁五年纳土，置地、那二州，河池、咘咳，北三诸瑶。”（《古今图书集成》卷 1413《庆远府沿考》）《元史·惠宗纪》载：“顺帝元统二年三月，广西庆远瑶贼寇全州，诏平章政事探马赤统兵二万人击之。”

思恩府：《古今图书集成》卷 1420《思恩府关梁考》载：“都阳土司瑶陇隘，在司治东北十五里，相传唐时蛮瑶纠众作乱，敕调大兵征剿遗种未绝，至今有罗、蓝、韦、许等姓，垦山力食，不任赋役，亦不为祟。”

宋沙世坚绍兴三年，《思恩府蛮人请盐钱谕碑》。“三方被边，溪峒瑶蛮种落不一。”（嘉庆《广西通志·前事略》卷 186）《元一统志》卷 10《思州军民安抚司》载：“（思州）蛮有伶、犷、伀佬、木瑶、苗、价等种。”

平乐府：府属之贺州，宋已有瑶人居住。《宋史·蛮夷列传》载：“蛮瑶者，居山谷间，其山自衡州常宁县，环行千余里，属于桂阳郴、连、贺、韶四州。”府属富川县，据宋《方舆胜览》载：“富川民俗淳朴，尚鸡卜，民戍什居，乐输正赋，惟瑶性犷悍，自昔称难治焉。”戍即瑶人营田戍边。《元史·泰定帝纪》：“平乐府徭为寇，湖广行省督兵捕之。”

梧州府：明代瑶族大起义的中心地区之一，瑶族在此地居住有悠久的历史。《粤西丛载》记载：“陈宇，绍兴二十二年以大理正知梧州，岁旱，手书救荒十余事行县，由是米商四集，人不得饥。建炎盗起，增额且半，宇累疏得仍旧，流徙来归，瑶僮帖焉。”府属之岑溪县，宋时亦已居住瑶人。《永乐大典》卷 3338《梧州府建置沿革·岑溪县》载：“《古藤志》县地四际高山，与边山瑶僚接处，罕习礼义，宋元以来，稍知向学。”元代，梧州瑶人屡屡举事，“泰定四年十二月，梧州瑶为寇，湖广行省督捕之。”（嘉庆《广西通志·前事略》卷 187）梧州府，领岑溪，藤县、苍梧、容县。

浔州府：“（元）泰定二年，浔州平南县瑶为寇。”（嘉庆《广西通志》卷 1877）（元）邹鲁《贵县修城记》云：“至正十二年侯君文卿为贵州幕……贵为钜州，宾、象、浔、藤疆犬牙，溪瑶峒僚，且发夕至，城不治殆将百年。”

南宁府：府属横州，据宋《舆地纪胜》卷 113《横州风俗形胜》载：“横居广右，地隘民贫，南濒海徼，西接瑶峒。”宋《方舆胜览》卷 39《邕州》：“兵笈盈虚，係瑶蛮之畏侮”（元）“横州徭蛮为寇，命湖广省发兵讨捕。”（《元史·仁宗纪》）明杨芳《南宁府图说》云：“南宁为粤西北境，虽丛错三十六峒，顾其地广几千里，而横山、永平尤称要害，昔唐宋咸建牙置帅与桂州埒，自瑶蛮不靖，仗力于很。"

太平府：府属之全茗州，"（元）泰定三年二月，广西全茗州土官许文杰，率诸瑶以叛。"（清嘉庆《广西通志》卷 187）《广西通志》卷 89 载："崇善县，土瑶杂处。""宁明州，土瑶旧俗尚朴未驯。"

直录郁林州：《永乐大典》卷 3343 载："《郁林志》郡自唐以来，未有设置镇寨之所，而往往有溪洞瑶蛮，劫掠良民为害。宋朝，始立营于郡之四乡，镇遏瑶蛮出入之处。"清嘉庆《广西通志》载：州属之博白，北流，陆川三县，均有瑶居住。

广西瑶族分布之广，人口之众，历史悠久，遍布全境。据（清）嘉庆《广西通志》卷 256 载："（唐）于向，祖达邕州刺史，因家临桂之因乡，高骈署为牙门将，授本州团练使，骈抚寇无功，政由群下，向辞归。及黄巢寇岭南，瑶贼响应，侵逼州城，向率兵战于都狼山九十日。"这说明唐代广西已有瑶族，且响应黄巢起义。

《隋书·志第二十六·地理下》卷 31 载："长沙郡又杂有夷蜒，名曰莫徭……武陵、巴陵、零陵……熙平皆同焉。"隋熙平郡，领有广西之全州、灌阳、富川，贺州则属零陵郡，故隋代广西之全州、灌阳、富川、贺州已有莫瑶居住。

《宋书·列传第五十七·夷蛮》卷 49 载："荆、雍州蛮，盘瓠之后也。""临贺蛮反，杀关建令邢伯兒。"时临贺蛮属荆蛮，故南朝宋已有瑶族先民荆蛮居住于贺州。

从以上材料分析，《瑶族简史》所作的"宋至元代湖南瑶族大量向两广边境迁徙。……明初至明末间瑶族不断南迁，深入两广腹地"的论点，是不符合历史事实的。


## 第二节　宋代未见湖南瑶族大规模南迁


由于《瑶族简史》缺乏史实根据的论点，没有及时改正，影响一直延续，以致后来出版的《瑶族史》（四川民族出版社 1993 年出版）和《瑶族通史》（广西民族出版社 2005 年出版）亦沿袭其说。

《瑶族史》谓:"宋代瑶人分布范围空前辽阔……正是历代特别是宋代瑶人的大规模南徙活动。""宋代瑶族仍主要分布今湖南地区。""其迁徙主要原因有三。(1)瑶人传统生产方式'食尽一山,复徙一山',因生齿日繁,更加速了人口向南流动的过程;(2)宋代'开边政策'的驱迫,宋王朝除了著名的'开梅山'之举外,对其他瑶区也曾行'拓取'之策;(3)瑶民大规模起义。庆历桂阳唐和起义,乾道宜章瑶民起义,入英、韶、连、广、德庆、肇庆、封、梧、贺等州,流动性本身,就是一场迁徙活动。"

《瑶族通史》谓:"宋代瑶族主要居住在今湖南省境内,其次粤北,桂东、黔东、赣西……宋代瑶人从北至南的大迁徙。"

经查阅史籍和地方志,均未见宋代瑶人大规模从湖南向南迁徙的相关记载。而南宋大量中原人民大规模迁入广东,则见诸大量史料及各姓族谱。如操潮州(闽南)方言者,言其祖自福建泉州南徙。操广州语者则言其祖自南雄珠玑巷南迁而来珠江三角洲。操客语者,其祖自福建汀州南下。唯不见有史籍记载瑶人大规模南徙活动而入两广的记载。

兹就该书提到的唐和起义与宜章瑶民起义进行分析。

宋庆历三年(1043)桂阳监蛮瑶内寇,黄捉鬼与5000瑶众在桂阳华阴峒揭竿起义,后来被招安,降二千余人,使散居所部,录其首领邓文志、黄文晟、黄士元,皆为三班奉职。庆历五年二月,余党唐和复起,湖南安抚败唐和于银江源,招降56户,259人,其众均在湖南境内。

唐和率余众,进入郴州黄莽山,由赵峒转寇英(德)韶州依山自保,"领众出岭外,涉夏秋凡十五战"(《宋史·杨畋传》)。庆历七年,招安,赐唐和、盘知谅、房承映、承泰、文运为峒主。在外战斗减员,有补员也是英、韶二州当地瑶民,招安也是由唐和提出:"唐和遣其子执要领诣官,自言愿贷粮米,居所保峒中。"这样看,亦不过二千余瑶人。

宋乾道元年(1165),宜章峒李金起义,"众万余人南逾岭,分道犯英、韶、连、广、德庆、肇庆、封、梧、贺州之境,旁入道州、桂阳军,杀掠万计……贼遂犯宜章陷桂阳"(朱熹《朱文公文集》卷97《观文殿学士刘公(拱)行状》)。李金以流窜方式进入岭南,在肇庆之新州遭到阻截"时郴寇李金啸聚万人,围城月余,大帅陈辉以(廖)容领总管职,统诸将讨之,金懼宵遁"(道光《广东通志》卷303)。始终无法在岭南立足,而全部回军宜章，陷桂阳。没有留下湖南瑶人于岭南，怎能说是湖南瑶人"大规模南徙两广"。

大规模南徙的原因之二，"是宋代开边政策的驱迫，著名的开梅山之举"。这也不符历史的真实，"开梅山"并未显现开边政策的驱迫。《宋史·蛮夷列传》卷494载："檄谕开梅山，蛮瑶争辟道路，以待得其地。籍其民得主客万四千八百九户，万九千八十九丁，田二十六万四百三十六亩，均定其税，使岁一输，乃筑武阳，关硖二城，诏以山地置安化、新化。"未见有用暴力驱迫。宋刘挚《直龙图阁蔡君奕（或作煜）墓志铭》谓："开其酋以祸福，使为土民，口授其田，略为资贷，使其生业，建邑置吏，使知有政，授冠带，画田亩，分保伍，列乡里，筑二邑隶之籍，其田以亩计者二十四万，增赋数十万，遂招怀邵之武冈峒蛮三百余族，户数万，岁输米以万计。纳斯所畜兵仗，以其地建二寨。"该《瑶族史》第181页对"开梅山"的结论是大规模开梅山"主要采用和平方式解决"。显然说明，开边政策没有驱迫，更没有见到梅山瑶人大规模南徙。这显示了《瑶族史》的前后矛盾，"和平方式解决"就否定了"开边政策的驱迫"。

从《宋史》"梅山峒条"我们可以见到瑶人的生产方式，并不全是"刀耕火种，食尽一山，复徙一山"。而是农耕定居，梅山峒有"主客万四千八百九户，万九千八十九丁，田二十六万四百三十六亩"。宋代主户，是地主，自耕农，客户是佃户。每户平均有田16亩多，充分说明梅山峒已是封建农业经济，其居民是定居，以耕田为活，并不是"食尽一山，复徙一山"。

《续资治通鉴长编》卷251载："熙宁七年三月，惇言：'邵州新化县已建学，乞下转运司给水田二百亩为学用，从之。'"说明章惇开梅山峒拨水田200亩作学田。梅山有田26万余亩，大多为水田，也说明主、客户耕田种水稻，定居生活。

就广东史志记载："刀耕火种"的瑶族地区，也并不都是"食尽一山，复徙一山。"如清远县，《元一统志》卷4载："清远地方与莫瑶犬牙相错，无旷原沃埌，刀耕火种。"刀耕火种，是反映耕山锄岭，耕作较为粗放，土地贫瘠，然而不排除瑶人在河谷开垦水田，及锄山造梯田种植水稻，从事农林业生产的定居生活。民国朱汝珍《清远县志》卷17载：明洪武初年广州左卫花茂奏言："清远滨江有瑶四十巢，向则花衣短裙跣足露顶，就耕山谷，元例岁征山地租米三百石。"说明滨江瑶人，就耕山谷稻田，岁输租米三百石，他们定居滨江。

我们从历史方面考察而得知：瑶族的先民以从事农耕为主。

《后汉书·南蛮西南夷列传第七十六》载："田作贾贩，无关梁符传、租税之赋。"田作，就是耕种田地。《史记·货殖列传》卷129谓："楚越之地，地广人稀，饭稻羹鱼，或火耕而水耨。"饭稻、水耨，说明耕种水稻，反映其定居生活。《隋书·地理下》载："江南之俗，火耕水耨、食鱼与稻，以渔猎为业……其俗信鬼神。"也反映了耕田种稻的生产方式。

《三国志·吴书十一》载："赤乌五年，征祖中。"《襄阳记》曰："祖中在上黄界，去襄阳一百五十里。魏时夷王梅敷兄弟三人，部曲万馀家屯在此，分布在中庐宜城西山鄢、沔二谷中，土地平敞，宜桑麻，有水陆良田，沔南之膏腴沃壤，谓之祖中。"祖中蛮，又称沮水蛮，为盘瓠蛮，是瑶族之先民，屯田耕种水陆良田，显然是定居。

《宋书·列传第五十七·夷蛮》载："荆、雍州蛮，盘瓠之后也。……蛮民顺附者，一户输谷数斛，其余无杂调。"荆、雍州蛮，为瑶族先民，归附授田，一户输谷数斛，由南蛮宁蛮校尉领之，也说明他们农耕定居。

《宋书·列传第三十七·沈庆之》载："……伐沔北诸山蛮，庆之乃会诸军于茹丘山下，谓众曰：'去岁蛮田大稔，积谷重岩，未有饥弊，卒难禽剪。'"沔北诸山蛮，为荆、雍州蛮，瑶族之先民"蛮田大稔，积谷重岩"，也显示其定居农耕。

《宋史·蛮夷列传》："绍兴六年，营田四州（澧、辰、沅、靖）旧置弓弩手九千一百十九，练习武事，平居则耕作，缓急，以备战守。……分处要害训练以时，耕战合度，庶可备御。"乾道七年，前知辰州章才邵上言："沅陵之浦口，地平衍膏腴，多水田，顷为猺蛮所夺。""乾道十一年（1175），诏给事中敕令所议，禁民无质瑶人田，俾能自养，以息边衅。"

嘉定七年（1214），"臣僚复上言：辰、沅、靖三州……熟户，山瑶、峒丁乃居外为捍蔽……峒丁等皆计口给田，多寡阔狭，疆畔井井，擅鬻者有禁，私易者有罚。"

宋代的资料表明，瑶人归附，入版籍，计口给田，营田戍边，"练习武事，平居耕作，缓急以备战守。"充分说明瑶定居农耕生产，《宋史·蛮夷列传》见不到瑶人传统的生产方式"刀耕火种，食尽一山，复徙一山"的记载。

元代实行屯田，《元史兵制》卷 100 谓："屯田为守边之计"。《永州府志》卷 76 载："道州土著民屯瑶户 38644 户，宁远土著民屯瑶户 23357户，永明土著民屯瑶户 23769 户。"也充分说明瑶族农耕，屯田守边，定居生活。

明代史志反映出瑶民已分为两类：大多为定居，如湖南平地瑶，广东西江，北江瑶族，及广西瑶区。另有一部分刀耕火种，"食尽一山，复徙一山"的瑶人，如广西之山子。广东乳源瑶族自治县的东边瑶，耕种少许水田，开垦梯田，种植水稻，耕山锄岭，种植旱粮，农林业并举，过定居生活。西边瑶则靠采集山货，锄岭种植旱粮，辅以狩猎采集等。山货资源枯竭，则复徙他山。乳源瑶族定居者多数，据志书记载，明前已定居，如游溪山瑶，清初耕亩者与齐民同，耕山者花苿不赋。

《后汉书·南蛮西南夷列传第七十六》谓：蛮夷"安土重旧"，就说明瑶族先民定居生活，不是居无定处。

## 第三节　宋王朝对瑶族的政策

岭南（两广）瑶族的来源，一些学者认为是"宋至元代湖南瑶族大量向两广边境迁徙"[1]。造成大量迁徙的原因是"宋王朝对瑶民的压迫和经济剥削的加深"[2]。张介文先生作了具体的阐述："一是封建统治阶级不断地对瑶族的征剿，如'宋庆历三年（1043）杨畋的征剿'，瑶族闻畋至恐畏逾岭南遁。这里所谓皆恐畏逾岭南遁，可以说是大量的迁徙了。"[3] 二是"在宋代封建统治阶级极力开边拓土，压制瑶族，如'熙宁初用兵以威四夷'，'以章惇察访湖北经制蛮事，为羁縻州三十六'，又'崇宁以来，开边拓土

---

[1] 《瑶族简史》编写组编《瑶族简史》，广西民族出版社，1983，第 34 页。

[2] 《瑶族简史》编写组编《瑶族简史》，第 128 页。

[3] 《浅论广东瑶族来源》，《学术研究》1980 年第 3 期。

之议复炽'，像这样的征剿，必然使瑶族更多离开本土，另找出路，这就是瑶族后来大量地从五溪，武陵向南发展的主要原因。"① 这些论点，与历史的真实是不相符的。他把宋王朝对瑶族以抚为主，辅之以剿的政策，主观地说成是以军事征剿为主，以致后来不少论述，沿袭此说。现从以下几个方面分析。

## 一　宋王朝沿用唐代的羁縻政策

宋王朝对西南少数民族的政策，是沿用唐代的羁縻政策，"树其酋长，使自镇抚"（《宋史·蛮夷列传》卷493）。宋太祖在统一全国的过程中，几下荆湖，就寻找少数民族中智勇双全，而熟悉当地情况具有威望有影响力的人物，像辰州瑶人秦再雄，武健多谋，蛮党服之，太祖即召至阙下，擢任辰州刺史，仍使"自辟吏属，予一州租赋。"旋升之为辰州团练使。其所管辖的地区数千里，国家不增一兵，不费帑庾，终太祖之世边境无患。

后来，在北江少数民族地区20州，置设刺史，皆以其首领任之。把世有溪州（上、中、下三州）的彭氏任为下溪州刺史兼都誓主，其他19州皆属其下，称为誓下，"州将承袭，都誓主率郡酋合议，子孙若弟侄亲党当立者，具州名移辰州为保证，申钤辖司以闻，乃赐敕告印符，受命者隔江北望拜谢，州有押案副使，听自补置"。

少数民族首领不仅拥有"自辟吏属"等行政权力，在其管辖地区内发生一般寇乱，都是由其自行平息，如咸平七年四月，高州发生寇掠事件，就是由田承进予以平息。

宋王朝还尊重少数民族的风俗习惯，如"雍熙元年，黔南溪峒夷僚疾病，击铜鼓沙锣以祀神鬼，诏释铜禁"。又如"淳化三年，富州向迈通杀皮师胜父子以祀鬼，朝廷以其远俗，令勿问"。

羁縻政策亦产生了相应的效果，即少数民族首领听从中央王朝的命令，维护统一，如"景德四年，宜州军乱，朝廷恐宜、融溪峒因此而侵扰，降诏约勒其首领，皆奉诏，无敢辄动"（《宋史·蛮夷列传》卷493）。宋设南北江羁縻州三十六，北江彭氏有州二十，南江舒氏有四州，田氏有四州，

---

① 马建钊等编《广东民族研究论丛》，广东人民出版社，1988。

向氏有五州，皆自宋太祖以来，受朝命隶辰州入贡。及章惇往经制蛮事，他们相继纳土，愿为王民，始创城砦，比之内地。这是宋王朝对少数民族实行绥抚政策的结果，而非通过军事征剿实现的。

## 二　宋朝政策的总方针是"恃文教而略武卫"

宋王朝对西南少数民族虽然实行羁縻政策，但或由于地方苛政激变，或蛮人自相仇杀，或逼于饥饿，因而少数民族起事扰掠有时发生。在这种情况下，才劳师讨捕，进行军事征剿，据《宋史·蛮夷列传》的记载，绥抚招纳，远多于讨捕，这说明宋王朝对瑶族的政策，"恃文教略武卫"的方针是行之有效的。

北宋自建隆至元祐一百三十多年间，王朝与瑶族的关系是正常而融洽的。王朝又及时地任命其首领为刺史，时或诏加检校以奖之，或晋封为郡侯，或敕书以安抚。而其首领则定期或不定期地遣使来朝，贡以方物，先后纳土内附。咸平元年，富州刺史向通汉请定租赋，真宗以荒不征，弗之许。这也体现宋王朝绥抚政策的一个方面。

当少数民族地区首领之间发生互相仇杀攻劫时，朝廷均不发兵，只遣使诏谕使之平息。即使一些地区发生寇掠事件，虽发兵讨捕，然亦有节制，仍以诏谕来归。如大中祥符六年，发生辰州溪峒都指挥使魏进武率山瑶数百人寇城砦，朝廷不欲发兵穷讨，而降诏招谕。天禧元年，溪州彭儒猛寇扰，遣兵讨之，亡入山林，其后儒猛自诉求归，朝廷亦特许释罪。至和间彭仕羲起事，朝廷发兵数千征讨，仕羲逃入他峒，官军亦损失惨重，就在这种情况下，朝廷亦不穷讨，仍间遣使谕旨，许以改过自归，自是仕羲岁奉职贡。元祐间，对叛首杨晟台等免进讨。

以上史实，说明宋王朝对瑶族政策方针"恃文教，略武卫"，即以绥抚为主而辅之以征讨。

## 三　庆历三年（1043）桂阳监蛮瑶内寇，谏臣力立招抚

宋王朝对瑶族较大规模的军事征讨，算是庆历三年桂阳监蛮瑶内寇事件。是年九月吉州巫人黄捉鬼诱瑶众数百盗贩盐，既而招出杀之，其党遂合5000人出桂阳华阴峒，杀巡检李延祚及潭州都监张克明，朝廷擢杨畋为提督刑狱，督攻讨事。十月捕杀389人。十二月因久攻不克，又诏湖南转运

使郭辅之等招抚，能自归者第录以官。谏臣欧阳修、余靖上奏撤杨畋，招谕蛮人。四年九月，湖南转运使刘沆"招降二千余，使散居所部，而蛮首皆命以官"（《宋史·刘沆传》卷285）。瑶首邓文志、黄文晟、黄元士并为三班奉职。

瑶族起义群众受到挫折，在唐和领导下，约2000人逾岭南遁，转战英、韶、连之间，依山自保。至庆历七年（1047），朝廷仍进行招抚。五月丁亥广南东西路转运使傅惟机、高易简等言："瑶贼唐和尚令其子执要领诣官，自愿贷粮米，居所保峒中，请敕湖南路钤辖杨畋趣连、韶州山下，共告谕之，使以兵械输官，质其亲属，仍请补为峒主，先给告下转运司。皆从其请。"（《续资治通鉴长编》卷160）事件平息后，即补唐和，盘知谅、房承映、承泰、文运等。并为银青光禄大夫，检校国子祭酒，并监察御史武骑尉，充峒主。事后，余靖作《贺运使学士分散瑶人》诗："狂瑶数载扰湘东，多谢招降息战攻。"（《武溪集》卷2）

这次事件，算是宋王朝对瑶民较大规模的征讨，起义群众多达五千人，南遁韶州者约二千人，坚持五六年之久，直至招降唐和为峒主。整个事件过程，边讨边抚，而最后仍以绥抚招降而平息，这就说明整个过程贯穿着以抚为立的方针。

二千之众能在韶、连州依山自保，是得到了当地广大瑶族群众的响应与支持，才能坚持数年之久，说"皆恐畏逾岭南遁，可以说是大量迁徙了"是不符合历史事实的。

## 四　熙宁开边拓土建立羁縻州，不是凭武力征剿建立的

熙宁开边拓土，包括开梅山与北南江36州。开梅山，嘉祐元年（1056）十一月，杨渭入梅山招谕其酋长四百余人，皆出听命，籍以为民，凡一千一百户，通梅山自此始。（《资治通鉴》卷1056）熙宁五年（1072）十一月，章惇招降梅山峒，籍其民万四千八百余户，田二十六万四百余亩，均定其税，使岁一输，筑武阳、开陕二城，置安化、新化县，隶邵州（《宋史梅山峒》卷494）。

据《续资治通鉴长编》卷240载："章惇言招谕梅山蛮瑶令作省户，皆欢喜，争开道路，迎所遣招谕人，得其地。"毛渐《开梅山颂并序》亦云："重湖之间，蛮瑶杂处，非以一教化同俗，宜开拓而统领之……壬子冬月，吏士

传檄招谕，僚俗免从，于是籍户授田，均定租赋，分建二邑。"（清同治《湖南通志》卷82）都说明是传檄招谕开边，不是残酷杀戮而实现开梅山。

熙宁五年七月，遣章惇察访荆湖北路，湖北提点刑狱赵鼎上言："峡州峒酋刻剥无度，蛮众愿内附。"辰州布衣张翘上言："南江诸蛮，虽有十六州之地，惟富、峡、叙仅有千户，余不满百，土广无兵，加以荐饥，近向永晤与绣、鹤、叙诸州蛮自相仇东，众苦之，咸思归化。"（《宋史·蛮夷列传》卷494）这便促使开北南江三十六州。

六年，富州向永晤献先朝所赐剑及印来归，继而光银、光秀等亦降。独田元猛颇桀难制，异时数侵夺舒、向二族地。章惇遣李资将轻兵前往诏谕，资袭夷獠，为懿、洽州蛮所杀，惇进兵破懿州，南江悉平，遂置沅州，以州新城为治所，寻又置诚州。

熙宁七年三月惇言："邵州新化县已建学，乞下转运司给水田二百亩为学田。"从之（《续资治通鉴长编》卷251）。

综上所述，开边拓土基本内容为授冠带，入版籍，列乡里，籍田亩，纳租赋，开道路，筑城砦，立学校。

章惇经制蛮事，北江二十州，南江十六，共三十六州，只在懿、洽二州发生过进兵讨平的事件。其他衡、永等州溪峒瑶人，"因招谕纳土，乞并为省民"（《续资治通鉴长编》卷248熙宁六年十三月庚午条）。

从以上史料看，熙宁开边拓土，未有大量用兵杀戮征剿，张文谓："宋朝派章惇，蔡昱等进兵征剿，杀戮过仟，无辜者十八九，浮尸蔽沅水，民不食鱼者数月。但这种大力屠杀的恐怖手段，仍不能压服他们。"（《广东瑶族来源考辨》引《宋史·张颉传》）此论在引《宋史·张颉传》时，有意删去原文下句"惇疾其说"，即章惇不同意张颉的抹黑，后来章惇用软的办法，清除了这一诽谤。《续资治通鉴长编》卷243载："颉数遗京师书，言杀戮过当，无辜者十八九，以至浮尸蔽江，下流之人不敢食鱼者数月。惇病之，欲弭其谤，乃言今成功乃因颉谋，诏赐绢三百匹，执政犹恐其异论，权发遣为江淮等转运副使，于是不敢食鱼之谤遂息。"杀戮过当，无辜者十八九，以至浮尸蔽江，是属谤言。

从南北江三十六州开边时的情况分析，未见有人口大量迁徙的现象，把经制蛮事建镌縻州，认为"像这样的征剿，必然使瑶族更多地离开本土"是缺乏史实根据的。

至于"崇宁以来，开边之议复炽"的内容，《宋史》说得很清楚，"崇宁以来，开边之议复炽，安化三州及思广洞蒙志明等各愿纳土输贡赋。又令广西招纳左右江四百五十余峒"（《宋史·蛮夷列传》卷494）。全文并没有"征剿"之记载。何来"像这样的征剿"迫使瑶人离开本土南迁两广。此论谬种流传，多有学者著论引用。

### 五 宋募土民为弓弩手安边息民

瑶人以应募弓弩手的制度，奉调守边，在戍守地区计口给田，俾为世业，一夫岁输租三斗，无他徭役。南宋王朝在西南边疆普遍推行"分处要害，量给土田，训练以时，耕战合度，庶可备御，以所余闲田募人耕垦，岁收其资，其于边防财赋两得其便，可为经兵之计"（《宋史·蛮夷列传》卷494）。

这种因地制宜的措施具有习其水土，辟瘴疠疾病，又谙山川道里的健勇矫捷的瑶人弓弩手，胜任安边之责，这种营田戍边制度是承袭唐代的羁縻政策。《过山榜》中记载，称瑶人为"助国有功之人，与朕分忧"。如周去非《岭外代答》谓"瑶人者，言其执徭役于中国也"。

宋王朝对瑶族的政策"树其酋长，使自镇抚""恃文教而略武卫"。清《壬辰征瑶记》谓："蛮自汉以来，叛服不常，惟以蛮制蛮为上策，总不外乎两端，而宋主抚，故源州、诚州之建废日繁。明主剿，故韩雍、李寰、王守仁之师徒时起。"（《国朝文汇·两集》卷25）足见宋王朝是主绥抚招纳政策。

至于造成瑶人迁徙的原因是多方面的，其中有战乱、天灾、饥饿、瘟疫、听调守边等因素，而封建统治阶级的压迫剥削也是其中主要原因之一。

## 第四节 历史上瑶族先民南迁

瑶族先民较大规模南迁岭南（两广）是在宋代以前，我们从历史的记载可知。

### 一 三苗叛入南海

不少瑶学专家认为，瑶族先民来自三苗，《史记·五帝本纪第一》载帝尧者，为高辛子……申命羲叔，居南交（《索隐》南方地名有交阯者，南交则是交阯）。

《五帝本纪第一》："三苗在江淮、荆州数为乱。于是舜归而言于帝，请流共工于幽陵，以变北狄；放驩兜于崇山，以变南蛮；迁三苗于三危，以变西戎；殛鲧于羽山，以变东夷：四罪而天下咸服。"《史记·孙子吴起列传第五》谓：昔三苗氏左洞庭，右彭蠡。《史记正义》江州（九江）鄂州（武昌）岳州（岳阳）三苗之地也。《吕氏春秋·召类》："尧战于丹水之浦，以服南蛮。"三苗曾与尧、舜、禹进行多次战争。《山海经注》："昔尧以天下让舜，三苗之君非之，帝杀之，有苗之民，叛入南海，为三苗国。"三苗在江淮、荆州被放逐，一部分迁于三危，一部分则入南海，一部分仍留江淮荆州。南海一支，古人泛指为"南蛮"（《大戴礼记·五帝德》）或称南裔（马融等）。《吕氏春秋》："扬汉之南，百越之际，敝凯诸、夫风，馀靡之地，缚娄、阳禺、瓘兜之国，多无君。"（缚娄即今广东省博罗县）

南朝宋盛宏之《荆州记》云："放驩兜（三苗首领）于崇山，崇山在澧阳县南七十五里。"此说不可靠，因为澧阳位在三苗地域之内，何必放逐。唐人沈佺期的《从崇山向越裳诗》序云："案九真图，崇山在越裳四十里，杉谷起古崇山。"《通志》："崇山乃在交广之间"，周公时，越裳献白雉。《路史》云："南海亦有三苗之国。"宋乐史具体指出崇山，今驩州也，周为越裳国。

《后汉书·南蛮西南夷列传第七十六》："交阯之南有越裳国。周公居摄六年，制礼作乐，天下和平，越裳以三象重译而献白雉。"

从以上材料看，瑶族先民三苗已于帝舜时南迁岭表。

## 二 吴越之裔南迁入粤

瑶族来源多元，吴越之地春秋亦称荆蛮，山越亦为瑶族来源之一，《过山榜》载：瑶族来自会稽山，南京十宝唐（殿）。

吴越族裔迁徙于岭表，古籍记载："广州城，吴越春秋，阖闾子孙避越岭外，筑南武城，后楚灭越，越王子孙避入始兴，令师隅修吴故南武城是也。"（《天下郡国利病书》卷101）此系传说之记载。

《资治通鉴卷第二·周纪二》载："显王三十五年，越王无疆伐齐。齐王使人说之以伐齐不如伐楚之利，越王遂伐楚。楚人大败之，乘胜尽取吴故地，东至于浙江。"《史记·越王句践世家》载："楚威王兴兵而伐之，大败越……而越从此散，诸族子争立，或为王，或为君，滨于江南海上，服朝于楚。"谓之百越。吴故地，汉会稽、九江、丹扬、豫章、庐江、广陵、临淮郡是也。国于海上者，汉之瓯越、闽越、骆越其后也。《南雄府志》谓：其中一支越人梅鋗之先避楚，走丹阳皋乡，更姓梅，周末散居沅湘，及秦并六国，"逾零陵至南海台梅岭家焉"。其子孙秦汉时居于粤北之曲江、浈阳等县。

顾炎武《天下郡国利病书》载："楚武王时，蛮与罗子共败楚师，杀其将屈瑕，楚师复振，遂属于楚。及吴起相悼王，南并蛮越，遂有洞庭、苍梧之地。按《水经》：浪水出武陵镡城北界沅水谷，南至郁林……又东至高要为大水（即今广东之西江），蛮越之众，自此逾岭而居溪峒。"秦汉时南越蛮夷之俗是"椎髻跣踞"。

### 三　秦统一徙民谪戍岭南

《资治通鉴卷第七·秦纪二》载："始皇帝下二十二年王翦将六十万人伐楚。二十四年，王翦、蒙武虏楚王负刍，以其地置楚郡。"楚至是亡矣（按秦三十六郡，无楚郡，此盖灭楚之时暂置耳，后分九江、豫章、会稽）。"二十五年，王翦悉定荆江南地。"《史记·李斯列传》卷87谓："南取汉中，包九夷，制鄢、郢。"（九夷，东夷九种）秦军中包含有巴人、板楯蛮。楚亡，荆蛮逃亡，在动乱年代，伴随而来的民族大迁移，而部分入岭表。

始皇三十三年（公元前214年）发诸尝逋亡人、赘婿、贾人，略取南越陆量地，置桂林、南海、象郡。以谪发徙民五十万人戍五岭，与越杂处（《史记·秦始皇本纪》）。《索隐》曰："谓南方之人，其性陆梁，故曰陆梁。"

《淮南子·人间训》谓："发卒五十万，为五军，一军塞镡城之岭，一军守九疑之塞，一军处番禺之都，一军守南野之界，一军结余干之水。"这些谪徙民，包括了巴人、江淮荆蛮。

### 四　汉封越人有功者于湘粤桂三省边界

《湖南通志·梅鋗传》载："吴芮之将，沛公初攻南阳，遇鋗与偕攻析郦，降之。及项羽相持，以芮功多，封为衡山王，而鋗亦封十万户。羽死，高祖以鋗率百越从入武关，有功故德，徙为长沙王，而鋗从之，所居曰梅山，以其姓名之。"《史记》卷8谓："徙衡山王吴芮为长沙王，都临湘。"

八排瑶耍歌堂，有一本瑶经名《长沙王》，歌颂其先祖长沙王。秦时吴芮为鄱阳令，举义旗参加反秦斗争，越人梅鋗率百越子弟从之，转战中原。瑶经《大传书》有《领兵出门》《立州》《下两营》《过州》反映长沙王吴芮与梅鋗从鄱阳出发，转战中原大地。

### 《招亡赦罪解结》

归空起脚到宜州，千兵万马送宜州。

前打火牌随路去，千兵万马向前行。

铜笛吹唱随路去，铜鼓焰焰向前行。

铜盔铁甲随路转，腰刀带剑随身行。

长枪排定向前去，铁棒竹牌向前行。

……

宜州，是江西之宜春，今吉安西北，正是鄱阳令吴芮率百越佐诸侯诛暴秦首义之地。《过州》谓："从宜州到扬州、青州、梁州、润州、徐州、兖州、荆州。"荆州之潭州封芮为长沙王。《长沙王》有会兵、扎营、排兵、发兵、推兵等篇章。《推兵》云："取出金甲及银甲，黄金锁子甲。满身铁甲铁头盔，大盔将来头上戴，铁甲将来着在身。铜牌向前去，铁牌向前行。长枪向前去，短枪向前行。藤弓向前去，木弩向前行，与我三军下战场。入神州，破神州，入神县，破神县。五里排兵作十里，强兵个个向前行。远者挪弓射，近者斩头来。"它反映了长沙王吴芮及梅鋗率百越诛暴秦，佐汉王的战斗历程。

《史记高祖功臣表》载："六年三月庚子，齐信侯，摇毋馀，以越队将，从破秦，入汉定三秦，以都尉击项羽，封海阳（海阳亦南越县地）侯，千八百户。""九年三月丙戌，封毋须陆量侯，诏以为列侯，自置吏，受令长沙王。"陆量侯封于湘南，而南越三郡为陆量地，故湘南、粤、桂、蛮夷有共同的陆量特性，是有同源与相同的地缘素质。《读史方舆纪要》卷80载："都量城、武冈州东五里，武帝时封长沙定王子盖为侯。"

## 五　汉武平定南越

《史记·平准书第八》载："南越反……因南方楼船卒二十馀万人击

南越。"

《史记·南越列传第五十三》："建德等反，自立晏如，令罪人及江淮以南楼船十万师往讨之。元鼎五年秋，卫尉路博德为伏波将军，出桂阳，下汇水；主爵都尉杨仆为楼船将军，出豫章，下横浦；故归义越侯二人为戈船、下厉将军，出零陵，或下漓水，或柢苍梧；使驰义侯因巴蜀罪人，发夜郎兵，下牂柯江：咸会番禺。""苍梧王赵光者，越王同姓，闻汉兵至，及越揭阳令定自定属汉；越桂林监居翁谕瓯骆属汉（《索隐》瓯骆三十余万口降汉）；戈船、下厉将军兵及驰义侯所发夜郎兵未下，南越已平矣。遂为九郡。"（汉连兵三岁，诛羌，灭南越，番禺以西至蜀南者，置初郡十七，且以其故俗治，毋赋税。《集解》徐广曰：南越九郡，元鼎六年定越地，以南海、苍梧、郁林、合浦、交阯、九真、日南、珠崖、儋耳郡。定西南郡，以为武都、牂柯、越巂、沈犁、汶山郡。《地理志》所置犍为，零陵，益州郡，凡十七也。）江淮以南楼船之师，其包含有荆蛮，长沙蛮、零陵蛮与桂阳蛮，而入南越。"建武十一年，又发桂阳、零陵、长沙委输棹卒，凡六万余人，骑五千匹，皆会荆门"（《后汉书·冯岑贾列传》）。他们为瑶族先民，由是而入岭南。

## 六　马伏波平定交阯征侧之叛

《后汉书·南蛮西南夷列传第七十六》载："……至十六年，交阯女子徵侧及其妹徵贰反，攻郡。……于是九真、日南、合浦蛮里皆应之，凡略六十五城，自立为王。……光武乃诏长沙、合浦、交阯具车船，修道桥，通障谿，储粮谷。十八年，遣伏波将军马援、楼船将军段志，发长沙、桂阳、零陵、苍梧兵万余人讨之。""十九年，援将楼船大小二千余艘，战士二万余人，进击九真贼徵侧余党都阳等，斩获三千余人，岭南悉平，徙其渠帅三百余口于零陵。"（见《零陵县志》）长沙、桂阳、零陵、苍梧古为瑶族先民聚居之地。

秦汉之际，大规模的军事行动征讨与屯戍，致使民族迁徙融合，因而瑶族先民长沙、零陵、桂阳蛮夷在岭南繁衍。史载岭南木客，为秦卒入山林砍伐者之后（屯九疑与南野者）。唐刘禹锡《莫瑶歌》："婚姻通木客"。《古今图书集成·南宁府风俗考》卷1443谓："横州，秦徙中县民杂处西瓯。"横州土著，为秦谪徙民之后有关。卷1447载："养利州，风俗椎鲁，土民皆汉时从征者之后，昔为俍兵。"清雍正《广西通志》卷93《蛮疆分隶》载:"太平府蛮僚居之,其存者,皆征蛮时以淮、齐、鲁间从戎之士。"清屈大均《广东新语》卷11谓:"(明)邝露遍游粤西,诸岑及蓝、胡、盘四姓土司,为瑶女执兵符者五觯娘之客,尝纪其山川风土仪物,及女君天姬队歌舞战阵之制,为《赤雅》一书,吾览之,知诸岑(如田州岑猛)为汉将军岑彭之后,世为粤西君长,雄据蛮中,岁时祭祀。"而伏波苗裔,世称马流人。明王守仁《泗城土府世系考》云:宋皇祐间侬智高寇扰广西,四年九月命荻青为荆湖宣抚使,督诸军讨,以岑仲淑从,大破智高。五年正月仲淑平广南,仲淑驻军邕州,建元帅府,都督桂林、象郡、三江诸州兵属,封粤国公。仲淑表出汉武阴侯岑彭后,原籍浙江绍兴府之余姚县人。仲淑镇邕威惠并行,开疆拓土,抚绥蛮夷……子孙世守边土,皆以原官袭。六传至世兴。至元时,世兴以边功加总兵万户侯。世兴生五子,长袭父职,次封田州为田州始祖。三封乔利为思恩土州始祖。四绝,五封镇安为始祖,长三传至善忠,至洪武六年改古勘洞为泗城土州。"此为汉武平南越,江淮士卒留戍,其裔为岭南土著者。

## 七 八排《瑶经》反映秦汉统一岭南的征战

(一)瑶经《长沙王》反映了番君吴芮与梅鋗率越人从高祖征战的情况

### 1. 会兵

一押东方甲状库,取出金甲及银甲。

黄金锁子甲,铜牌铁头盔。

拿钩及铁锁,拿锁及铁环。

长枪及短枪,角弓及木弩。

铜刀及铁斧,如我三军下战场。

就会兵,会到东方东九夷。

九九八十一,排兵八万一千人。

人人身穿黄金锁子甲,满身铁甲铁头盔。

大盔将来头上戴,铁甲将来着在身,

斩鬼神刀挂两边。

脚下行缠须早扎,腰刀带剑在吾前。

磨刀利如剑，磨剑利如霜。

神刀伤鬼莫伤人，且在东方一路营。

（五方一同，南方八蛮兵，西方六戎兵，北方五狄兵，中央三秦兵。）

### 2. 扎营

且来扎下东方一塞营，锣亦鸣鼓亦响，

锣鸣鼓响闹嘈嘈。更更要打点，

打点要分明，莫把邪家入内寻。

扎下东方青旗青焰焰，扎下东方第一营。

锣亦鸣，鼓亦响，锣鸣鼓响闹嘈嘈。

更更要打点，打点要分明，

莫把邪家入内寻，巡更打点不曾停（五方一同）。

### 3. 排兵

拜请东方青帝主，青帝大将军，

为吾排出东方九夷兵。九九八十一，

排出马兵八万一千人。马军排出七万一千人。

东路收邪鬼，存留一万在神门。

拜请南方赤帝主，赤帝大将军，

为吾排出南方八蛮兵。八八六十四，

排出六万四千兵。排出五万四千人，

南路收邪鬼，尚留一万在神门。

拜请西方白帝主，白帝大将军，

为吾排出西方六戎兵。六六三十六，

排出六万六千人马兵，排出五万六千人，

西路收邪鬼，尚留一万在神门。

拜请北方黑帝主，黑帝大将军。

为吾排出北方五狄兵。五五二十五。

排出五万五千人马兵。排出四万五千人，

北方收邪鬼，尚留一万在神门。

拜请中央黄帝主，黄帝大将军，

为吾排出中央三秦兵。三三下当九，

排出九万九千人马兵。排出八万九千人。

中路收邪鬼，尚一万在神门。

## 4. 发兵

一发天仙兵马一十万，二发地仙兵马一十千。

祖师兵马一十万，本师兵马一十千。

二郎兵马一十万，三郎兵马一十千。

卢山九郎兵马一十万，横山九郎兵马一十千。

五相三郎兵马一十万，大山二郎兵马一十千。

蒙山十郎兵马一十万，三元法主兵马一十千。

三帝将军兵马一十万，翻坛五郎兵马一十千。

左营兵马一十万，右营兵马一十千。

十峒蛮王兵马一十万，十峒长沙兵马一十千。

九州社领兵马一十万，九州兵马一十千。

左道长沙兵马一十万，右道长沙兵马一十千。

春雷兵马一十万，夏雷兵马一十千。

秋雷兵马一十万，冬雷兵马一十千。

飞天毒雷兵马一十万，短山毒雷兵马一十千。

天仙兵马一十万，地仙兵马一十千。

张邵二郎兵马排一阵，圣主三郎兵马排一场。

麒麟兵马排一阵，狮子兵马排一场。

犀牛兵马排一阵，白象兵马排一场。

大毒南蛇兵马排一阵，小毒南蛇兵马排一场。

铜牛兵马排一阵，铁牛兵马排一场。

疆兵向前去，蛮兵向前行。

老兵向前去，小兵向前行。

长枪向前去，短枪向前行。

拿锁向前去，越斧向前行。

铜牌向前去，藤牌向前行。

铜刀向前去，铁刀向前行。

铜斧向前去，铁斧向前行。

青旗向前去，黑旗向前行。

黄旗向前去，白旗向前行。

铜弓向前去，木弩向前行。

春雷向前去，夏雷向前行。

秋雷向前去，冬雷向前行。

风发一阵，雨发一阵。

雷发一阵，火发一阵。

发出千千万万雄兵，发出千千万万战兵。

### 5. 推兵

取出金甲及银甲，黄金锁子甲。

满身铁甲铁头盔，大盔将来头上戴，

铁甲将来着在身。

铜牌向前去，铁牌向前行。

长枪向前去，短枪向前行。

铜弓向前去，木弩向前行。

与我三军下战场。

远者拉弓射，近者斩头来。

这里反映了大规模的军事行动，中央王朝调动四方的军队，有东夷、南蛮、西戎、北狄及三秦兵，这里包括瑶族的先民。

《长沙王》与反映楚汉相争时垓下之战的古琵琶曲《十面埋伏》："列营、擂鼓、掌号、吹打、排阵、走队、埋伏、小战、大战、酣战、追击"相对比，更为深刻地反映了秦汉时期征战规模与状况。"会兵"描绘了战士们整装待发，穿上胄甲，戴上头盔，打上脚绑（行缠），佩上刀剑，手执武器，有长枪、短枪、铜刀、越斧、角弓、木弩、藤牌等，气宇轩昂，表现雄赳赳的态势，誓师出发。"扎营"表现巡逻兵的高度警惕。"排兵"是作战的列阵，步兵、骑兵的前锋队伍，投入作战大部分兵力，而抽出一部分兵力作后方留守防卫力量。

《发兵》是军队全面的投入战斗，反映古代军队的统领，各种番号与武器装备，其中提到春雷、夏雷、秋雷、冬雷是他们使用火药武器的兵种，其响声如雷。"飞天毒雷"似乎是爆炸的抛掷武器，这给我们研究古代军事战争提供了珍贵的材料。这里提到蛮兵，越斧、木弩、藤牌说明了南方百越族也加入了战斗的行列。整个战斗非常激烈，沙尘滚滚，汗水鲜血湿透了战袍，冲锋的吼叫与爆炸巨响声如雷，火光与刀光剑影混成一体，这是鏖战、酣战，风发一阵，雨发一阵，雷发一阵，火发一阵，主帅投入全部精锐的兵力，进行决战，"发出千千万万雄兵，发出千千万万战兵。"

"推兵"，是战斗取得进展，向前推进。

从八排瑶《长沙王》经书所反映的状况，佐证了汉封吴芮为长沙王及陆量侯等有功越人于长沙郡与湘、粤、桂边界之地的史实，该地区居住着瑶族先民。

**（二）瑶经也反映了秦汉统一岭南筑城的史实**

《罗罡结界》：造起东方木城万丈高，底下城门八尺高。

城头便把火砖彻，中心抛上土泥尘。

城头架起三间三个屋，四边挂铜铃。

将军勒马城头转，天家兵马绕地行。

莫令邪鬼入军营。

造起东方木城万丈高，底下门楼三百间。

楼上尽盖童子瓦，楼下七十二人绕花街。

楼上长枪及短枪，楼下刀枪杀鬼神。

长枪放在楼壁上，短枪放在弟郎左右边，

一防家口二防身。

三更半夜人睡静，恐怕邪家来报冤。

楼上角弓及木弩，木弩铜弓发上天。

弓亦发时弩亦发，射杀邪家多少人，

铜弓火箭一齐行。（五方一同）

古代岭南是荒服蛮夷之地，没有城郭。《汉书·严硃吾丘主文徐严终王贾传第三十四上》说："臣闻越非有城郭邑里也，处溪谷之间，篁竹之中。"秦始皇使屠睢发卒五十万击越，"越人战败，皆入丛薄之中，莫肯为秦虏，相置杰骏为将，夜攻秦兵，秦军士卒，三年不解甲弛弩"（《淮南子·人间训》）。由于缺乏固守的城郭，越人夜袭，大破秦军，杀尉屠睢。秦始皇复派任嚣、赵佗将卒以戍越，他们吸取教训，没有城郭是难于戍守。因此，他们在战略要地屯兵筑城，任嚣筑城于泷水（今乐昌县境），赵佗筑城于中宿（称万人城，在今连江口）。秦三十四年（公元前213年），适治狱吏不直者，筑长城及南城地。（《史记·秦始皇本纪》）汉武帝时，伏波将军路博德平南越，屯兵桂阳亦筑城，从马王堆出土军事地图可以见到。所以秦汉统一岭南，驻军屯戍，筑城为首要任务。《罗罡结界》反映了这一历史事实。

### （三）反映了汉代对岭南军事行动的后勤支援实况

汉武帝平南越后，逐步加强南海到珠崖九郡的统治，对反抗汉王朝的统治进行征讨，如后汉建武十六年（公元40年），交趾女子徵侧反，九真、日南、合浦蛮夷应之，凡略六十五城。十八年遣伏波将军马援击破之。安帝元初二年（公元116年），苍梧、郁林、合浦蛮夷反，遣御史任倬督郡兵讨之。在进行军事行动之前，王朝中央发出命令，所在经过的郡县，必须先修好交通道路与桥梁，备好船只与储备军粮，如建武十七年（公元41年），诏令"诏长沙、合浦、交趾具车船，修道桥，通障谿，储粮谷，拜马援为伏波将军，以扶乐侯刘隆为副，南击交趾"（《资治通鉴》卷43）。

《打开驴山九郎》：左仓库，右仓库。

> 茅刀万万张，草镰粪箕通用。
>
> 大鬼近前担斧，小鬼近前担刀。
>
> 社管州，县管乡村。十人为一甲，
>
> 五人为一其（旗），各领人夫保甲一一收到。
>
> 东方一路正，路路尽皆修。
>
> 大路不平修划过，桥梁不好用功修。
>
> 点路者，点路官，点见桥梁牢固固。
>
> 船到江边要整齐，六路通军，水路转路头。
>
> 各办军粮千万石，马草万万千。
>
> 长架短架无万数，铁锁麻绳万万千。
>
> 放在桥梁大路上，桥梁大路两边排。
>
> 木城兵马上金桥。
>
> 整转东方一路了，回头勒马正南方。
>
> 整转西方一路了，回头勒马正北方。
>
> 整转北方一路了，回头勒马正中央。
>
> 知社鬼奴修得六路完。
>
> 大路为吾修一丈，小路为吾修八尺。

大石为吾打破，小石为吾打开。

高者锄低，低者填高。

高者把沙淋，虚者灌心。

人要横行，马要横走。

两边耙沙隔不栏。

莫道吾师早不说，莫道吾师早不报。

时间师郎统兵到，横山七郎步兵归。

看见一路不正，人亲法不亲。

铁棒打将军，麻绳缚倒水来淋。

河伯水官无船渡，火急开船夫。

莫道吾师不早报，莫道吾师不早说。

一时间打开，驴山九郎雄兵到。

看见船路不正，水路不修。

人亲法不亲，铁棒打将军，

麻绳缚倒水来淋。

八排瑶经中，不少是与战争有关，如《兵床》《夜来为兵》（又名将军，内分一，铜锣会兵；二，关将军；三，烧将军扎）、《三元法主》《分兵》《下两营》《过州》等。

它也反映古代征战中瑶族先民承受的苦难。

凡是较大的军事行动，就必须具备大量的后勤，上述具车船，修道路，架桥梁，备粮草，都需要大量的人力，那就是征夫供役，瑶经《兵床》便反映征夫的情况：

### 《兵床》

东路拘夫东路到，如今东路去拘夫。

南路拘夫南路到，如今南路去拘夫。

西路拘夫西路到，如今西路去拘夫。

北路拘夫北路到，如今北路去拘夫。

中路拘夫中路到，如今中路去拘夫。

东路拘夫东路到，南路拘夫南路归。

西路拘夫西路到，北路拘夫北路归。

中路拘夫中路到，五路拘夫五路归。

拘到人夫齐到了，飞下良符报小帅。

来时大路堂堂去，如今归去水茫茫。

上亦茫茫无路去，下亦茫茫无路行。

路上行人相下问，死了人夫多少人？

征夫是十万火急，当战事结束后，放自回归，但经过服役，战争的杀伤，能生还的还有多少人？他们的家园还存在吗？往哪里走？"上亦茫茫无路去，下亦茫茫无路行。"这反映了古代岭南蛮夷营田戍边作出的巨大牺牲。

八排瑶经反映了瑶族先民为王朝政权的创立、巩固作出的贡献，蛮户兵籍，徭戍的具体体现。

## 八　秦汉岭南蛮夷风俗具有瑶族先民的特征

《后汉书》卷76《循吏列传第六十六》：建武二年，辟大司徒邓禹府。……迁桂阳太守。郡与交州接境，颇染其俗，不知礼则。……先是，含洭、浈阳、曲江三县，越之故地，武帝平之，内属桂阳。民居深山，滨溪谷，习其风土，不出田租。去郡远者，或且千里。吏事往来，辄发民乘船，名曰"传役"。每一吏出，徭及数家，百姓苦之。飒乃凿山通道五百余里，列亭传，置邮驿。于是役省劳息，奸吏杜绝。流民稍还，渐成聚邑，使输租赋，同之平民（桂阳郡今湖南郴州地区与广东的连山、连县、阳山、曲江、英德、清远）。具有服役不出田租的特征。

赵佗为南越王，习越人之俗，《史记·郦生陆贾列传第三十七》卷97谓："尉他魋结箕倨见陆生"，椎髻箕踞，是瑶族先民之俗，以犬为图腾的信仰。《世本》谓："越芈姓，与楚同祖。"同是荆蛮。

## 九　东汉征蛮促使武陵蛮长沙蛮逃亡南徙

《后汉书》卷24："……二十四年，武威将军刘尚击武陵五溪蛮夷，深入，军没……遂遣援率中郎将马武、耿舒、刘匡、孙永等，将十二郡募士及弛刑四万余人征五溪。……明年春，军至临乡，遇贼攻县，援迎击，破之，斩获二千余人，皆散走竹林中。"（马援传）

《后汉书》卷3载："……荆、豫诸郡兵讨破武陵溇中叛蛮。""永寿三年十一月，长沙蛮叛，屯益阳。遣车骑将军冯绲讨武陵蛮，并皆降散。军还，复寇桂阳"。

《后汉书》卷7载："夏四月，长沙贼起，寇桂阳、苍梧。……五月，康陵园寝火。长沙、零陵贼起，攻桂阳、苍梧、南海、交阯，遣御史中丞盛修督州郡讨之，不克。""又零陵蛮亦叛，寇长沙。"（《东观记》曰："贼万人以上，屯益阳，杀长吏。"）

《后汉书》卷38载："顺帝末……时，长沙蛮寇益阳，屯聚积久，至延熹五年，众转盛，而零陵蛮贼复反应之，合二万余人。……又武陵蛮夷悉反……拜绲为车骑将军，将兵十余万讨之。……绲军至长沙，贼闻，悉诣营道乞降。进击武陵蛮夷，斩首四千余级，受降十余万人。"

"……广募杂种诸蛮夷，明设购赏，进击，大破之，降者数万人。桂阳宿贼渠帅卜阳、潘鸿等畏尚威烈，徙入山谷。尚穷追数百里，遂入南海，破其三屯。"

卷38《度尚传》，"七年，封右乡侯，迁桂阳太守。明年，征还京师。时荆州兵硃盖等，征戍役久，财赏不赡，忿恚，复作乱，与桂阳贼胡兰等三千余人复攻桂阳，焚烧郡县，太守任胤弃城走，贼众遂至数万。转攻零陵，太守陈球固守拒之。于是以尚为中郎将，将幽、冀、黎阳、乌桓步骑二万六千人救球，又与长沙太守抗徐等发诸郡兵，并势讨击，大破之，斩兰等首三千五百级，余贼走苍梧。"

长达80余年对武陵蛮、长沙蛮、零陵蛮、桂阳蛮征讨，迫使瑶族先民部分向南逃避，而入岭南。

唐代广东泷州首领陈行范叛，其中不少是瑶族，唐王朝派大兵南下平叛，据《旧唐书·列传第一百三十四·宦官》："开元十六年，泷州首领陈行范、何游鲁、冯璘等聚徒作乱，陷四十余城。……割据岭表。诏思勖率永、连、道等兵及淮南弩手十万人进讨。兵至泷州，临阵擒游鲁、冯璘，斩之。行范潜窜深州，投云际、盘辽二洞，思勖悉众攻之，生擒行范，斩之。斩其党六万级，获口马金玉巨万计。"

永、道、连为瑶族聚居之地与淮南弩手10万人，这里有大量的瑶族弓弩手，平乱后他们驻西江流域及广东西部地区。

综观以上各篇材料，说明"宋至元代，湖南瑶族大量向两广边境迁徙"的论点是疏误之说。

## 第五节　岭南蛮越北迁

在研究瑶族先民向南迁徙的过程中，却发现了在古代岭南蛮夷百越向北的迁徙，到武陵、五溪地区，甚至到达荆襄，这就为人们提出古代民族的迁徙融合与不断组合的问题。

### 一　骆越人徙到荆襄

《后汉书·吴盖陈臧列传第八》卷18载："十一年，将兵至中庐，屯骆越。"李善注曰："中庐县名，属南郡，故城在今襄州襄阳县南，盖骆越人汉初徙于此，因以为名。"

宋《舆地广记》卷8谓："中卢县，故卢戎国。"宋《太平寰宇记·襄州》载："襄阳本汉阳旧县，属南郡。《州郡志》云：襄阳本汉为中庐县、汉初，徙骆越人居之，荆豫二州界，（风俗）人多偷堕，信鬼神，崇释教。"

骆越，《史记·赵世家第十三》卷43："夫翦发文身，错臂左衽，瓯越之民也。"《正义》按："属南越，故言瓯越。"《舆地志》云："交阯，周时为骆越，秦时为西瓯。"南越及瓯骆皆芈姓也，《世本》云："越，芈姓也，与楚同祖。"是也。

是否吴芮之将梅鋗所领百越之众，高祖攻南阳遇梅鋗偕攻析郦，及后高祖以鋗率百越从入武关。摇毋余以越队将，从破秦，入汉定三秦，是否在取得胜之后，将部分百越士卒徙居于此。

《三国志·吴书七》卷52载："延康元年，权遣吕岱代骘，骘将交州义士万人出长沙。会刘备东下，武陵蛮夷蠢动，权遂命骘上益阳。备既败绩，而零、桂诸郡犹相惊扰，处处阻兵；骘周旋征讨，皆平之。"交州义士万人，为岭南俚僚（其先百越），三国时出至长沙、益阳、零陵、桂阳，说明古代民族迁徙与军事行动有很大关系。

### 二　乌浒（俚僚）徙至武陵

宋《太平寰宇记》卷118载："叙州，秦黔中郡，汉武陵郡，即舞阳县地。"《荆州记》（南朝宋盛弘之撰）"舞溪僚浒之类，其县人但羁縻而已，溪山阻绝。又舞阳乌浒万家，能鼻饮。隋于此置辰州。"卷 120 谓："今辰、锦、叙、奖、溪、澧、朗、施八州，即秦黔中郡地，土产连头僚布。"卷 122 又谓："沅州，战国楚黔中县地，秦置黔中郡，其地又属舞阳县地，属武陵郡。《荆州记》云：舞阳县，北拒天门溇中县，南极邵阳、武冈，西接宁州牂牁，在舞水之阳。开皇九年，省入辰溪县。《荆州记》云：舞阳有詹长，新丰二县，其乌浒万家，噉鼠蛇之肉，能鼻饮。"

乌浒为岭南俚僚，《后汉书》载："建宁三年冬，郁林乌浒已相率内属。"《太平寰宇记》卷 165 载："郁林州，境亘宁越，乌浒之民，食槟榔，故南中有雕题黑齿之俗。郁林县，汉广郁地，属郁林郡，古西瓯骆越所居，汉谷永郁林太守，降乌浒人十万，开县七。"

而宋《舆地纪胜》卷 110《广南西路·贵州》载："郁林县（沿革）古西瓯骆越地，秦平百越，虽立郡，仍以骆越名之，贵州为桂林南境。（《通典》）人性轻悍，而椎髻箕踞乃其旧风（《隋志》）又郡北连山数百里，有俚人皆乌浒诸夷，率一同姓（《异物志》）乌浒南夷之别名，巢居鼻饮，后汉谷永为郁林太守。广郁古西瓯骆越所居，灵帝建宁三年，以恩信招降乌浒人十余万，内属。"卷 113《广南西路·横州》载："（风俗形胜）三梁故地，乌浒所巢，宁浦县东地六十里，有乌蛮人居此。"

《荆州记》为南朝宋盛弘之撰，记述在舞阳有乌浒万家。而舞阳是盘瓠子孙，莫瑶所居之地。宋《舆地纪胜·沅州》卷 71 载："服章多以斑布为饰。（景物上）莫瑶，（古迹）盘瓠子孙。《荆州记》沅陵酉口，在上就武阳乡，惟此是盘瓠子孙，狗种也，二乡在武溪之北。"

因此，武阳之地，居住岭南俚僚乌浒之族，其图腾信仰，是龙犬盘瓠。在南朝宋人著作已称有"乌浒万家"，其先必在秦汉之际徙居于此，而后称之莫瑶，此为值得深入探讨的课题。

# 第六节　瑶族种植水稻的探讨

农业生产是瑶族社会经济结构的主要部分，水稻生产的发展，是瑶族定居的主要条件。《瑶族史》认为瑶人传统的生产方式是刀耕火种，"食尽一山，复徙一山"。上篇已初步分析了其疏失，今着重讨论瑶人种植水稻的历史状况，以加深对瑶人传统生产方式的认识。

## 一　宋代瑶人农耕种田的状况

我们从《宋史·蛮夷列传》卷494所记载的史料看，瑶人已从事耕种稻田。"绍兴六年，知鼎州张觷言：'鼎、澧、辰、沅、靖州与溪峒接垠，祖宗时尝置弓弩手。'帅司言：'营田四州，旧置弓弩手九千一百一十人，练习武事，散居边境，绥抚蛮夷，平居则事耕作，缓急以备战守，深为利便。'"此为瑶人营田守边的弓弩手，靖康初，调发河东，全军陷没，建议重新设置，定为3500人，"分处要害，量给土田，训练以时，耕战合度，庶可备御"。说明鼎、澧、辰、靖州瑶人营田戍边，耕田种地，从事农业生产。

隆兴初，右正言尹穑言："湖南州县多邻溪峒，省民往往交通瑶人，擅自易田……宜诏湖南安抚司表正经界，禁民毋质田瑶人。"十一年诏"禁民毋质田瑶人"，说明瑶人已有土地买卖、租佃与典当。

嘉定五年，臣僚上言："辰、沅、靖等州旧尝募民为弓弩手，给地以耕，俾为世业，边陲获保障之安，州县无输转之费。"七年，臣僚复上言："辰、沅、靖三州之地，多接溪峒，其居内地者谓之省民，熟户山瑶峒丁乃居外为捍蔽。其初，区处详密，立法行事，悉有定制。峒丁等皆计口给田，多寡阔狭，疆畔井井，擅鬻者有禁，私易者有罚，一夫岁输租三斗，无他徭役，故皆乐为之用。边陲有警，众庶云集，争负弩矢前驱，出万死不顾，比年防禁日弛，山瑶、峒丁得售私田。"由是可见，计口给田瑶人，营田守边，显然是从事农耕。"平居则耕作，缓急以备战守"。而瑶人"得售私田"与"禁民毋质田瑶人"反映了土地买卖与典当（质田）在瑶人与民间进行，说明瑶人社会已进入封建的经济私有制。据《永乐大典·湟川志》载（南宋）连州主户2628户，客户291户，瑶峒36计455户，11户系佃。连山瑶峒6，计33户。粤北连州瑶人与梅山瑶人同时有主客户的存在，特别写明佃户口户，说明了宋代瑶人已步入封建经济，而不是"食尽一山，复徙一山"的原始生产方式。

## 二　瑶族先民耕田种稻的史实

史籍中有不少记载瑶族先民从事农耕的史料，《后汉书·南蛮西南夷列传第七十六》载:"以先父有功,母帝之女,田作贾贩,无关梁符传、租税之赋。"田作,就是农耕种田。《后汉书》卷76《循吏列传第六十六》载:"含洭、浈阳、曲江三县,越之故地,武帝平之,内属桂阳。民居深山,滨溪谷,习其风土,不出田租。"可见粤北曲江三县之蛮夷,是农耕种田,"不出田租"。《后汉书》卷5载:"九月,调零陵、桂阳、豫章、会稽租米,赈给南阳、广陵、下邳、彭城、山阳、庐江、九江饥民。"这里说明瑶族先民零陵蛮、桂阳蛮耕田种水稻,始有"租米"调出赈饥。《襄阳记》曰:"魏时夷王梅敷兄弟三人,部曲万馀家屯此……有水陆良田,沔南之膏腴沃壤,谓之柤中。"(《三国志》卷56)柤中蛮,亦属盘瓠蛮,为瑶族先民,耕种水陆良田。

《宋书·列传第二十五·刘道产》卷65载:"……仍为持节、督雍、梁、南秦三州……宁蛮校尉、雍州刺史、襄阳太守。……蛮夷前后叛戾不受化者,并皆顺服,悉出缘沔为居。"卷77《列传第三十七·柳元景》谓:"先是,刘道产在雍州有惠化,远蛮悉归怀,皆出缘沔为村落,户口殷盛。"足见蛮民农耕田地,安居聚成村落,而不是"食尽一山,复徙一山"的游耕生活,居无定处。

《宋书·列传第五十七·夷蛮》谓:"荆、雍州蛮……蛮民顺附者,一户输谷数斛,其余无杂调。"证明了瑶族先民荆、雍州蛮从事耕田种植水稻,而"一户输谷数斛"。蛮民耕种的田地,称之为蛮田。《宋书·列传第三十七·沈庆之》卷77谓:"去岁蛮田大稔,积谷重岩。"庆之的部队"自冬至春,因粮蛮谷"。说明蛮民种植水稻。《北齐书》卷22《列传第十四·李元忠》载:"太昌初,李愍出为蛮左聚居的南荆州刺史,愍于州内开立陂梁,溉稻千余顷,公私赖之。"瑶族先民蛮左立陂筑渠,灌溉稻田。

《隋书·志第二十六·地理下》载:"南郡、夷陵、竟陵、沔阳、沅陵、清江、襄阳、春陵、汉东、安陆、永安、义阳、九江、江夏诸郡,多杂蛮左,其与夏人杂居者,则与诸华不别。"就表示了南郡等14郡蛮左,其与夏人杂居者,已融化为汉人,其主要因素是这些蛮左已农耕定居,与诸华不别。

宋《方舆胜览》卷31沅州陶弼诗《寄新沅守谢麟诗》:"三千戍卒今无几,十万屯田古来耕。"沅州古为武陵蛮聚居之地,古立营田屯戍有10万。

宋《方舆胜览》卷 82 官吏上："王宠，守南郡，凿蛮水与木里沟灌田六千顷，沮中为天下膏腴。"沮中蛮，兴修水利灌田，耕种水稻，显然过着定居的生活。

### 三　岭南瑶族火耕水耨的史实

岭南新州和泷州在古代为瑶族聚居之地，唐刘询撰《岭南录异》新、泷等山田条载："新、泷州山田，拣荒平处，锄为町畦，伺春雨丘中聚水，即先买鲩鱼子散于田内，一二年后，鱼儿长大，食草根既尽，为熟田，及收鱼利及种稻，且无稗草，乃齐民之上术。"这里说明岭南瑶族先民已农耕种植水稻，定居于新、泷二州。

《宋史·许应龙传》卷 419 载："招捕司遣统领官齐敏，率师由漳赴潮截赣寇余党，距州六七十里曰山斜，峒僚所聚，丏耕土田，不输赋。"（山斜为畬族）史称"瑶为畬客"，丏耕田土，也是农耕种田。

宋《太平寰宇记》卷 166《岭南道》："贵州：故西瓯骆越地，秦为桂林（郡），汉改为郁林郡，今郁林县，（风俗）多何、腾、黄、陆等姓，以水田为业。又郡连山四百里，有俚人皆乌浒诸类。"

《广南东路·韶州》卷 90："（唐）徐中迁韶州刺史，韶州兵兴四十年，刺史以县为刺所，申按公田之蛮者，募人假牛犁垦。"牛犁耕垦，是系种植水稻，韶州为宋代瑶族聚居地。卷 92 连州：唐韩愈《送区册序》："县郭无居民，小吏十余家，皆鸟言夷面，以出租赋，奉其约。"时韩愈为阳山令，作是序，表明阳山瑶人从事农业，出租赋。

连州，古为瑶人聚居之地，唐元和十年刘禹锡为连州刺史，曾写下《畬田行》《插田行》等诗篇。《插田行》诗云："冈头花草齐，燕子东西飞。田塍望如线，白水光参差。农妇白纻裙……水平苗漠漠，烟火生墟落。"时瑶族有耕山锄岭种植畬田，也耕种水田。民国《连山县志》卷 5 瑶俗谓：（排瑶）"平居耕山力田，刀耕火种，颇为艰苦。"也说明瑶族"耕山力田"，反映了耕山畬，种水田的定居生活。

宋《舆地纪胜》卷 101："德庆府，（风俗形胜）男子耕农，种禾稻苎麻，好桑蚕绩织，民有畜。"德庆为瑶族聚居之地。

南恩州：宋《舆地纪胜》卷 98《南恩州》谓："东南水凑大海，巉百馀里，环山遶水，襟岩带洞，夷僚什居，其地下湿，宜稻。"（《春州

记》）

卷 123 贺州："去州二十里深山大泽间，多瑶人所居，民俗耕种，虽无积聚，亦不饥寒，（图经）贺之为州士知为学，民知力田，虽溪洞蛮瑶，亦皆委顺服役。"说明瑶人营田戍边。

宋《舆地纪胜》卷 113："横州：横居广右，地隘民贫，西接瑶峒，俗为种田。"

宋范成大《桂海虞衡志》："瑶，本盘瓠之后，其地山溪高深，椎髻跣足，衣斑斓布褐，名为瑶而实不供征役。各自以远近为伍，以木叶覆屋，种禾、黍、粟、豆、山芋，杂以为粮，截竹筒而炊，暇则猎山兽以供食。""瑶之属桂林者，兴安、灵川、临桂、义宁、古县诸邑，山谷间，稻田无几，天少雨，稑种不收，无所得食，则四出犯省地，求斗升以免死，沿边省民与瑶犬牙者，风声习气及筋力技艺略相当，或与通婚。"反映瑶人种稻，虽稻田少而种山畲黍、粟、豆、山芋等旱粮作物的农耕生活。

又谓："乾道九年夏，遣吏经理之，悉罢官军，专用边民，籍其可用者七千余人，分为五十团，伍籍遂定，保障隐然。既数月，诸瑶团长袁台等数十人，诣经略司谒谢，其略云，某等已充山职，今当钤束男姪。"充分反映瑶族聚族定居。

元代，沿宋营田戍边之制，募民立屯，号土著民屯徭户《元史·列传第四十九·刘国杰》卷 162 谓："元贞元年……辰、澧地接溪洞，宋尝选民立屯，免其徭役，使御之，在澧者曰隘丁，在辰者寨兵，宋亡，皆废，国杰悉复其制，班师。继又经画茶陵、衡、郴、道、桂阳，凡广东、江西盗所出入之地，南北三千里，置戍三十有八，分屯将士守之，由是东尽交广，西亘黔中，地周湖广，四境皆有屯戍。"是屯田定居。

《元史·志第四十八·兵三》卷 100《屯田》载："赣州路南安寨兵万户府屯田……发寨兵及宋旧役弓手，与抄数漏籍人户，立屯耕守，以镇遏之，为户三千二百六十五，为田五百二十四顷六十八亩。"《汀、漳屯田》："世祖至元十八年……置立屯田，命管军总管郑楚等，发镇守士卒年老不堪备征战者，得百有十四人，又募南安等县居民一千八百二十五户，立屯耕作。……摘拨见戍军人，每屯置一千五百名，及将所招陈吊眼等余党入屯，与军人相参耕种。为户汀州屯一千五百二十五名，漳州屯一千五百一十三名。为田汀州屯二百二十五顷，漳州屯二百五十顷。"诏汀、漳畲民立屯而为徭户。故此后有汀漳瑶人出现于史志，而谓"瑶人一名畲客"。陈吊眼为畲民首领，其余党皆畲人。入屯耕守，而为徭户，称之为瑶。《永州府志·户口》卷7载："道州土著民屯徭户38644……"（见《徭户》）

《续资治通鉴》载："仁宗皇庆元年，其岭表要害，因募土人从戍。"即募土人立屯，营田戍边。雷州路1566户，高州路948户，化州路843户，廉州路60户，田雷州165顷51亩，高州45顷，化州55顷，廉州四顷88亩。这也说明此四州屯田之瑶户是定居，从事农耕。

"广西二江道宣慰司都元帅，成宗大德二年，黄圣许叛逃之交阯，遗弃水田五百四十五顷，部民有名吕瑛者，言募牧兰等处及融、庆溪峒瑶僮民丁于上浪、忠州诸处，可屯耕种。"这也反映了瑶人耕种水田，屯田守边的定居生活。

《元文类·杂著·招捕》载卷31："（宋）至治二年，广西宣慰使燕牟言，瑶族非一，生于深山穷谷者，谓之生瑶，野处巢居，刀耕火种，采山射兽以资口腹，标枪药弩，动辄杀人。其杂处近民者，曰熟瑶，稍知生理，亦不出赋。又有撞瑶，则号为兵官，守隘通道。自宋王太守始募熟瑶，官供田牛以耕，此役至今因之。"此反映了一种未入版籍的生瑶与从事农耕定居，入版籍营田守边的熟瑶。

道光《阳春县志》卷4载："陵云翼平定罗旁乱，四阅月克巢五百六十，俘斩、招降四万二千八百余人。万历四年，立东安县，割阳春之云廉十一峒瑶田税米五百九十四石二斗零十合，奏之以为县。"说明明代瑶族聚居种田与垦山为活。

道光《廉州府志》载："合浦永平司有瑶军田一百四十四顷一十八亩八分七厘。"表明瑶人屯戍耕守。《古今图书集成》卷1410《柳州府风俗考》载："《府志》山高水深，地瘠民贫，民仅二三，瑶僮居其七八，去城十里则有僮，五六十里则有瑶佷伶俐之属，皆盘瓠类，不知礼法，蛮悍难制，其俗架板巢居，下顿牛，三时耕作。"此反映柳州瑶人种田牛耕，三时耕作，板屋的定居生活。

## 四 瑶族文献有关种植水稻的资料

广东乳源瑶族自治县的瑶族，属"勉语"瑶，它与湖南、广西瑶族一样，在还愿拜王时，必须唱《盘王歌》。此歌分 24 段歌词的细歌与 36 段歌词的大歌，据说唐宋时成型，历代有所增益，歌词中不少是歌唱其先民耕作种植水稻的篇章。由是可知，其先民已于唐宋栽植水稻，从事农业生产，过着定居的生活，兹摘录于下：

《黄沙曲》："廿四后生尽思量，入山砍竹架车梁（水车）。架得车梁了，运水灌田秧。"即架设水车，灌溉稻田。

《歌新》："正月托锸踏旧塞，二月托锄打旧塘。三月犁田下谷种，四月撩乱插田秧。五月担锹着田水，六月话来又半年。七月看禾禾上节，八月看禾禾带花。九月看禾满垌熟，十月担禾入大仓。十一月家家舂白米，十二月担米送官粮。"这是耕种单造田。

而《歌春》详细地叙述了种植水稻的每一项工作：作田（犁耙田）—播谷种—看秧—执秧（除秧田杂草）—扯秧—织擂（担秧的竹箕）—插田—耘田—看水（灌溉）—塞水—收割。歌词唱道："扯秧了，姊妹相邀去担秧，大哥又话粳秧短，小哥又话糯秧长。""担秧了，姊妹相邀去耘田……七月担锹看田水，得见田干双泪流。姊妹相邀去塞水，塞断江河灌满田。"

乳源瑶族在春耕开始时，要拜庙问神祷告，其《请庙》保禾苗祷词谓："春季以来，带有黄牛牯牛，翻烂四角坪田水土，夏季以来，分秧化散，插田已满。秋季以来，红花带（戴）帽。冬季以来，丰粮大熟……"

在连南八排瑶的歌谣里，也有关于农时季节及种植水稻的歌谣，如《十二月歌》："三月清明并谷雨……不民左铜犁嫩贵也，右手不民拿了伯犁嫩娄了……唔等十零二十乃，禾种下水，谷种下泥面，唔等十零二十乃，讲一乃出阿苗，十乃出二叶，青苗现现出得样。""六月小暑及大暑，六月早禾唔等小暑讲禾黄了对，谷第黄了间。""九月十月乃，禾黄时了，谷黄尾了。"歌词大意为：清明谷雨犁耙田，下谷种，播种下去十多天出了芽，十天出了两片叶，青苗长得很好。六月是小暑及大暑季节，六月早禾（即上造）不到小暑便禾黄谷熟了。晚造九月尾十月初，谷穗就黄到尾，谷熟宜收割。

《隋书·地理志》载，熙平郡有莫瑶，连州属熙平郡，唐刘禹锡为连州刺史，曾作《插田行》诗，与此连南八排瑶歌相对比，说明唐宋连州瑶人已种植水稻，过着定居的生活。

# 第七节　瑶族有定居与随山迁迤不定居者

瑶族族源是多元的，其居住环境多在丘陵山谷，大多是从事农林业生产，史书叙述往往称之刀耕火种，垦山种畲。宋《舆地纪胜》卷115："宾州，巢居崖处，尽力事农。澄江洞，瑶人所居，无田可耕，惟恃畲田，刀耕火种，造楮为业。"这反映了瑶人的定居生活。卷59《宝庆府》载："章子厚《开梅山诗》人家迤逦见板屋，火耕硗确名畲田。"卷92《连州》唐刘禹锡《畲田行》："何处好畲田，团团缦山腹。钻龟得雨封，上山烧卧木。……下种暖灰中，乘阳拆芽蘖。苍苍一雨后，苕颖如云发。"连州唐宋至今，仍居住着瑶人。

湖南《龙山县志》卷11《风俗》载："唐属溪州，明属永顺宣慰司。邑少田，居民赖山土为常产，冬日眡荒坂可垦处，薙草斩木纵火燎之，谓之烧畲，迄春加以锄垦，种蒔杂粮，甚硕蕃，足济每岁之食。"虽种畲种植旱粮，然岁以足食，未见其迁徙。《古今图书集成》卷648《石柱宣慰司风俗考》载："僻居夷落，习尚质野。人有巴、汉、蛮夷之殊音，地乃石多土少之瘠埌，伐木烧畲以种五谷。"亦未见种畲之民，随处迁徙之叙述。耕种畲田，靠天下雨，经过长时间的开发，引山泉涧谷之水灌溉，而成梯田，种植水稻。应该说大部分瑶人主要是耕山锄岭，农林结合，辅之采集狩猎而定居。营田戍边之瑶人，负耕守之责，其必是定居，而不会"吃尽一山，复徙一山"。湖南的平地瑶是以农耕为主，兼其他副业，过定居生活。

《新田县志》卷11《瑶峝》载："平地瑶聚族而居，饮食衣服，不异平民。高山瑶居深山穷谷，刀耕火种，黍粟豆芋，杂以为粮，伐木易谷，猎山兽以续食，上下险阻加途，岁首祭盘瓠，共十二峒瑶人，六十六户。各管山地西北面三十八里，土地疆域，南抵宁远东乡，西抵祁阳县东升三斗岭界，北抵常宁县南乡抱壶州界。"说明平地瑶过着定居的生活。高山瑶虽居深山穷谷，但他们的生活资料来源固定，各管山地有明确的地界，说明其生产资料的私有，显示其66户瑶人是定居。

而瑶人文献中有《评王券牒》，俗称《过山榜》，记述瑶人迁徙的历史，亦如汉人族谱，如湖南蓝山县荆竹公社瑶人保存的《过山图》："评王券牒山图，给付与瑶子孙，按照管山容（营）身，原系肇庆山头住，属南北二京，又至浙江山、山海山、福建山、湖南山、广东山、广西山、陕西山、四川山、云南山、贵州山，瑶王子孙，分流天下，任从安居，刀耕火种。"

"一十二姓瑶祖，原于南京七宝大洞会稽山，（肇）庆山分居，浮游过海，南北二京……陕西一带山林，任凭瑶姓望青采斩火种。以上三铁之地，原系一十二姓王瑶耕管，农民毋容涉占霸夺，任从瑶人来往青山，刀耕火种，描水开垦成田。"从文献中可看到瑶人刀耕火种，迁徙过山，若环境适宜，水源充足，也可将畲田、描水开垦成梯田而定居下来。

就广东乳源瑶族自治县而言，1949 年以前存在定居与随处迁徙（不定居）两种瑶人。据清同治《韶州府志》卷 11 载："韶属六封，曲江、乐昌、乳源、英德四县有之。一曰板瑶，采山为生者也。无板曰民瑶，或耕山，或耕畲，耕山者花麻不赋，耕畲者编户与民同。"说明了一种采山为生的板瑶，一种与齐民同的民瑶，民瑶显系定居。清康熙裘秉钫《乳源县志》载："瑶人一种，惟盘姓，八十余户为真瑶，别姓亦八十余户，今其种类繁矣，大都其性悍鸟言，今渐习华语，总计之有黄茶山瑶、内外西山瑶、大小水瑶、大东山瑶、乌石瑶、赤溪水瑶、牛婆洞瑶，其为黄茶，大东，赤溪瑶命曰板瑶，无板曰民瑶。或耕山，或耕畲，耕山者花麻不赋，耕畲者编户与民同。正德中，曲江油溪山瑶诱引为盗，本府通判莫相令其瑶总自擒斩之，后获宁息，至今原设瑶总甲，编入册籍。"也显示了耕畲（种田）定居的瑶与齐民同编入册籍，而另有黄茶、大东、赤溪板瑶采山为生，不定居。

清《皇清职贡图》谓："曲江县瑶人，居县属之西山，瑶妇髻贯竹箭，裹以花帕，重裙无裤，跣足而行，因妇人髻贯竹箭，故概名曰'箭瑶'。"谓："乐昌县瑶人，其服饰与曲江箭瑶相仿佛，瑶妇亦盘髻贯箭。"未见载随山散处迁徙无定之记载。民国《乐昌县志》载："九峰西坑者曰熟瑶，通力合作，故稻粱菽粟以自给。"足见曲江、乐昌瑶人为定居生活。

乳源瑶族自治县是以原乐昌、曲江、乳源三县相连的瑶山成立的，现瑶民有东边瑶与西边瑶之称，以南水河为界，住河之东称东边瑶，河之西为西边瑶。东边瑶又分深山瑶与近汉区的浅山瑶，均定居。西边瑶又称过山瑶或称流瑶。

东边瑶据赵姓家谱载已定居 20 世（至 1949 年），盘姓 19 世（至 1915 年），邓姓 21 世（至 1949 年）；而西边瑶邝姓，从始兴县搬至乳源县大东山，再迁徙到龙南兰厂，传 6 世（至 1949 年）几乎一代（一世）一迁。这也说明了瑶族一部分定居，一部分随山迁徙，相对来说，这是少数。而乳源瑶族，新中国成立前大部分是定居。

东边瑶与西边瑶语言基本相同，但其居住、生产、服饰、婚姻等方面则有较大差别，东西边瑶不通婚。

表 5 – 1

|  | 东边瑶 | 西边瑶 |
|---|---|---|
| 居住 | 聚居：每村寨 10 ~ 20 户或 30 ~ 40 户不等。 | 散居：3 ~ 5 户散住在一个山头。 |
|  | 定居：几百年居住本县瑶山，纵有搬迁均在县境。 | 不定居：居住 3 ~ 5 年，因山货资源枯竭即搬迁，不少是越县迁徙（食尽一山，复徙一山）。 |
|  | 房屋建筑：以石脚为基础，泥砖墙或用泥椿墙，杉木门窗，杉树皮盖顶（少数盖瓦），依山成排，屋内有厅室。 | 房屋简陋，编竹围成，盖茅草，单家独户，屋内无厅室之间隔。 |
| 生产 | 主要从事农、林、副业，农闲狩猎。有水田、牛、犁、耙。运输用布袋，斜背于肩。 | 主要从事采集（冬菇、蜜糖、药材）、狩猎，种植少量旱粮作物。无水田、牛、犁、耙。运输用绳结网袋，两肩背。 |
| 服饰 | 妇女穿过膝瑶服，胸前后缝有方块刺绣图案，重裙无裤，头戴船形高帽，竹箭褁以花帕，绑腿。男穿瑶服，胸前后有方刺绣图案，戴三角耳环，扎绑腿，头扎头帕。 | 妇女穿汉族女人大襟唐装，穿裤，头戴折叠布平帽。男穿汉族对襟唐装衣裤，不戴耳环。 |
| 婚姻 | 除直系（五服内）亲属外，同姓可通婚，不与汉人通婚。 | 同姓不通婚，可招汉族男子入赘。 |

西边瑶约占全县瑶族人口的 1/10，1949 年前他们以砍山为生，随山散处，迁徙无定。到 1949 年后才定居下来，政府拨山边田土给他们耕种，自成村落，每村 10 余户。

广东地方史志亦记载有定居与随处迁徙不定居的瑶人资料。

《粤东文海》卷 37（元）谢应元《新州宣慰使阿里元帅平瑶碑》载："岭以南郡新州、阳春、泷水居万山中，瘴疠甚，崛强居其间者为瑶人，不隶版籍，平居耕食自如，一出掠不可复禁（大德八年）。"平居耕食自如，反映瑶人定居。道光《肇庆府志》载（元）赵文趓《大田峒磨崖碑》谓："君子（山），洞内去江阳朝口口，谷登岁丰，中统间岁在庚申，苃禽诸峒俱系新昌左口群瑶杂居。"此碑也说明了君子山等峒瑶人谷登岁丰聚族定居。

清道光《肇庆府志》卷3载："（瑶人）在肇者，椎髻跣足，短衣斑褐，依深山而居，刀耕火种，以砂仁、豆、芋、楠、漆、皮、藤为利，至地力竭，又徙他山，其居中浅山者，饮食与齐民相近，谓之平瑶。"光绪《德庆州志》卷15载："瑶人种类不一，负山阻谷，依山而居，刀耕火种，一种居近山洞者曰平瑶，衣服饮食渐习齐民。"反映有定居的瑶人与采山地力竭则他徙居无常所的瑶人。

但也有从迁徙无定到定居的记载，民国《阳江县志》卷7载："瑶人所居，惟依林积木，刀耕火种为生，食尽一方则移居别境，来去无定。江邑自明永乐年间，瑶人黄福明率众归化，授抚瑶主簿，今散布村落，与齐民一体耕输，为寨四十有六，计五百五十九户。"这反映瑶民归附，授田以耕，与齐民一体耕输，听约束调遣，定居聚落成村寨。

湖南史志亦有记载瑶人定居与不定居者。

《靖州志》谓："瑶亦有高山、平地、过山、顶板、箭竿之不同。"也反映靖州定居的平地瑶人与不定居随处迁徙的过山瑶。

《郡县志》卷7《风俗》载："高山瑶系盘瓠之后，来郡年久，无凭稽考，衣服斑斓，以帕裹首，髻横竹箭七枝。平地瑶，饮食衣服与汉人同，其佃种力作营生，其先居江宁七宝山，分支湖南郴州之桂阳、桂东县。"

《永州府志》卷5载："永明周鹤《瑶俗志》谓，瑶有生熟，服王化供租赋者谓熟瑶。巢居深山，不隶版籍者谓之生瑶。生瑶有狗铃瑶、梳瑶、顶板瑶、箭竿瑶、燕尾瑶、盘古瑶。在永、道有高山、顶板两种，负山而居，男女挽髻，青衣缘绣，以木皮绊额系筐编偻而趋，种粟、豆、芋、薯、香菌以易食，数年此山，数年又别岭，无定居。顶板瑶，发上覆木板，膠以黄蜡，板若礜珠，累若缀旒，终岁乃一梳栉，梳则以发烘火，蜡融而板卸，穷一日之力始毕，实与箭竿一种，特装饰异耳。"反映定居的熟瑶与不定居的生瑶。

《江华县志》卷3《田赋》载："上水乡瑶粮141石4斗1升6合3勺6

抄 4 撮。新塘乡拨锦田所免交瑶田原额共 7 顷 97 亩 8 分 6 厘，每亩秋粮米 5 升 3 合 5 勺。编里，明永乐间归并四里后，嘉靖间又增二里，共旧编民瑶之里六。"说明该处瑶人已入籍编里定居。

上述材料中，平地瑶肯定是定居的瑶族，《永州府志》卷 5《新田县瑶峒》谓："平地瑶聚族而居，衣服饮食不异平民，而粮则瑶也，实属瑶籍，必有瑶牌。"

广西瑶族，亦有定居与随山迁徙不定居的瑶人，然大多是定居。《广西通志》卷 93《诸蛮》载："临桂县，率皆熟瑶，居三乡，男女挽髻，青衣缘绣，嫁娶丧葬颇近土民，有平地、大良、高山、过山之别。平地瑶散处村落，佃田佣耕，大良瑶习汉文与民杂作或通婚姻。高山瑶，架竹木葺茅而居，种粟芋豆薯，有蜂蜜黄蜡，香菌、山笋货以易食。过山瑶，数年此山，数年又别岭，无定居也。"

《防瑶五论》谓："瑶亦人也，其种落不一，男衣背有红织纹，女头裹红布者，谓之红瑶，白曰白瑶，黑曰黑瑶。男衣负花织纹，女头顶板者，谓之花板瑶。女头插箭三枝，以蓝布覆之，谓之箭竿瑶。随处迁徙，逢山开垦者，谓之过山瑶。居有定处，与民杂耕者，谓之平地瑶。平地瑶，熟瑶也。较为驯抚。富川之三辇、俐水、沙母、平石、龙窝、乌源、石鼓、南源、神源、二丸、凤溪、谷塘、大团、都家，恭城之黄塘、石盆、伸家、瓮塘、大源、高略、平源、四屯、垓里、马眼，平乐之大源、小源、九堡、四哨、莲塘、兰洞、蛇滩、驼口，荔浦之牛角、古累、龙殿、龙莫、桥头、金波、太平、龙枳、龙田、长汉、黄桑、假羊、茨菇、栗木、根长、院坪、枳冲、潮冲皆熟瑶也。修仁之六定、六断、三片、杨柳、寨堡、江军、长二、长滩、金秀、六那、金龙、流屯、八沙、六寺、掷妹、赤地山瑶也，亦不迁徙。永安之东平里八屯，龙定里十六屯，群峰里四十八屯与之不同。贺县大凝五十冲，大桂二十四冲皆过山瑶。犁头山为冲，十八冲过山瑶也。"(《湖南通志》卷末之二) 此说明大部分瑶人定居，小部分瑶人不定居，随山迁徙。

《浔州府志》卷 54《民俗》载："桂平民瑶杂处，田少山多，多以耕凿为业。"反映居住山区定居耕种为生的瑶人。

清雍正金鉷《广西通志》谓："瑶者，徭也，粤右土著，先时就抚，籍其户口，以充徭役，故曰瑶。"土著入版籍，授田以耕，营田守边，就说明了其为定居。而广西明、清史志记载流移迁徙无定的瑶人，多称之为山子。《广西通志》卷93载："山子，即夷僚之属，其俗语言与华不同，男妇皆徒跣短裳，就山伐木，镟为盆盎锅盖鼓鞋之属，入城贸易。""贵县山子，居深山，不赋不役。芟草刊木，善射猎，得虎则输官，亦称瑶人。""桂平县，俍瑶杂处，又一种号为山子，皆盘姓，辟山种植，揄取禽兽而食，尝其土淡则迁去。""宣化县瑶，一名畲客，有四姓，盘、蓝、雷、钟，男女皆椎髻跣足，结茅而居，刀耕火种。""横州，山子散居震龙，六磨诸山，无版籍定居，惟斫山种畲，镟木器，射兽而食之，男女皆徒跣。""隆安县瑶，谓之峒人，犹他县之称山子也，无版籍，穴处岩窦，耕樵猎兽而食。""怀远县，耕田纳赋谓之住瑶。种山而食，去来无常，谓之流瑶。"

《古今图书集成》卷1410《柳州府部风俗考》载："象州，武宣县，山内又有瑶人，山子二种。瑶人深住山中，山子不事耕作，善药弩攻猎为生。"卷1426《平乐府风俗考》载："瑶有数种，有熟瑶，生瑶。熟瑶与州民犬牙，或通婚。又有山子夷人，无版籍定居，惟斫山种畲镟木盘锅，射兽而食之，食尽又移一方，男女皆徒跣。"卷1438《浔州府风俗考》载："瑶僮杂居山谷中，衣租食税，自为酋长，有内瑶、外瑶、僮贼，山子之别。山子皆姓盘，称盘瓠后，不食粮田，惟辟山种植，揄取禽兽而食，尝土淡则迁而去之。"而《浔州府志》卷54则谓："山子亦瑶类，善种山，一名过山瑶，无版籍，穴野处，过山耕种一二年，视地力辄去。桂平山子多盘姓，按山子居深山，伐木种地。"《南宁府志》卷40载："山子无版籍定居，斫山种畲，或冶陶瓠为活，田不粪，不晓火耕，耕一二年视地力尽，辄徙去，又谓之山瑶。"

刀耕火种，垦山种畲的瑶人，有的也不一定居无定处，随处迁徙。《天下郡国利病书》卷104载：莫瑶，号曰山民，本瑶僮之类，随溪谷，斫山为业。岭南海北人呼为白衣山子，钦廉迩来亦有垦田输税于官，愿编户者。即遇环境改变，亦可从不定居而定居。同样，有定居的瑶，由于战乱，逃亡而徙他处，丧失生产资料，刀耕火种，随山而居，"食尽一山，复徙一山"。明刘时徽《江华旧志》曰："麻具、两江瑶，多以盘为姓，原因广西大征逃来避此，占据税山。"

最早记载瑶人刀耕火种，随山迁徙的史籍宋朱辅《溪蛮丛笑》谓："山瑶穴居野处，编茅以庇风雨，转徙无定，去则火之，灸地使铙，叠石为记，一二年乃复来，谓之打寮。"居住南方丘陵地区的瑶族，田少山多，多以耕山垦畲，刀耕火种。有些逐步改善水利，辟为梯田，多数定居。不能把"刀耕火种"的生产方式说成是"食尽一山，复徙一山"，迁徙无定。也不能把"刀耕火种，食尽一山，复徙一山"说成是瑶族大规模迁徙的主因之一。本人下放乳源瑶族自治县凡19年，大部分时间在瑶山，瑶族的生产主要为耕种梯田，种植水稻。田少山多，农林并举，垦山种畲，种旱粮薯豆，间种杉树苗。三年地力薄，冬季又在另一面山辟斜炼山，开春锄为畲地种植，如是一山复一山，林粮间种。若干年后，杉木成材砍伐之后，冬天放火炼山，春又回到原山垦畲种植，犹如《溪蛮丛笑》所谓"打寮"，复来旧地，轮回间作。然大部分瑶族聚族而居，自成村落，少者十五六户，多者三四十户。在村寨周围数十面大山轮流林粮间种，而史志亦谓其刀耕火种。

综上材料，瑶族大规模迁徙是由战乱、天灾水旱、饥荒瘟疫或调遣屯戍造成的，以其刀耕火种的生产方式造成的大规模迁徙则未见史载。

## 第八节　连阳八排瑶刀耕火种长期定居粤北山区

《隋书·志第二十六·地理下》载："长沙郡又杂有夷蜒，名曰莫徭……武陵……熙平皆同焉。"时熙平郡领连州、连山、阳山、宣乐、游安、武化、桂岭、开建。连州、连山、阳山居住莫瑶。唐永徽初，王晙为连州刺吏，"民瑶安之"（《连州志》卷6）。元和十年（公元851年）刘禹锡为连州刺史，作《莫瑶歌》《连州腊日观莫瑶猎西山》等诗篇（《全唐诗》卷35）。"（宋）康定中，林概以大理丞出知连州，时州数被流贼，概选土民为兵，栅要冲购瑶人使御之，由是贼不敢犯"（清雍正《广东通志》卷39）。

"（宋）庆历三年（1043）桂阳监蛮瑶内寇，诏发兵捕击之，蛮瑶者，居山谷间，其山自衡州长宁县……庆历七年，连州山下，招降瑶人，诏补唐和、盘知谅、房承映、承泰、文运为峒主"（《宋史·蛮夷列传》卷693）。今连阳八排仍有盘、唐、房三姓瑶人。

南宋《湟川志》载："连州主户2628户，客户291户，瑶峒31计455户，11户系佃，连山瑶峒6计33户。"（瑶峒名见前《永乐大典》卷

11907）

1984 年 10 月 16 日，收集到连南香坪房老比公收藏的明崇祯岁戊辰（1628）冬立林香花大平脚房君法香七郎抄本《八排断券》："给评皇券牒防身，改免身丁夫役，如字号券牒一道符照，右给符瑶人十釜，唐、房、李、龙、盘、许、沈、赵、邓、陈子孙永远执照准此。景定元年十月二十日给照。"其所载四至与《湟川志》载瑶峒范围基本一致，八排十釜姓氏至今仍住连阳地区，唯现不见有陈姓瑶人，可能是已汉化。

以上说明连阳地区自隋唐至宋一直居住着瑶人。

元代，《元一统志》卷 8 载："清远地方与莫瑶犬牙相错。"连阳与清远相邻，元初，湖广行省左丞刘国杰，"击破萧大僚三千八人于桂阳之阳山"。（元《黄学士文集·刘国杰神道碑》）阳山、宋属连州，元立为桂阳州，隶湖南道宣慰司，后隶广东道，领县阳山。元黄潜《文献集·孔君墓志铭》卷 9 上：桂阳"州民与蛮瑶杂处"。

《永乐大典》卷 11907 载："连州：元朝混一区宇，外乡之边瑶峒者，时遭剽掠，往往流散逃亡，如桂阳之同冠，阳山之通儒。""近年以来，阳山则困于瑶峒。"

明洪武十五年（1382）"南雄侯赵庸计平阳山瑶寇"。（明嘉靖黄佐《广东通志》卷 67）

凌锡华《连山县志》卷 14 载："洪武十五年，邑始有瑶寇，南雄侯赵庸，申国公郑镇先后讨之。当是时，连山多故，内而流贼蜂起，外而僮人寇，排瑶犄角其间，互为声援。"

从史籍记载与八排瑶人珍藏文献记载，说明隋唐宋元明清连阳地区都居住着八排瑶及其先民。1987 年 12 月，收集到军寮排李打米保存的《军寮排分界书》："明朝皇分天界地界，分天断，地断，分出军寮地土山间，东至白面峰，南至白芒洞，西至塘基虎叉塘，北至太执黄计郎间关……四至明白断，明永乐辛丑十九年八月初一日立，李都钰、唐十二公、房法时四公、李十二公、沈十四公、文李莫埋婆。"军寮排为八排之一，其立下排之界址，以免日后山岭田地之纷争。

明清八排瑶之情况见清初连山令李来章著《连阳八排风土记》。

1989 年，在连南瑶族自治县大平脚村，收集到房郎界堂公藏《房氏年命书》（即汉人称之族谱），其内分：（1）房氏年命记古传，概述其祖先从淮南迁岭南的过程。拜请淮南祖师主，岭南门下本师爷，东道广，火山佳，英德水，阳限底，连州渡马坪寨，后来耗道州佳，桂州府，弟计靴大雾山，票连州交长坪、大陂门、高良路水、小利坪、州李埂。南北朝大明二年（公元458年）戊戌房君法成九郎记。（2）祖先淮南迁岭南十一世法名，房十四公大王、房十五公大王（淮南门下祖师主）、法进六公大王、法传四郎（岭南门下祖师爷）、法卯五郎（英德水）、法嫩十郎（阳限底）、法章七郎、法周八郎（连州渡马坪寨）、法能九郎、法银十郎（道州）、法仙十一郎（大雾山）、法成九郎（连州）、戊戌法成九郎记。（3）高良洞八世法名：一世法成九郎，生东晋义熙十年（公元416年）丙辰，享寿60岁，殁于己卯〔南朝宋元徽三年（公元475年）〕葬小利坪，婆盘氏娘……八世良君法福六郎，生于隋大业辛未（公元611年），享寿59年，殁于唐总章元年（公元668年）戊辰，葬州李埂。（4）旺埂（黄耕）十二世法名，九世房君法应七郎，年命庚子（唐贞观十四年，公元640年）享阳寿50岁，卒于戊戌年，葬旺埂……二十世房君法今四郎，年命庚子（后唐天福五年，公元944年）。宋开宝七年，房君法今四郎记。（5）从旺埂分八寨（原题罗隐破落旺埂寨）庚申年（唐开成五年，公元840年）房弟三郎记。"旺埂良勇保九李十姓，保黄表亚佳……天宝年间辛卯，旺埂良勇三百六十家民户，二千民丁，大勇变四勇，大排变四排……归花米散计山。"大意为当时居住旺埂的有黄、蒙、房、李、盘、沈、龙、陈、吕、许十姓人，共一个庙堂，有360户，2000人丁。天宝十年，被仙人点破风水，不得不分居，大寨变小寨，分成八寨，一庙分成八庙，如草芒花种子。（6）油岭十六世法名，二十一世，房君法才三郎，生于北宋乾德五年（公元967年）丁卯……三十六世房十海公，生于至正十四年甲午（1354）房十佑公，生于至正二十五年（1363）癸卯，明宣德五年（1430）庚戌房君法灵九郎记。（7）房氏油岭遭难记。（8）军寮五世法名：三十七世房君法龄九郎，生于明洪武十七年甲子（1384）……四十一世法佐四郎生于明嘉靖四十四年乙丑（1565），房十佑公现住香坪支系裔孙房泽荣（1990年68岁）称其祖房十佑公迁军寮住五代，迁大掌住三代，香坪住十一代，共十九代，其始祖一世起计起总共五十七世。

我们同时收集到香坪沈计明收藏的《沈氏祖先元命书》两份（民国三年十月订），列其祖名56人。收到新寨盘氏祖名53人（民国三年盘参清抄）均未列明世系，而房氏一世房君法成九郎，其妻为盘氏，以此对照，盘氏在连州开基亦传至五十余代。房氏三世房君法旺一郎，其妻沈氏，则沈氏在连州定居亦传五十余代。三姓族谱记载，基本一致，即八排瑶之先民在连州定居历史悠久。

从《隋书·地理志》记载熙平郡莫徭，唐刘禹锡《莫徭歌》《宋史蛮夷列传》连州瑶人记载，宋《湟川志》连州连山瑶峒，再加《房氏的命书》佐证，八排瑶先民一直定居于连州地区（连州、连山、阳山）。他们农林并举，耕山锄岭，种畲造梯田，可谓刀耕火种，而他们是入版籍定居，其子孙繁衍分布连州、连山八排一百三十余冲。

清姚柬之《连山绥瑶厅志》卷4《风俗》载："男穿耳带环，以五色绿珠鸡毛饰髻（椎髻），女袒胸，戴白垫角巾者，曰排瑶。以三角板系髻上者，曰带板瑶。髻上带长笋一枝者曰带箭瑶。板瑶、箭瑶种不蕃，排瑶最大，刀耕火种，凿岩而居，种类繁息，分散溪谷，然各有分地"，八排，每排均有数百户，南岗排564户，总人口1722人。（1951年4月人民政府发放寒衣粮食统计数字，即新中国成立之初数字）显示其定居之状况。

# 第六章　瑶族宗教信仰的探讨

瑶族来源是多元的，在经历了漫长的历史变迁，民族迁徙交往后，其宗教信仰各地亦有差异，必然出现多神信仰——信巫、信佛、信道。

瑶族宗教信仰是在古代自然崇拜信巫的基础上发展而来，在迁徙、融合的过程中，吸收道教、佛教的一些科仪、榜牒、符咒等内容来完善充实自己的宗教活动，形成了瑶族独特的民间信仰。

## 第一节　以盘古为核心的祖宗崇拜

瑶族信仰多神，而对于神灵的层次体系也不很清楚，但是他们以盘古王（盘古皇）为最受崇拜的神灵，具有保护他们生产、生活、财产的祖宗神，位于各神之首，表现出盘王在瑶人心目中的重要地位。

瑶族祀盘古（瓠）有悠久的历史，《后汉书》载："高辛氏有犬名曰盘瓠为帝除犬戎之寇，咬杀吴将军头造阙下，立功受赏，帝妻之以少女，盘瓠负女走入南山，经三年，生子女十二人，盘瓠死后，自相夫妻，其母后归，以状白帝，于是迎致诸子，赐以名山广泽，其后滋蔓，号曰蛮夷。以父有功，母为帝女，田作贾贩，无关梁符传租税之赋。"蛮夷周代称之荆蛮，为瑶族先民。据瑶族《过山榜》记载："盘瓠死后，评王即传下敕旨，叮嘱男女莫违孝道，敕赐龙犬盘瓠为始祖盘王……自今许后，三年一庆，五年一乐，聚一脉男女，生熟俵散，摇动长鼓乐（祭祀歌乐盛会）务使人欢鬼乐，物阜财丰。"以皇帝旨令形式规定世代祭祀盘王。相传瑶人迁徙过海时，遭遇风暴恶浪，祈求盘王保佑而脱险生还抵岸。瑶人视盘王为救世主，是超时空的守护神，是拯救瑶人苦难的永恒力量，是至高无上的万物创造主。瑶人以特有的还愿歌堂拜王的民族宗教祭祀仪式祈祷盘王赐福

"人寿年丰"，世代相传至今。

晋郭璞《晋纪》载："糅杂鱼肉，叩槽而号，以祭盘瓠，俗称赤髀横裙，即其子孙也。"其《搜神记》又载："用糅杂鱼肉，叩槽而号，以祭盘瓠，其俗至今。"即晋代之前，瑶族先民已有祭盘瓠之俗。

《唐书》黄国公册："安昌者，盘瓠之苗裔，世为巴东大帅，与田、李、向、邓各分盘瓠一体，世传其皮盛以金函，四时致祭。"（《永乐大典》卷2259）

唐刘禹锡元和十年为连州刺史，连州为莫徭聚居之地，作《蛮子歌》："蛮语钩辀音，蛮衣斑斓布。熏狸掘沙鼠，时节祠盘瓠。"

宋郑伸《桂阳志》载："峒瑶斑其衣，言语侏离，称盘王子孙。"

宋《桂海虞衡志》云："岁首祭盘瓠，杂鱼肉酒饭于槽，扣槽群号以为礼。"

宋周去非《岭外代答》载："瑶人每年十月，举峒祭都贝大王，于其庙前会男女之无夫家者，男女各群连袂而舞，谓之踏瑶。"今连南瑶族自治县八排瑶"耍歌堂"，即此俗也。"都贝大王"今莫能考，有人推测"十月朔祭都贝大王"，都贝大王是汉语记瑶音，很可能是始祖盘王。

宋《溪蛮丛笑》载：瑶人"十月朔日，各以聚落祭都贝大王，男女各成列连袂相携而舞，谓之踏瑶"。此种活动亦是今瑶族盘王节的早期形式，而盘王节是每年的农历十月十六日，内容是聚会男女打长鼓、唱歌、跳舞以祭祀盘王，两者的时间内容都相同。

清光绪《湖南通志》卷40载："荆湖南北路，以十月十六日为盘古氏生日。"

清屈大均《广东新语》卷7《瑶人》谓："礼祀其先祖狗头王（盘瓠），以小男女穿花衣，歌舞有侑。"《永州府志》卷5下《瑶俗附》："岁昔祭盘瓠，击腰鼓，吹笙等为乐。"瑶人相传其为龙犬之裔，奉祀盘瓠为始祖，由于瓠、古音谐，故称之盘古。

汉族有祀盘古的传说，盘古开天辟地，三国徐整著《三五历记》谓："天地浑沌如鸡子，盘古生其中，历八千岁，天地开辟，阳清为天，阴浊为地，盘古在其中，一日九变，神于天，圣于地，天日高一丈，地日厚一丈，盘古日长一丈，如此万八千岁，天数极高，地数极深，盘古极长，后乃有三皇。"梁任昉《述异记》谓："（盘古）泣为江河，气为风雷、喜为晴，怒为雨。"

饶宗颐先生在《东汉蜀地绘盘古的壁画》引《唐益州学馆庙记》："至东汉兴平元年……名堂为周公礼殿，其堂壁上图画上古盘古，李老□□历代帝王像，梁上画仲尼七十二。"谓："惜绘盘古各图，均无传世，存名亡画，然盘古在三皇五帝之前，同李老君同列为神仙。"

瑶族亦有盘古开天辟地的传说，远古时盘古于混沌初开，创造万物，《八排瑶经》："自从盘古分天地，流传法教到如今。"《大传书·又唱浑沌》："一路堂堂通到玉皇殿、老君殿、盘古殿。"《盘古皇歌》谓："盘皇出世置人民。"广西宜山县《盘古圣皇榜文券牒》载："上古天地不分，世界浑沌，乾坤不振，无日月阴阳，不分黑夜白昼。是时忽然生我盘古圣皇，首先出身置世，凿天辟地置水土，造日月阴阳，制星辰，造立湖海，置立江河，置万国九州，置立山源水土，分五行，制立四季二十四气节，置立人民掌天下。"广西恭城县瑶族《千家洞》载："头人聚会庙去议计，收了六尊神官大帝，古尊本部盘古天帝，二尊历朝圣贤，三尊四宝和神，五尊镇国大将军，六尊六部尚书。"把盘古看作开天辟地的神敬奉。广东乳源瑶族自治县《盘王出世歌》谓：盘王立季节，教人民耕织，"起计盘古先起计，初撒苎蔴叶带花。盘古起计织苎蔴，高机织布细罗衣。"

由于瑶人文化上的局限，《瑶经》与《过山榜》辗转传抄，代远年久，因此天神的盘古与其始祖盘古（瓠）混淆，难以分清。而又瓠，古音谐多书为盘古，如盘古皇、盘古大王、盘古圣王、盘古天皇、盘古大帝、盘古圣帝等称谓，人们难以分辨。清屈大均《广东新语》谓："瑶率盘姓，以盘古为始祖，盘瓠为大宗。"已把盘古当作他们的始祖神，自谓为盘古后裔。

盘古的传说如何传播于瑶族和汉族，范文澜先生《中国通史简编》中《传说中的中国远古居民》谓："一般说来，南方各族中流行的神话是盘瓠，三国时徐整作《三五历纪》，吸收'盘瓠'入汉族神话，成为开天辟地的盘古氏。"总之，不论开天辟地的盘古，还是瑶人祖先龙犬的盘瓠，瑶人均认为是自己的祖先神，虔诚地礼拜，难以分辨，合而为一。

瑶族敬奉的祖神，有连州庙唐王圣帝、伏灵庙五婆圣帝、福江庙盘王圣帝、行坪庙十二游师、厨司庙五旗兵马、扬州庙宗祖家先。《评王胜牒榜文给照》载："王瑶子孙，各户奉供盘王大帝，三庙圣王，长腰木鼓、吹笛笙歌，鼓板随唱，男女连夜达天转地。"三庙即连州、伏灵、福江庙。

瑶人逢岁时年节，祭拜其祖，《连山县志》谓："瑶，岁有墓祭、庙祭。"江华湘江公社瑶族藏《榜文》称："五月十五中夏节，十月十五兴和节……开具神名，盘古大王，盘十七郎、盘十八郎、盘十九郎。今后代龙犬子孙宗祖，居住青山，逢节启叩，祭此神也。"瑶人当师爷（巫师）者，每举杯饮酒，必先以手指醮酒少许，洒于地下，以示敬祖。

为求人丁六畜兴旺，财木平安，五谷丰登，规定一年四次拜庙祀神，农历四月、七月、十月、十二月，具体日期各村寨自定。因瑶山气温低，水冷，要到四月立夏前后，气温回升，单造水田始种植水稻及旱粮作物。而拜庙，祈神保佑生产有收成。七月各项作物正当生长旺盛之时，拜庙求神风调雨顺。十月收获酬神。十二月年终谢神，祈保来年丰收。念的祷词有《保年书》《祈年书》等。乳源瑶山较大的庙有游溪坑庙、桂坑庙、桃岭脚被其庙及其他各坑的小庙，所供奉的亦为其祖宗神与地主神，瑶人敬神以合掌叩头，不跪拜。

乳源瑶人，每遇家门不旺，五谷不登，钱财亏损或染疾病等，为祈求家宅平安，便以许愿还愿的办法祈求盘王保佑，求得人安物阜。如《度师男书启请神》谓："意者，因为人丁不兴，耕种不熟，买卖不得赢，求财不得上，合家人口，惹得瘟疫，打落本身头上，思着门路，有事便投（求）家神，不投外鬼。"家神，是指以盘王为首的祖宗神。

据梁钊韬先生《粤北瑶人宗教信仰》称乳源瑶人信仰的神与神庙，首先开列的是"开天立地的盘古大王及大将"（相传是他们的祖宗神）。庞新民先生《广东北江瑶山杂记·敬神》谓："（荒洞）双溪龙头祠，供奉的神五官一郎、二郎、三郎、四郎、五郎、仙公、仙娘等。"是瑶人自己供奉的祖神，非佛教、道教的神祇。《粤述》云："粤西瑶僮种类各殊，相传为盘瓠苗裔，桂林等府县有盘古庙，瑶僮视为始祖。"

# 第二节　盘古庙的分布

瑶人以盘古皇为其始祖神，是瑶族人民的保护神，也是免除灾难与幸福生活的赐福神。因此，瑶族的居住地，必建盘王庙，以祭祀求福。《世代流传祖居来历》谓："太翁十二姓，共只香炉，敬奉烧香，供上盘皇（王）

共立盘皇庙，十二姓烧香共做盘皇会。"盘皇会即拜盘王盛会，今称"盘王节"，祭祀盘瓠（古）。

盘皇庙，亦称盘王庙，通称盘古庙。《太平寰宇记》卷72《剑南道》条载："益州广都县盘古祠。"

盘古庙之分布，据《古今图书集·成职方典》记载：

南阳府：泌阳县，盘古庙在盘古山。

延安府：宜川县盘古庙。

扬州府：江都县附郭，盘古塚。《大观图经》云："江都县西四十里，有盘古庙，其像披发，席地而坐。"《舆地纪胜》卷72载："扬州《九域志》盘古塚，在城西南兴乡，塚上有庙，盘古庙。"

铙州府：蛮王墓（即盘古墓）。

赣州：会昌县东南120里盘古山，盘古峤水，安远县盘古山。南康县，盘古树，下计广32亩，阴田30亩。

湖南省："泸溪县之西百八十里有武山焉，其崇千仞，有石狗，是所谓盘瓠者，今县南三十里，有盘瓠祠，栋宇宏壮。"（《湖南通志》卷之末十八）

乾隆《清泉县志》卷1："盘古山，或称盘古岭，在城南四十五里，下有盘古庙。"《新化县志》卷6："洪钟，系明崇正元年铸，原悬广天马山盘古寨，今现新宁县，盘古庙在县西十里。"

宝庆府："盘古庙，去城四十里。"

永州府："本府盘古庙，在县北三十四里。"永明县，盘古庙，祷雨最灵（《永州府志》卷6）。

道州："盘古庙，在邓家山。"《江华县志》卷2建置：盘古庙，在万石村。

宁远县，"盘古庙，去县西北地名潘家源，祷雨辄应，在县四十五里盘古峰。"

《桂东县志》卷3："盘古庙，在二都开山。"

郴州府：《通志》："郴州之西有潘园，其崇千仞，西有盘瓠祠。"

广西：清嘉庆《广西通志》卷103，"怀集县独秀岭上，有盘古庙，祷雨辄应。"

桂林府："灵川县显震威德王庙，在县西峰山，其神三，中曰雷祖，左曰盘古，右曰广福王，四月初三，八月十三日，乡民作佛事以祭之。"

柳州府：罗城县，"盘瓠庙，在西一、西九、平四等里，瑶僮建祠，岁时祭享。"

南宁府："永淳县，远乡多盘瓠遗种，今各郡山谷，处处有盘瓠王庙。"

庆远府：思恩县，"俗有盘瓠庙，岁时致祭，土人讹为盘古庙"。

平乐府：修仁县盘古庙在古峒后，成化二十年建，今废。

广东省：稽之地方志，记载盘古庙的史料更为详细。据广东方志的记载，其分布状况如下：

民国何天瑞《西宁县志》载："有述瑶祀者，其瑶已同化吾民矣。祭日，举族集祖祠（俗称盘古庙），必年十五始得入，入则闭祠门，其妇女与小子诸戚友均不能与。述者疑焉，窃于门隙窥之，见中悬男女画像二，其男像之面半犬形也。"

宋范成大《桂海虞衡志》谓："瑶人本盘瓠之后，今西江以南，所在陬蘯，多盘古庙，其庙塑像，有与盘瓠形相类者，殆即瑶人之祖祠。"这说明盘古庙所祀盘古，即瑶人之祖盘瓠。

盘古像，有谓"犬首被木叶"。敬盘古，而俗敬狗，不敢叱喝，而不食狗肉，然亦有烹狗以祀盘古，食狗肉者。《德庆州志》载《香山盘古庙碑阴》谓："往尝疑服岭以南所在陬蘯，多盘古庙，肇庆城北六里有曰出头乡，其北宸山蓦涧一庙，尤壮丽，庙朔十神像，其四犬首被木叶云最灵，游是庙者，相戒不敢叱狗。比游德庆之香山，其南蘯有小庙，亦祀盘古，乡妇诅其夫之饮博耗荡不事家人产业者，阴祷辄应。烹狗取图以赛，是又与出头乡之盘古异。"

盘古为瑶人敬奉的祖神，是瑶族先民以盘瓠（犬）为图腾的体现，而已汉化的瑶人及其后代仍虔诚的敬祀，所以清代仍有一些地方重修或兴建盘古庙。

广东之盘古庙统计：

盘古氏墓，南海有盘古氏墓，亘三百余里，俗云："后人追葬盘古之魂也。"（梁任昉《述异记》）《南海县志》卷25载："今佛山照明铺、富民铺俱有盘古庙，岂即其地。"

清乾隆《广州府志》卷14《兵制附徭僮》载："七月十四拜奉以盘古为始祖，盘瓠为大宗。"

　　佛山："有盘古巷，在大基铺。盘古直街，在富民铺。盘古墟，在富民铺。"（《佛山忠义乡志》卷 1）

　　南海县：盘古庙，捕属，在九江里东方闸边，东岸社基围里。

　　盘古庙：金利司，在半冈堡里水乡，光绪己巳年重修。

　　盘古庙：五斗司，在佛山富民铺，盘古直街。

　　按：《十二姓瑶人来路祖途》谓："盘王正南京十保洞来到紫京山住居为业，后到南海佛桥头住居为祖地，景定元年，十二姓瑶人商议，就许盘王三庙，八月十五飘湖（洋）过海。"这里说明瑶人在广州地区落居有悠久的历史。

　　花县：盘古洞"在城北二十五里，万山中，林木翁翳，向为盗薮，旧有盘古庙，今已圮"（清光绪《广州府志》卷 12）。《南海县志》卷 10 载："崇祯十二年（1639）盘古峒酋积久负固，张督院疏剿，四路誓师。"

　　盘古神坛：在狮岭之北 4 里许，屹立半山，凡祷雨辄应。洞内烟火万家，悉奉为主，嘉庆二十四年重修（光绪《广州府志》卷 67）。

　　龙门县：盘古庙三，一在龙华约，一在永清七约，一在路溪牛径。光绪二十四年重建（清咸丰《龙门县志》卷 6）。

　　按：龙门，增城相连有罗浮山，据《罗浮山志》载："罗浮山瑶村，明初设抚瑶土官，则诸瑶盘据洞中，盖自元时。"

　　新会县：盘古庙二，"潮居都，一在大冲田村，一塘虾冲沙角"（道光《新会县志》卷 1）。按：新会明代以前西界多山瑶，皂幕山中有瑶丁垦山为畬。

　　赤溪：盘古庙二，一在城北门外，一在田头堡小马村（民国《赤溪县志》卷 3）。

　　佛冈县：盘古岭，在盘古岭村（《佛冈厅志》卷 1）。

　　肇庆府："蛮神庙，（唐）高宗时狄仁杰监察御史，江岭神祠焚燬略尽。至端州，有蛮神，仁杰欲烧之，使人入庙者立死。"（宣统《高要县志》卷 26）

　　肇庆府，明代遍布瑶族，计有高要、高明、四会、开平、新兴、阳春、阳江、恩平、广宁、德庆、开建、封川、罗定、东安、西宁等县。

　　高要县：盘古墟，在金东围西村。盘古庙，在肇庆城北 6 里出头乡（道光《高要县志》卷 3）。按：康熙《广东通志》载："永乐十四年冬十一月，高要瑶首周四哥来朝。"

四会县：盘古坛，在铁场铺将军岭脚罗塘口（道光《肇庆府志》卷7）。

盘古庙："在三登铺盘古巷，相传自宋迄今。李姓八老，十老系新路坊人，配享于庙。吾乡前临绥水，后枕银山，林木阴森，固胜地也，近山之麓有庙，然中祀盘古帝王之神，旁以八老，十老配享，盖自宋以迄今。"

盘古庙：旧志在白土。采访册在李围基侧，两庙皆属四甲。

盘古庙：旧志在下怖西北，一在怖咀。

盘古庙：在涌桥铺塔岗之麓，旧志云：一在对岗者，指此。对岗山下盘古庙，同为邑之门户。

盘古庙：在柑榄铺，旧志云：一在柑榄者，指此。

盘古庙：在鼓琴铺。

盘古庙：在一甲涌口村。

盘古庙：在四甲大笪村。

盘古庙：在榄树寨，一在旺怖寨，一在小隘寨。

盘古庙：在上甲沙美寨。

盘古庙：在下茅铺二甲坑内村。

盘古庙：在上观铺社冈旁村。

盘古庙：《旧志》在罗源，《采治册》在二甲。

盘古庙：一在莆田铺一甲禄村，乾隆初建。一在三角塘。

盘古庙：在二股泥坎塘。

盘古庙：一在罗湖铺马头营，一在郎湖村。

盘古庙：在张园西北。

盘古庙：在大坑村前与三水枫江村交界（光绪《四会县志》编二下）。按：从《四会县志》载，该县盘古庙多至二十五处，反映了古代四会瑶人聚居之众。此盘古庙是家庙祖祠，为各村寨的守护神，盘古之旁配享李姓八老、十老，李姓为瑶人十二姓之一，老是瑶老。明嘉靖黄佐《广东通志》载："四会县瑶山凡十五，各属瑶民旧设瑶目管辖。"八老、十老为瑶目，俗称之瑶老。

阳江县：盘古庙，鸡山，又名鸡唬坳，形势险峻，山麓有盘皇庙（民国《阳江县志》卷4）。按：阳江旧属恩州，据县志载，宋时瑶僚杂处，元代皇庆六年，有瑶人龙郎庚之变，明永乐元年来附，明嘉靖黄佐《广东通志》载，阳江有瑶山十二。

恩平县：盘古庙，一在君堂墟右，一在南安堡崩埔，一在横坡白庙峒，一在圣堂村水口山，一在均和堡青冈山侧（民国《恩平县志》卷7）。

按：恩平旧属恩州，宋时瑶僚杂处，县西北石围口山崖上有元代碑刻《大田洞摩崖碑》记至正十三年前茭禽诸洞，新昌群瑶杂处。明戴璟《广东通志》载：恩平瑶山凡四。

开平县：盘古庙，在张桥村东二里（民国《开平县志》），按：开平旧属恩平、新会，顺治六年始割地立县。

广宁县：盘古庙，在旧瓦窑，在甫三铺。迥龙圩对河鹰洞铺佛子岭下面有盘古庙。

盘古庙：在森洞。森洞山，在县东百里，山洞岩险林木森秀，其相近者曰鹰洞山，皆瑶，山贼渊薮，今平（道光《广宁县志》卷4）。

按：《读史方舆纪要》谓："景泰四年广宁瑶复叛，其花山昔时为瑶巢。"

德庆州：盘古庙：在香山，光绪二十一年州人重建（《德庆州志》卷5）。

按：《古今图书集成》载：宋祥兴元年（1278）冬十一月，德庆瑶作乱。元延祐三年（1316），至治三年（1323），泰定四年（1327）至正十年（1350），德庆路瑶或叛或降，或瑶首来朝。明永乐六年（1408）有瑶百六十户来附。

开建县：盘古庙，在县东北一都，康熙十年典史相君业重建（道光《开建县志》）。

罗定县：（泷水）盘古庙，在四区云致圩东（《罗定县志》卷5）。

按：唐诗人宋之问《过蛮洞诗》，此蛮洞即古蓬洞，今郁南县东六十里，昔为瑶人所居。《宋史·翟卷石传》云："宋嘉定泷水瑶为乱，招降之。"至明代，泷水有瑶山118，这里说明唐宋至明，罗定居住着瑶人。

东安县：盘古庙，龙岩在虎岩之右，隔水对峙，内有清泉蜿蜒，自龙喉吐出，土人谓其水上通粤西，宋有盘古庙，至今遗址尚存（道光《东安县志》卷1）。

按：史载明万历泷水瑶为乱，总督凌云翼大征罗旁，调两广十万之师，十道并进，破巢 564，擒斩 16100 余级，降 493 人，获男妇 23151 人，平定后设立罗定州，分置东安、西宁两县。

西宁县：盘古庙，在城南一里，后坯，乾隆五十一年修。

碤山祖庙，在十五都平台堡西南隅，为九娘地面之峡口，说为铜镀大山之谷口，神祀五帝，创自瑶蛮，相传七堡地方，以此庙为最古，故名。

三圣庙：在十三都交笋山麓，旧祀盘古、洪圣、增祀关帝。一在南江口，亦名三圣宫。

盘古庙：一在十五都建新甲，一在城南沙头村（民国《西宁县志》卷6）。按，据清康熙金光祖《广东通志》载：西宁瑶峒二十八。

韶州府：按《宋史蛮夷列传》载："（宋）庆历三年桂阳监蛮瑶内寇，诏发兵捕击之。蛮瑶者居山谷间，其山自衡山常宁县，属桂阳郴、连、贺、韶四州，环行千余里，蛮居其中，不事赋役，谓之瑶人。"韶州、连州宋时已为瑶人居住中心之一，明代韶属6县，曲江、乳源、乐昌、英德四县有之。

曲江县：盘古村，绵普三都，在城北75里（同治《曲江县志》卷7）。

按：梁大同中（公元538～541年）始兴郡诸洞瑶僚出剽掠，始兴太守肖介令徐度帅师讨平（清康熙《广东通志》）。时始兴郡领曲江、中宿、桂阳、浈阳、含洭、始兴、阳山。

乐昌县：瑶埠庙，在河南水。祀秦南海尉任嚣，村民礼神不以礼，喜迎木偶至其家。一日某家迎去，竟不送还，久之庙空无神，遂另朔一神，曰盘古大王，庙曰瑶埠，明代已有，曰此瑶人交易之场（民国《乐昌县志》卷20）。

必背坑口庙：供唐公大王、大将、唐法胜、唐法聪、唐天九郎、开天立地盘古大王、盘古王婆、南海娘娘。

桂坑庙：供盘古大王、盘古王婆、南海娘娘、黄帝秀才（见《韶州瑶人》）。

乳源县：瑶山每寨均有庙一间，多以龙字命名，如荒洞双龙祠。游溪坑中心洞庙，供盘古大王，三姓公王（赞招三公祖氏夫人，梅招四公李氏夫人，乌李白公朱氏夫人）（见《韶州瑶人》）。

南雄府保昌县：盘古庙，在城西五里（《南雄府志》卷12）。

按：《南雄府志》云：盘古氏粤产，今西粤之间盘姓苗裔颇多繁衍。

始兴县：盘古庙，在江口（民国《始兴县志》卷6）。盘古庙：沙坪、顿冈、下塘、角田、上台俱有。

始兴鼻天子陵：相传为盘古氏陵，雄州乡落间因多庙祀，会昌有盘古山。零都有盘古洞，荆湘南北以十月十六为盘古氏生日，广陵有盘古塚庙（《南雄府志》卷5陵墓）。

连州：盘古庙二，在连州镇东岳侧，一在凤凰村。连南县三，寨冈乡、白芒坑、老鸦坑。阳山县二，均在黄坌乡（旧调查册）。

八排庙堂：盘古庙，南岗排顶，称大庙，偶像用木头雕刻，最高的40英寸为盘古王和盘古王婆的坐像，其他是代表各姓的祖先，高30英寸，盘古王人形，不禁忌狗。

三排庙堂：供奉本方地主神，罗公大浮公、龙十九公、盘古王公、盘古王婆、沈平王公、唐海公、房十海公、盘大六郎公。

军寮排庙堂：供奉唐十二公、房十三公、沈十四公、开天立地盘古王公、盘古王婆、利君白马先锋、李氏一娘。

油岭庙堂：本方土主大王、开天立地盘古大王、盘古王婆、唐大六郎。

大坪庙堂：本方土主大王、李十八公大王、信州唐皇白公、开天立地盘古大王、盘古王婆、房君法朝七公大王。

横坑庙堂：本方土主大王、白家大王、开天立地盘古大王、盘古王婆、龙十九公。

大平罡庙（香平寨大平脚）：本方土主大王、黄十五公、龙十九公、开天立地盘古大王、盘古王婆、邓十五公大王。

引良庙堂（里八洞）：本方土主大王、唐十二公、李十八公大王、唐十五公大王、开天立地盘古大王、盘古王婆、房十二公、邓九郎。

火烧排庙堂：本方土主大王、李十八公、开天立地盘古大王、盘古王婆、房法富五公、唐法有五公。

大掌岭庙堂：本方土主大王、李十八公大王、唐皇伯公大王、开天立地盘古大王、盘古王婆、龙十九公大王、邓君法养九十一郎、先锋大王。

新寨庙堂：本方土主大王、唐十二公、邓第一郎、开天立地盘古大王、盘古王婆、南海三娘、瑶王沈王五圣平王（见《八排古籍汇编》）。

八排庙堂均建于各排顶，俗称大庙，祖祠性质，供奉盘古王、盘古王婆、本方土主（土地神）与该排各姓祖先偶像。瑶人奉盘古王、盘古王婆为始祖，农历七月初七为盘古王诞，十月十六为盘古王婆诞辰，备纸酒肉拜祀，庙均已毁拆。

阳山县：盘古祠，在城内，离照门楼上（道光《阳山县志》卷3）。

盘古庙：一在上下坪，一在大乌山，明万历七年建。一在老鸦坑，一在甑堡，一在田畔水，一在琶径，一在白芒坑，一在中山大庙洞，邑属蛮瑶杂处，故多祀盘古神。

花庙：在攀村，祀盘古。

莲花庙：在乌梅石子塘，祀盘古、神农五谷神。

水口庙：在滑石堡同冠水口，祀盘古等神。

福龙庙：在双山雷公岩，祀盘古。

朝龙庙：在双山雷公岩，祀盘古。

飞来庙：在白芒，祀盘古。

清池庙：在上下柔加闸，祀开天盘古大王。

南岳祠：在沙涌闸，祀盘古、南岳神。

川龙祠：在黄沙峒，祀盘古。

双龙祠：在芦田，祀盘古。

迴龙祠：一在黄池，一在老鸦坑，一在太平峒，祀盘古。

护龙祠：在深坑梅径，祀盘古。

贵龙祠：在淘江坑，祀盘古。

永丰祠：在金鸡闸，祀盘古、张侯。

南楼祠：在黄池，祀盘古、张侯。

螺蛳祠：在圆冈堡，祀盘古、五谷神。

飞来庙：在雷丰乡芹菜塘，祀开天盘古皇、神农。

天神祠：在大塝抚瑶，祀盘古。（以上俱道光《阳山县志》卷12）

按：阳山祀盘古，有庙有祠，其数量之多全省之冠，与连阳地区瑶族居住悠久历史有关。据《隋书·志第二十六·地理下》载："长沙郡又杂有夷蜒，名曰莫徭，自云其先祖有功，常免徭役，故以为名。……武陵、巴陵、零陵……熙平皆同焉。"熙平郡时领连州、连山、阳山……即是说隋时连阳地区已有瑶族居住。《广东通志·王晙传》载，唐永徽初，王晙为连州刺史，"民瑶安之"。《宋史蛮夷列传》载宋时连州为瑶族聚居中心之一，至今连南、连山、阳山仍为瑶族居住地。

潮州府：梅县，盘古圣坛，在樟坑口（西阳堡）。

盘古庙：在青草围北岸（西阳堡）（《嘉应州志》卷 32）。

大埔县：盘古庙，在古源桃花笔山麓（嘉庆《大埔县志》卷 7）。

元《高陂赤水岩寺钟识》载："潮州路海阳县（元大埔属海阳县）光德乡洪福里古野堡三洲溪头住都劝缘丘德和……钟一口，入于盘古灵岩供养，丙午年（1306）。"

盘古宫：在黄坑村（同仁甲）（民国《大埔县志》卷 5）。

盘古圣帝宫：《百侯肖氏族谱》卷 6 载："十二世缵可，葬黎射畲水口盘古圣帝背龙，艮山兼寅。"

按：《宋史·许应龙传》谓："距潮州六十里山斜（畲）峒僚所聚，丏耕土田，不输赋。"《嘉应州志》云：瑶人散处深山，砍树结茅为畲，亦名畲客。清光绪《海阳县志》云："潮州有山畲，其姓有三，曰盘、曰蓝、曰雷，皆瑶族，号白衣山子。"《峒溪纤志》谓："僚人，即山子。"故是潮州、嘉应州于宋元时已有瑶人居住。《永乐大典》卷 5354《潮州府志》载："潮自（元）至正壬辰（1353）岭海寇起，与山峒瑶僚相煽乱。"明代住有畲瑶的县，计有海阳、澄海、饶平、大埔、程乡（嘉应州）。

梅县，大埔为客家人居住地，古代亦有瑶人居住。今客家人中，可能有部分人与瑶有关系，为已融合的畲瑶。抗日战争期间，仍有拜盘古之俗，同仁乡（又称湖寮，今县城）有山王爷坛（又称狗头王），附近几十里村社妇女，其丈夫浪荡不务家业时，则烹小狗一条，前往膜拜，并书其丈夫名字生辰一纸，压于坛石之下，祈狗头王庇佑其夫君改邪归正，如德庆香山盘古庙俗。

惠州府：《元史·本纪第二十九·泰定帝一》载："辛丑，循州徭寇长乐县。"方志记载，惠州府属之归善、博罗、永安、海丰、龙川、长乐、连平、河源、和平等县均有瑶人居住。

和平县：盘古庙，城东一里（《和平县志》卷 1）。

盘古庙：土名㴐头曲潭百坟背，田种 100 束，米 8 升。

盘古庙：土名老虎坑井子尾塘，民吴先杰置吴芳田种 16 束，米 6 升，和二甲吴自昌户二宗，庙子经理。

盘古庙：土名上镇岗心里，下分曾公坑里、正坑尾等处，民黄公龙送田种三百束，米一斗四升四合四勺，随后消失，生员吴维城倡题给管赎回，嘉庆二十年县主界批，永远不许兑换（《和平县志·赋役志》）。

盘古渡：在东坝尾（《和平县志》卷2）。

按：和平县的盘古庙有着固定的田产，收租作为常年的香烛灯油费用，有的还有祀神守庙的庙子（又称庙祝）。

连平县：盘古庙，各乡多建（雍正《连平州志》）。

按：明崇祯十五年八月，三省会剿连平瑶贼（《阮通志》卷188）。

兴宁县（长乐）：盘古洞，在县东南二十里（正德《兴宁县志·山川》）。

按：明黄佐《广东通志》载："兴宁县八九十里有大帽山（本名大望山）时瑶寇据之，又明正统八年瑶人纳山米七石。"

永安县：盘古岭，在中镇约（道光《永安县志》）。

按：清屈大均《广东新语》载："（永安）三都瑶、李郊、古竹、东峒间宋有瑶。"

高州府：电白县，盘古庙，一在城北三十里蛟潭镇，一在城北三十五里那台乡，一在上姚村，一在麻冈村，一在马场甲堡红衙庙村（道光《电白县志》卷5）。

按：道光《电白县志》载："唐宋以前，僮瑶杂住，语多难辨。明初邑中民瑶杂处，瑶每肆寇掠，永乐间榜募征剿。"

廉州府：盘古庙，府治西，钦州港口（《廉州府志》卷5）。

按：明姚虞《岭海舆图》载："廉州府成化间瑶洞，合浦二，灵山二十八。"明代廉州府属之钦州、合浦、灵山均有瑶人居住。

从以上收录的盘古庙遗址分析，广东多数州县志书已失载，阳山、四会县志记载较详，它提供了一个重要的线索，即后世不少地方志不再称盘古庙，而称双龙庙、水口庙、莲花庙之类的名称，而又未注明有祀盘古，因而盘古庙、盘古祠湮没失传。一些庙之盘古像，后世亦多不塑成犬首人身，而是衣冠端正之官宦像，虽各府志县志详列该地祠庙名称，后人已无法识别其为盘古庙矣。如乳源瑶族自治县瑶人供奉之祠庙，荒洞称双龙祠，乌坑寨则称将军庙，游溪坑则称中心洞庙。明末清初，不少盘古庙已圮废，不再修复，只留下庙名地，如盘古峒、盘古岭、盘古街、盘古巷等。

亦有村寨，无盘古庙，只是一个坛，坛设大树之下，上放一块大石头，当作盘古之偶像，不称盘古王，而称狗头王，或称山王爷，如大埔湖寨有此坛祀盘古。祀盘古，俗忌狗，禁食狗肉，亦有地方祀必烹狗以享，如湖寨之山王坛。

## 第三节　度身、拜王歌堂

度戒，过山瑶称为度身，八排瑶谓之"挨担堂"。度身的层次，第一阶段名为挂灯，其后为高层次，名为加职补充，大多数人仅至挂灯这一层次。挂灯的礼仪是点燃明灯，有三台灯、七台灯、十二台灯之分，其层次越高，表示神赋予的权力越大（即领有阴兵越多），劾鬼治病的法力越大，在社会上的地位越高，而死后在阴间享有较高的地位和待遇。

瑶族的度戒与其世界观和价值观有密切联系，这是瑶人继承先人社会道德规范传统文化，使其确认为盘王子孙为本民族的一分子，继承祖先享有国家赋予的各种合法权益义务，"不事赋役""营田戍边"，使民族文化共识一代一代的传承，巩固民族的凝聚力。度身拜王歌堂，是瑶人隆重的庆典。

《乐昌县志》卷3载："度身，其人预斋三日，至期有七日功课，竖刀鸣角，略如巫觋，用费甚钜，此人即为瑶甲。以后瑶族事无大小，听其公断，有疾病痈疽，乞其符水治之。"其举行度身之期，多在农历十月收冬以后。瑶人到相当年龄，稍读书识字后，家庭经济比较宽裕，便可举行度身挂灯（又称小登科），取法名仪式。

### 一　乳源西边瑶拜王歌堂挂灯法事

挂灯法事的程序，有落马、点酒敬神、申香、咒门起、啟请神、敬献、中厅意者、调神、挂灯、上光（上童，上神头）、劝功曹、接师父、接神一度、跳上元赏师、送神归位、扎神、脱童。[①] 法事由师爷主持，师爷是负责主持宗教活动职业者，但他们不脱离农林业生产劳动，是劳动者，有人请

---

① 盘才万、房光清收集《拜王歌堂》，李默、朱洪校注，1994，广东人民出版社。

其作法事时，才放下生产劳动，宗教活动的收入，只是他们副业收入之一。

师爷带齐法器，行师官像（法事所挂的神像）到还愿家主的家里，洗净身脚，然后设坛申香（挂好神像，摆好神坛，烧香请神），请上坛兵马下坛兵将、盘王圣帝、五龙司命灶君、己宅龙神、本祖家先、本坊地主、高汉二郎、养财地主、打猎七姑、社德大王、禾苗地主、五谷大王（其上坛下坛神有元始天尊、灵宝天尊、道德天尊、玉皇圣帝、东极青华大帝、南极长生大帝、西极昊灵大帝、北极紫微大帝、中极黄华大帝、勾陈星君、张天、李天大法师君、财禄二部判官、天洪都元帅、天极副元帅、海番张赵一郎、二郎、圣主打瘟赵侯三郎、上元五官、押兵到坛七官、中坛哪吒太子、陈、林、李奶三位夫人、威极金刚五旗、南天龙虎、北方真武玄天上帝、观音菩萨、张旗奉印元帅、金童玉女、下坛天门李十五官、闾山法主九郎、上元唐将军、中元葛将军、下元周将军、云头仙女、明月龙凤三娘、感应兵大道、玄天十五官、上帝三官十七小娘、十八郎官、雷霆六师、黄衣使者、白衣判官、敕封南朝黎十六官、都兵黎十二官、走马通天黎十二官、三位旗头大宝官、左边先锋金童玉女、右边沙刀明日四官、坛上五伤兵、坛下五伤兵、犀牛兵、白象、麒麟、狮子、猛虎将兵）。神谱显示有佛教、道教的神，瑶族自己敬奉的本民族神与古代以动物为号的战神，其神之序列错杂，难显尊卑高下。

接着为洒净，驱走一切污秽邪鬼。咒门起、请神降临、调神（亦称是跳鬼）、挂灯、上光接师父、跳坛。通过这些仪式，将人身变为诸神保护下的法身，即人体成为神的附身。挂灯中有解厄一节，至为重要，即向神诉愿忏悔，祈求消除本身一切苦厄，去邪恶之念，而归正道。然后上童，上神头，接受师父传授的法教，神的旨意。后段则赞颂神的功德，酬神，烧纸钱纸马供神使用。送神归位，即送神回归天堂地府。末尾为脱童，即师父与新度师男回复人的本身，脱去神头，而成为瑶族宗教的继承者，"孙色（曾孙）代代接香门"。他具有神所赋予的力量，领有少数阴兵，"开了香门肚聪明""三十六诀拨付你，游行四方救良民。""有人所请，打卦卦灵，打病病轻，招魂魂转，求天天应，求地地应，求男生，求女旺。"成为具有法力的师爷。

法事过程只一个晚上，即当天傍晚至第二天早上天亮前结束。当挂灯仪式结束后，厅堂上所挂行师官像全部收下（即收下所有挂的神像）。

第二晚开始酬愿拜王，酬愿拜王分两段进行。开始为三杯酒（又称三条把杯意者，即请神三次，重复祷告，敬酒三次），跟着断愿（谢盘王保佑病人康复，五谷丰登，人畜两旺），还愿（即还过去几年许下的愿）。厅堂上只挂盘王神像，请的神有连州广庙唐王圣帝，行坪庙十二游师，福江庙盘王圣帝，福灵庙五婆圣帝，造司庙五旗兵马，扬州庙宗祖家先。

传说瑶族先人迁徙乘船过海，海上遭遇狂风恶浪，生命危在旦夕，在船上祈求盘王保佑，许下誓愿，若得抵岸生还，当依愿酬谢拯救之恩。据广东韶州府乐昌县竹林坪盘法俊藏《祖先根牒》载："戊寅年七月初八日三更半夜，带着十二姓子孙承（乘）船过海，踏上船头暗地乌天，恶风暴雨，六姓的船翻海里，剩下六姓，乘船人跪在船头起香祷告，请盘王保佑，许下盘王大愿，如若得救，年年纳钱降香拜王。果然灵验，云散雨收，一路顺风，过了一十二天，来到广东六笛沙坝上岸。"而《过山榜》记载：十二姓瑶人漂湖（洋）过海，七天七夜，船路不通，水路不通，又怕大风吹落海底龙门，住在船中语言记着，盘古大王前有杀死，后有救生，求劝五旗兵马转来，瑶民许了愿，船路也通，水路也通，行到出岸，七月十三日盘古王子孙还愿，答谢神恩。十二姓瑶人迁到广东道韶州府乐昌县，随山耕种田地水土。[①] 盘王是瑶族人民的救世主，保佑瑶人的神灵，在瑶人心目中是拯救苦难的永恒力量。瑶人安居后，置祀盘古庙拜王还愿，世代相传，不敢稍息。

在其酬愿的祷词与歌词中，确认盘王过去在瑶人遭到灾难时，曾显灵拯救。"洪水发过，三庙圣王为大，救得瑶位子孙。""撑船过海来抄愿，撑到海心船不行，大哥船中就执愿，大王救转得太平。"瑶人深信，盘王不仅存在于过去的年代，而且至今仍然存在，是保佑瑶人的祖宗神。

因此，瑶人遇到家宅不兴，人畜不旺，五谷不登，或久病不愈，均向盘王祈求保佑，许下誓愿，事后便以拜王歌堂的仪礼还愿酬谢。其词谓："意者因为证盟家主，当初以来×年×月×日，法×（家主名）今因×事，行出三江路头，四江路尾，瘟痕打落头上，有日得病，无日退病，十分苦病难当，天下众神作福以了，不减不退，投山山高，投水水深，思着

---

① 《中国少数民族社会历史调查资料丛刊》修订编辑委员会：《瑶族〈过山榜〉选编》，民族出版社，2009，第89页。

当初以来，洪水发过，无人为大之人，三庙圣王为大，有贤有道有法之人，救得瑶位子孙，感得瘟痕张飞，保得有病之人兴旺，爱来许上大位香烟歌堂布（部）书，劳动五旗兵马，宗祖家先，回头转面，回车下降，排身坐落已位。"即请盘王众家神降坛赐福，接受拜王歌堂的敬谢，娱神乐众。

第二夜大部分时间是歌堂，唱的有《拜神圣》《入席拜》《抛兵》（含《上光流落三庙圣王》《入永唱》《请修山修路》《架桥》《请扫家使者》《请铺台下案》《请杀牲使者》《请红罗挂帐》等歌），《请劝六庙王》《请后生年少》《解六庙王》《解神意》《赏浪脱童》《请下台意者》（即送神），唱《出愿歌》《游愿回歌》《请玟定》《下弓》《送王歌》。《抛兵》反映瑶族先民行军作战、屯戍、后勤补给、主帅营帐等内容。其他歌词为娱神乐众，庆物阜年丰。

歌堂唱的主要歌词为瑶族的长篇史诗《盘王歌》，娱神乐众，在歌词中充分反映出来，"今夜唱歌众神听，坐落门前作笑归。""千愁万愁都解了，拨开云雾见山头。"歌堂尽情地歌唱，群众兴高采烈，"歌堂林林好作笑"。歌词贯穿着热烈的情意，"踏山踏水来作笑，隔河隔水来唱歌。"爬山越岭，涉水过河，不怕山水的阻隔都要赶赴歌堂盛会，尽情地歌唱欢乐。《盘王歌》的内容包括有万物的起源与世界由来的传说，瑶族本民族的历史，反映了瑶族人民对自然环境的适应与改造，传播生产生活的知识，歌颂瑶族的英雄人物。

度身拜王歌堂融汇瑶人传承历史文化，社会习俗传统，宗教信仰，伦理道德，生产生活知识的各个方面。它是瑶人的文化共识，也是中华文化的组成部分。

度身拜王（又称跳王、调王，原称还盘王愿）即祀拜其始祖盘瓠，以歌堂的祭祀仪式，赞颂盘王显灵拯救瑶人渡海的危难时刻，还愿谢恩祈求赐福，禳灾驱邪，人畜兴旺，物阜财丰。其祷词谓："推转还愿家主人旺千年，财旺万岁，人丁兴旺，求财得胜，买卖得营（赢），耕作禾米丰登大熟，十度全收。""所保合家人口，大男小女，养物猪财鸡财，耕种禾苗大熟，十度全收，五山五路求财转财，禁山禁耗。"（禁山禁耗，即防止山岭林木，旱粮作物，遭人或鸟兽、害虫及水、火的毁坏）这是拜王歌堂所追求的目的和实际效果。

## 二 乳源东边瑶打幡拜王加职补充法事

（1）打幡拜王（加职补充）是瑶人宗教信仰最隆重的典礼，是取得社会地位的阶梯（东边瑶称打幡拜王，西边瑶无此法事）。瑶族是神权、族权、政权集中于一体，由师爷掌握，瑶人经过度身后成为师爷，取得神权，然后才有资格被推为族长，政治上担任村之甲长，取得统一的权益继承。度身的初级阶段是挂灯取得法名，高级阶段为加职、补充。男子取得法名后，加职补充而取得郎名，妻子取得娘名。加职仪式要比挂灯花更多的费用，生前能够举行这一仪式取得郎名的瑶人占极少数，主要是经济能力的限制。

瑶人通过度戒仪式，有利于他们在神灵世界中的地位，具体表现在他们所能领有阴兵的观念。阴兵是神灵世界的士兵，是防卫邪魔侵害的护卫者。每个人所领阴兵的数量与其度戒的级位相适应，取得法名者有36个阴兵，加职补充取得郎名者领有120个阴兵，他们寻求在神灵世界中安定的荣誉地位，加强其社会的统领势力。

度身取得郎名后：①死后灵魂可以升天堂；②村中为人所敬仰；③有资格充当村长、瑶甲；④可担当师爷师表。而妇女随夫度身，可得如下资格：①享受荣誉；②死后灵魂可以升天；③死后谥名为娘，如"盘氏□□娘，未度身者仅称'者'，如'盘氏者'"（娘之称誉，如汉族妇女谥"夫人"之荣）。

加职补充度身，又称大登科，度身者需斋戒4日，仅食蔬菜和豆腐，可以饮酒。请24个师爷，作法事时搭架一高台，法事仪式均在台上进行，其间若遇天雨则吉，言其感动天神，特降以霖雨，若有雷声，则不祥。故此选择举行之日期，必在冬日无雷之时，度身日期请师爷择吉日进行，届时通请其亲友村邻前来参加庆贺喝酒。

度身费用颇巨，需数百元或千元以上（1936年之币值）。因遍请村邻亲友宴饮，所需酒肉甚多，但部分由亲友馈赠。

度身时普遍请24位师爷作法事7日7夜，法事完成后，谢师爷送大师爷每人肉25斤，小师爷每人肉10余斤，7日共食六七百斤，故需猪肉约千斤。据云度身一次，酒需洋100元，肉需洋400元，米需洋100元，豆腐及燃烧与香纸需洋100元，谢师爷100元（即工银），共洋800元左右。①

度身前一年冬，请师爷择定度身吉日，度身当年，请齐度身的师爷，并请定三姓童郎，三姓童女，及女歌手（俗称歌姆）一名，届期通知亲友参加盛会。

举行度身之日，书表师依期到达，用黄纸书榜文一道，贴于主家大门外东西墙壁。度身法事届期，主家剪纸花装饰大门小门。师爷起身出门，祀过家神，带齐行师官像及法事用具前来主家，主家鸣鞭炮敲锣打鼓迎接，入屋后，即在坛前告知神明，师爷到齐，法事即开始。

度身的师爷，有主醮师、引度师、书表师、证盟师、保举师、总坛师、度坛师、化缘师、执香师、茶酒师、鼓乐师、吹笛师。而度身加职（俗称一度二加）的，则又增添加职主醮师，加职引度，加职书表，加职大盟，加职保举，加职总坛，加职座坛，加职大缘，加职执香，加职茶酒，加职鼓乐，加职吹笛，共24名师爷。

师爷至后，稍事休息（饮落脚酒），洗净口手，挂坛神像。

左：天府、水府。

中：盘王、灵宝天尊、元始天尊、道德天尊。

右：玉皇、十殿冥王、海番力师主、祖本二师、地府、岳府。

神像上下、挂长横幅、上天车、下天车。

其他师爷打纸马（即用纸墨印上阴间用的马及折好纸钱），随后吃晚餐、沐浴，夜幕降临后即开始度身法事。7日功课，亦谓"度戒"。法事开始为小封斋、大封斋，然后是上刀梯、开天门、给据、挂灯传度、加职、升职补充。每节均伴随有招兵（又称接兵）仪式，即天神赐给神兵（又称阴兵）。仪式分传度招第一堂兵，加职招第二堂兵，升职补充招第三堂兵，意为职位不断高升，指挥的兵马越多，权力越大，即神赋予的法力越大，以后为师爷具有巨大的法力，召神劲鬼，驱邪逐疠。

每节法事均有表、牒、疏焚烧，上奏天神地祇，牒谓之阴据，留一份给度身者谓之阳据（阳据此牒待度身者死时焚烧，作为上天堂游地府的通行凭证）。

每节法事结束，均有运钱、收斋、脱童的程序，因法事过程中师爷均

---

① 庞新民：《两广瑶山调查·广东之部》，中华书局，1937。

以"落童"(或称降童)的方式穿上法衣,戴上神头,神附灵其身,把人身变为神的化身,师爷成为沟通人神的使者,其程序有藏身、藏屋、变分离米、变锣角、闭路。每一节均念咒语,以示其人变化为神的附身。此外,还用珓显示神的旨意,珓分阴珓、阳珓、胜珓三种,表示不同意、不置可否、同意,以此分好坏吉凶。

每当一段法事结束,师爷又要从神的化身转化为人,招回人魂,附回躯体,回复成凡人,除下神头,谓之脱童,收斋,指此段法事结束。运钱,焚烧纸钱给神祇,按照神的大小分配多少。法事的高潮是学法戒文,此时有拿火砖、犁头的仪式(用火堆烧红砖及犁头,师爷口喷水后用双手去拿)以显示神赐予的法力。度身法事整个过程均有祷告词请神、禁咒、经文诵读及歌唱。其祷告词是反反复复的念诵,充分表现瑶人之虔诚与恳切,法事至开斋,即度身完毕。后段为歌堂,全部挂像撤下,仅留盘王一幅挂像,此时杀猪敬献盘王,还愿谢恩,再许新愿。唱歌的内容与拜王歌堂的后段同,为娱神乐众,祈求人寿年丰。

法事所用的经籍有起马出门书、请神书、开天门书(即打开天门巫师与天神沟通,接神下坛,赐法名新度师男,予以度戒)、度师男书、度身书、过度书、上元书、挂灯书、神光书、开记书、正度师男书、化十二醮坛书、过番书、承接唐王圣帝众神书。唱歌有《隔王书》《解心愁书》《盘王大歌书》《入席拜歌书》《拜神圣歌书》《抛兵歌书》。

(2)东边瑶许愿拜王法事。

《乐昌县志》卷3载:"拜王(即拜盘瓠,瑶族之始祖)有三日功课,意在祈丰驱病。"西边瑶称之为"拜王歌堂",又称"唱歌堂"。诸如家有久病的人,祈祷早日康复;或家运不济,祈求家境平安,人丁六畜兴旺;或家运中兴,酬神求更加兴旺发达,皆可举行拜王法事。仪式均由一个家庭自行举办,邀请亲友光临,拜王是瑶人还愿酬神的宗教活动,也是瑶人传统的文化活动。

拜王又称还盘王愿,先前因病或家运不兴,请一位师爷来家中,向盘王许愿,祈求盘王保佑,病人痊愈,家兴财旺。仪式开始,师爷在厅(设有神龛者)之门外东边放一小桌(或于神龛前放一小桌),桌后设灯台一架,上放小油灯一盏,灯前盛腊肉一方(巴掌大小),再前置酒杯五只。腊肉碗之右方,置一空碗,点燃香五根搁其上,左设一竹筒酒以祀神。桌的右方悬纸幡一幡，以白纸 5 张制成，宽寸许，纸上端相连其长达 2 尺至 3 尺。另有长约 8 寸木板一块，及长约 7 寸细木条两支置于台后。师爷以矮凳坐于桌后，口念许愿经文，约 1 小时乃止，跟着时而跌珓以明神意，时而酹酒。将毕时，焚纸钱，又以一白纸条上书：△年△月△日许愿鸡一只（或鸭一只），纸马 120 份，大岁星君，十保星君，唐兵大王。病者愈后，即需备如所书等物还愿。书纸用白纸包裹，搓成长约 2 寸，粗如手指之圆棒，放入小竹筒之内，谓之部书（或称簿书，宝书），随取台后所置细木条两支，平钉于台之上壁上，高与屋檐齐，上搁木板，称之"神座"。移灯于板上，置空碗于灯前，上搁燃香三支，前列酒杯两只，内注酒以祀神，然后将部书与纸幡插入神座正中之墙缝，许愿仪式终结。若病人康复或家运中兴，则须请师爷于冬月择吉日还盘王愿，时不超过三年。

还愿拜王歌堂由三个师爷主持，有三童男三童女及一位妇女歌手参加唱歌。师爷烧香、祀拜盘王和祖宗神，以歌伴舞，谓之"跳神"。请盘王与六庙神降坛，然后分门别类唱瑶族起源、迁徙的历史，怀念祖先，教育后人，然后陈述困境兴衰，请求盘王保佑或排难。尔后，师爷率领唱歌队伍，摇铃走出大门绕主人房舍一圈，边唱边起愿，祈求盘王保佑，主家应当虔诚酬谢。回屋后三童男三童女同声主唱，内容是祝贺主人家人丁兴旺，万事胜意，慰藉主人，这叫"围塘"。接着师爷肩扛一把秤，秤钩上勾着一把谷穗，边唱边舞，祈求来年风调雨顺，五谷丰登，人丁六畜兴旺，表达瑶人祈求幸福的理想与愿望。

为确保各种祈求的实现，师爷进行了驱邪鬼的"劾鬼"仪式，以稻草捆扎成人形兽貌的各种邪鬼，用麻绳捆绑起来，以示驱除"邪鬼"。歌堂最后仪式是送神，由两个师爷手牵手，同时在神坛前举步舞蹈，或蹲或旋转，或腾或跨，然后翻一个筋斗出门外，表示已将请来的盘王与六庙神等送出回神庙。

还愿法事起源于瑶人迁徙过海遇险，得盘王拯救，因此他们每遇家门不旺，五谷不丰，钱财亏损或家人染有疾病等，认为是鬼神加害。为了去除邪鬼，防止疾病，祈求家宅平安起见，他们便仿效祖先许愿还愿的老方法，乞求盘王家先保佑，得到人安物阜。

还愿法事概括起来，可分两大部分，一为祀盘王，一为祀祖先神祇。祭品有酒、肉、糍粑、纸钱、香等，尤以纸钱为多。纸钱多是火纸，式样分两种，一是四方，用铁器凿下若干个铜钱样的痕迹便成。另一种是用长方形木条刻有图像图形，分天府、地府、阳间、水府、灶君五类，用墨刷印于纸上。每类有一定的用法，不能稍有混乱，如阳间纸适用普通神，灶君纸只适用于司命灶君。前一种形式较为普遍，叫做纸钱，后一种长方的称"财马"。

全部法事过程形式分为三个步骤：①诵经。首为祷告，把法事的缘起告知盘王、天神地祇、宗祖家先，还愿的原因。次为祈求，户主即开坛祷告，希望盘王、神祇、家先庇佑，财丁两旺，五谷丰登。再次为宣教，把瑶人的来源及历代迁徙的情形与所遇的艰险及辛苦生活进行叙述，教育后代，进行伦理道德、勤劳、诚信、善良教育。②唱歌。主要是传统歌谣《盘王歌》《拜神圣》《入席拜》《抛兵书》，有规定的曲调。③舞蹈。每次请神之始，多是简单的舞蹈，谓之跳神或称调神，为个人独舞或双人舞，伴以铃声或加以锁呐、锣鼓。

## 三　拜半路王、拜千年王

拜王除以家为单位或联家举行外，还有以村为单位的拜半路王，又称"半路堂"。相传十二姓瑶人，迁徙时过海，有六姓遇风浪沉没海中，其余六姓在船中起愿祈求盘王保佑，船平安抵岸，在沙滩上设香还愿酬谢盘王五旗兵马拯救，此俗相传为拜半路王。以村为单位，各家献物捐资合办，在村外开阔地社稷坛举行，坛前放一头劁好的猪，大小不拘，猪身贴满糍粑，上插纸花十二朵，代表十二姓兄弟，由村里的师爷自动出来承担整个法事，欢宴两昼夜。

其法事程序：招大堂兵传令脚、收耗、收隔、架桥、传五谷席面前、请田堂土地众神，意者了（意者是祷告词，向神说明整个法事的因由，祈求盘王与六庙神赐福）。分纸帖，五谷关粮牒，烧田圹土地岭状，庙神分纸马，接禾信一条，劳动田塘土地众圣，开转千年米粮。赏浪运线，收斋送圣（神），脱童，收神在庙堂，请神还愿了。

拜半路王的目的是求保一村平安，五谷丰登，如汉人的"作福"。相传18年举行一次。

拜千年王，是拜王盛典中规模最大的，由几个村寨联合举行，而且必定要找齐赵、盘、邓、李、黄、冯六姓，才能举行。选择位置适中的村寨设坛，仪式与拜半路王大体相同，只是场面更大，人物众多，师爷要七八位，还必须有一位权威的师表来主持开坛，耗财资甚多，过去约三十年举行一次。

拜千年王又称"千年歌堂"，用的经典有《千年歌堂书》，其内容有千年大意者（即开坛时的祷告词），叙述瑶族先人的由来及其迁徙，特别突出过海得盘王保佑，在广东六笛沙坝上岸。祷词"奉还千年进宅良愿布书，奉还千年大白良愿布书，祈保丰熟"。并陈告歌堂进行的程序。其所请的神为六庙神，即连州庙唐王圣帝、行坪庙十二游师、伏灵庙伏灵圣帝、福江庙盘王圣帝、造司庙大位五旗、扬州庙众位宗祖家先。以唱歌为主要内容，其程序：大王第一请，第二请落禁，第三东罗砖，第四小席，第五梅花伏片，第六声古，第七琉璃，第八入席。其歌有《东罗岭》《寅卯小席》（分：引歌出、起歌唱、引娘唱、歌堂到、驾车来、撑船到、伏灵圣、圣人到、不是圣、真是神歌词）。《第一黄水沙曲》《又一样斑竹》（龙围宅）。《第二寒风曲》《又一样用》见小怪、见大怪、解怪了、王曹曲（又称黄巢曲）。《又发梅花旗头歌曲》：祭五伤、祭梅山、祭虾公、祭蛇、祭青龙、先锋旗头歌，高州灵王，杨山烧审，唐葛将军食饭，又其对厨席，引酒歌。《拜神圣》：出愿歌、游愿歌、游愿转大厅。尾唱，高王出世，高王出世歌，高王转边唱，斩审歌，吊鱼歌，对厨席做米饭，对厨歌，月头出早。《女人唱》打和合、凋散歌（唱法事功德圆满散场）。除唱《千年歌书》外，还唱《盘王大歌》。

拜千年王，近代以来已无举行。度身拜王，在1958年瑶区民主改革后已销声匿迹，80年代改革开放后逐渐恢复。

认识瑶族的宗教信仰是研究瑶族的文化传承，它与提高瑶族的文化教育有密切关系，不能用简单的所谓破除迷信的手法对待，拆庙毁神烧经。宗教信仰，以往有维持本民族的社会秩序，意识凝聚，社会平稳和谐的作用。

## 四　连南八排瑶"挨担堂"与"耍歌堂"

### 挨担堂

八排瑶人"挨担堂"，汉人谓之"打道箓"，是度戒取法名的仪式。由排里某姓或某姓中的一房各户联合举行，每十七八年或二十年（一说二十五年或三十年）举行一次，由于各姓各房按照自己的间隔时间举行，在排来说，形成轮流的次序，几年排里便有一次"挨担堂"（又称"打大堂""旺歌堂"）的庆典活动。

关于它的起源，据说是给阴间的祖先衣食钱粮，为保佑家口平安五谷丰登，不然会闹得人畜不安，多灾多病。同时度戒（取法名）以后，能够得到超度，在阴间可自由通行过州过府，预先给予地府知悉（与过山瑶之阴据相同），每个人生前必须参加一次"挨担堂"。男子"挨担堂"以后，可以头缠红布巾，妇女未经"挨担堂"，死时出殡不能坐尸椅，只能用木扛去葬（八排瑶语称为"订更婆"），更不能入"花洲"（阴间女子居住等待轮回的地方）。女子要结婚之后才能参加"挨担堂"。挨担堂的意义在于通过仪式确认其瑶族身份，享有民族的权益与荣誉，增强民族的凝聚力。

其程序在"挨担堂"的前三年决定，由先生公择定吉日，上申疏（是向天神告知的呈文）祈求神灵，祖先保佑这几年五谷丰登，六畜兴旺，人口平安。

在"挨担堂"的当年新春正月十五（以下时间均为农历）请先生公择好吉日，准备好申疏告知祖先，名曰黄榜。在二月间选吉日烧申疏，"申疏"分别给天神、土地、地府、庙神等，告知今年"挨担堂"，保佑财丁两旺，五谷丰登，写上参加"挨担堂"者的姓名、地址、出生年月日及时辰，本人所起的法名。祈求给予引度，由8位先生公签名，有传箓师、度箓师、坐坛师、主坛师、收神师、引度师、唱箓师、证盟师。

七月择吉日下公，所谓下公，即将庙里的祖先偶像油漆一新，并"画眉点精"为之开光，由先生公主持。有偶像的祖先公，是历史上威猛的祖先才雕刻偶像，其余大多数是用红纸按世序写上其名字，因此也将祀祖的神龛油漆一新，贴上新红纸写上的名字。此外，自上届"挨担堂"以来新亡故的先人，经过查实，如需雕刻其偶像的，也在这天请工匠雕刻。据1956年的调查材料，大掌排大庙的祖先公偶像，有盘古皇公、盘古皇婆、李十八公、龙十九公、王十五公、唐郎白公、邓十五公。

九月九日择日分书，由先生公为参加"挨担堂"的人取法名（又称阴名或称冥名），按惯例取的法名不得超过13名（超过则法名会重复）。仪式在祠堂举行，先生公事先将红、黄、绿三色纸剪成人形或条状，分别将法名写上一份三色纸，男的"法△郎"，女的为"法△娘"（死后用此名，如汉人的谥)。仪式开始时,由先生公念诵经书,然后将纸向上抛出,参加者每人拾起自己的一份,红色的当场燃烧,黄色的带回家中在神龛前的香炉上焚烧,绿色的则由各人自行保存。

十月初十上公、开衣、开化。"上公"是将神庙里的祖神请到"挨担堂"的厅堂中设的祀坛上。开衣是指每个安法名的男女做一件红布外套,长而无袖,以备过州时穿上,表示此人已度身。开化是做好媳妇头上戴的白布头冠。

十月十五日砍架大桥竹和过州用的厘竹子十八枝,由先生公带领上山砍竹,先生公念《修好》《退兵》瑶经后,开始砍竹。砍架大桥用的竹,要求这根竹要有 36 节的苗竹,破开成四分,打开平排,头尾各编 36 道篾,两边交叉弯,由右弯左 36 弯,然后用白纸贴其上为底,再贴上五色纸,两边贴纸花。在竹桥两头写着上师红兵官上路驴山九郎,中路横山七郎,下路火山二郎,摄州江华县水宫海门蒙山十郎,信州龙虎山政法番坛五郎,上桥天仙九十九宫王母等。并将竹大桥用布盖好,写上咒语,中午未时上竹大桥放厅堂,放于右边墙壁。安法名的每个男女,砍十八枝厘竹仔,把青皮刮去,上端贴上色纸三角小旗。

登担,是用竹织有孔的笼仔三个,中间的大一些,用一枝长竹枝穿过,谓之一担,总共 18 担,共放七斤二两草纸,用纸剪有人符马符各一份,《疏书》每位祖先一份。各户有神台门对五对。朋衣五件,朋裤三件,油巾一件(用纸剪成),放在竹笼内。竹笼用纸写××祖先名,有几千几百文纸钱。登担,祖先神九担九,纸一斤,朋衣五件,朋裤三件,人符马符各一份,纸钱清单几千几百文,祖公婆各一份。每登担均贴上封纸,由先生公用纸张制作,另写上"阳中孝△△△银△△封,给付新亡故△△△一位正魂,当坛给付阴司受用。"的字样,盖上"太上老君敕令"的硃印,放入笼内。封纸的数量按本姓本房已故先人的人数,每人 1 份,每份封纸的数额,根据先人以前是否取"法名"而定。如已有"法名"则写上 9 封(担),每封表示 600 元;未起法名的,则须写上 18 封。各人准备的封纸均装在小竹笼里,等到"挨担堂"过州后送神时烧给先人。油岭和南岗排装封的方法略有不同,把祖先公分为善鬼、恶鬼、野鬼三类,凡正常死亡的先人称善鬼,善鬼中已婚的男性和女性各装一笼,未婚的男女分别另装一笼。非正常死亡的称恶鬼,也按性别及婚否各装一笼。野鬼则为无嗣及赘婿,同样按上述分类各装一笼。

十一月初四日，"挨担堂"法事之前封斋七天至十四天，此次封斋只九天（初四至十二），封斋即是斋戒。斋戒开始，先生公集中参加取法名者于祠堂，摆设供品，由先生公祷告祖先举行"挨担堂"法事，予以赐福，在祖先神前烧一道《封斋引》。此日起各家吃素，直至开斋日。经过以上准备工作，才正式开始"挨担堂"。挨担堂一连举行三天。

第一天为请公（亦称接公），在大庙祷告礼拜，然后将祖先神像从盘古庙抬至本姓祠堂或本房之厅堂的祭坛上，放铳及打锣，先生公念经，并将另写祖先公名字的红纸从大庙请回到祭坛。有本坊土主公王、黄十五公、李十八公、唐皇白公、开天盘古大王、盘古王婆、邓十五公、我良公大王、奉滕公、龙十九公、房君法团二公，左仙奉房第一郎大王、右仙奉房第二郎大王，同时还有上届"挨担堂"以来新亡故的先人之牌位。

祭坛的厅堂里，放三张神台，分设三坛，中间为先生公带来的神（称之大神），有太上老君、三清天尊、淮南祖师、岭南本师。右侧边的两张台，一供奉庙王，即接公来的祖神，一是供奉本姓本房的祖先，上写远亡故本官押兵几百位正运魂。每张台上供一碗，香搁其上、台底下放牛头一个（在立州时宰公牛一头，将牛头供大神，即以大宰供神，保佑人丁如公牛一样壮旺），神坛上空挂4行，每行9条写字纸幡，共36条。形式如今之标语，内容为解度亡魂，保平安，香火万年长，神灵降道场之类，供品开支由参加安法名者共同负担。厅堂右侧放弯拱的天桥，其旁放一梯子，上挂青布及红布条，称之天梯，此为天神与祖先从天桥下天梯而来到祭坛，降下道场。而取法名（受度戒后）的男女百年后超度，亦由天梯天桥而升天国。在本房祖先的祭坛上用红、蓝、白纸剪的纸人约4寸长，各张写上祖先的名字牌位，并有一文牒，用竹片夹起，一排排挂在壁上，当晚先生公通宵念经，烧香酌酒。

把堂：由先生公念经，借助神力，在祭坛周围造海、造河、造山以形成屏障，排除邪神邪鬼的干扰，确保"挨担堂"顺利进行。

收金（禁）：由先生公念《收禁》经书，禁止邪神恶鬼干扰。

收百兽：由先生公念经作法，使山中野兽不敢糟蹋庄稼，保五谷丰收。

请公：由先生公念《请公》经文，接祖先降坛"挨担堂"。

开光：为祖先偶像眼睛开光，念诵《开光》经文，偶像开光后，才能具有神灵，看清凡间世界，接受"挨担堂"的供奉与赐福子孙。凡新刻或重新油漆之偶像，都必须开光，意为点开神眼，为神像开眼见光明。

法（发）牒：先生公念诵《发牒》经文，发牒文给祖先公，请其降坛"挨担堂"。

兵床：先生公念诵《兵床》《造桥》经文，表示祖先从天堂通过金桥来到祭坛，坐落在香坛之上。

上述每一仪式完毕时，都要放一次铳炮。

第一天，新取法名者，男女各人在外家大舅带领下，到指定的过州地点佔州，用树枝插定该户过州的位置。这一晚，凡参加过州者留宿祠堂，先生公通宵念经。

第二天，进行"会兵"与"过州"（即度戒仪式），其程序有立州、入州、洗州三个阶段。一清早先生公领着各房各户取法名的男女（名为新承）列长队，到村边宽广的田野空地（时已秋收完毕指定的过州地点），为首的是打锣先生公，次为首席先生公，其左手持神杖，右手捧经书。后面跟着参与法事的先生公八位，有手拿法剑，有手摇铜铃，口念经诀，领着新承绕场三周。其列次：王罗公（庙祝公）、大明司、阎罗头、带兵人（引度师）、新承队伍、副阎罗头、押兵人（证盟师）。

然后立州，以家庭（户）为单位，把贴有三角色纸小旗的九根厘竹子插在广场上，三三比例，成正方形，每根距离以可通过行人为准，称之九州城，分别写上九州的名字（应为禹贡九州，但往往写错字，有写道州、辰州，总之凑够九州）。先生公的神棍插在中间，由先生公领新承入州（又称过州），而取得祖先承认各人的法名，死后方能自由过州过府，新承穿上民族盛装，外披红色外套开衣，头上戴一纸冠（厚纸剪成，上画神像，两旁书写善财童子骑白鹤），一柄伞，由一位先生公带领由侧边入，绕九根竹转，即按九州之次序转。男子由已取得法名的舅父带领，妇女则由已取得法名的兄弟带领，跟在先生公后面转，此又称之为转州或称穿州。先生公念经，并念这家人的祖先公名字。此时陈列供品、酒、米、肉各一碗，每户过州30至40分钟（视该家新承人数多少而定）。过州后烧申疏，用鲜鸡血洒在纸钱烧后，将九州的竹子拔起，再拜。各家亲友为新承挂红（即赠送红布，几尺长或丈余不等，亦有赠送红绸），同时送鞭炮鸣放，以示庆祝。入州完后，集合全体新承列队绕场三周。将厘竹子拔起，谓之洗州。

拔下的厘竹子拿回家放在神龛脚下，待本人百年后，埋葬时插在坟头上。

过州时先生公所念的经卷有《兵床》《发牒》《结界》《又变》《造桥》《造变大兵床》《差出边兵》《押上礼书》《衍光》《三元法主》《此席》《路亲》，再念《传录》《请神》《带新承出门》《街人口》《起田坪》《过州》《为来拜五郎》《解钱》《头阳十九郎》《番坛五郎分兵》《送龙》《送录》等篇选段经文。

绕场，立州、入州、洗州，开始与结束，均放铳三响。

各邻近瑶寨或远方亲友，来观热闹者甚众，均坐于广场周围斜坡上，时而执事者挑酒满担至客前，酌酒款待客人。是日来观过州之众，有观过州，有叙友情，有三五成群的唱传统歌谣或对歌，使过州场面更为热闹。

第三天上天桥，降混沌酒，焚化厅堂中的登担和各家的登担（焚化的地方在瑶寨侧边山腰已收割了的稻田间）及含犁头、解愿，最后送祖先公回大庙，"挨担堂"至此结束，当天晚上开斋（事先由先生公烧一开斋引）。一早由一先生公打锣，通知各家一人"送笼"（即送登担到稻田烧给阴间祖先享用），新承一律不得出门。

各家所送登担冥钱，在稻田中堆成一大堆，先生公5人（其中一位首席先生公），一个在冥钱堆前念经，首席先生公领三个先生公排成一列，面朝西方念经，祭奠祖先，送祖先灵魂归阴府。冥钱烧后，先生公即首先开斋，就地吃肉喝酒，围观群众亦赏赐一块肉及半碗酒，此法事需3小时。饮毕，先生公回厅堂，至门口站立，门内先生公一人用神杖叉到门外边，问道何人要开门，问答后方让其进入厅堂内，然后谢神。

另一批先生公3人则往寨之东北角，堆柴约七八百斤，烧一生铁犁头，一面围绕火堆念经及舞蹈，待柴都烧成火炭，犁头烧得通红，先生公赤脚踩过火堆，将犁头踢出，喷上法水（即一碗清水），用两张符折成两个三角，两手用符捧犁头两末端，急跑回中厅，一路不能有人在道中阻挡。回中厅后，多位先生公念经，一个先生公用纸往犁头点火，问"着不着"，捧者答"着"，纸即点着火。若纸在犁头上点不着火，则谓先生公法力不大，故有时先生公趁人多拥挤嘈杂，转背遮掩用火柴点火。

若村里新承人多，第二天过州时没过完的，第三天早上继续过，直至完毕。

过州若外出不能及时回家者，则以其底衣一件寄回家，家人将其衣用

"开衣"（红布长背心）包扎与头冠一齐过州。妇女有孕，则拿一把伞张开，以示两人过州，先生公多念一些经，为腹中儿女过州。若过州后七天内生男孩，得请先生公为其念经过州，办法是由舅父代为过州。过州完后，最后法事是送公，新承重新列队，打锣、放土铳，由众先生公念经领队开道，把祖先偶像及纸写牌位送回大庙。回来后，众先生公念经至半夜，"挨担堂"至此结束。

开斋后，是晚设宴亲友喝酒吃肉，送肉给舅父带回，其他来贺送红布客人，亦相应送一些猪肉。

"挨担堂"开支很大，费用由本房人分派负担，参加过州的人要多出一份。1956年调查，新承每人负担30元，其余每人15元，家里招待亲友费用50元至150元不等。备酒60斤至200斤，杀猪一头，腿肉12斤送舅父，其他挂红道贺者备送一些肉。八名先生公，本排不足的到外排请，先生公的报酬按已亡的祖先数计算，一个亡魂二角，除平均分配祭品外，以主从分，一人为主称大传头，一人为副称副阎罗，其余称法牒。大传头分得蓝布一丈五，米十斤，副阎罗红布一丈五，米十斤。

过州后，新承人家七天内不能外出工作，仍穿上红色开衣，先生公则须二十天后才能外出工作。七天后，待先生公向东西南北方接龙，外出工作才百无禁忌。所谓接龙，就是由先生公择好日子，在排的四方钉下小木桩祭拜，并告知哪一时辰，哪一方向有利，依此时辰方向到附近斩树枝两条，回家才解除出外生产工作的禁忌。离婚、改嫁、新嫁娶不在禁忌之列。

"挨担堂"后三年内，不利盖新屋。

"挨担堂"法事的详细过程如下：

第一日起事：收耗、挂三清、请神、安谢了、封斋、洒秽、请神、存锣鼓、赞瓦碗、封状、收禁、度完了、把盏。

第二日起事：封游排、挂朝圣榜、开天门、洒秽、请神、四造桥、阳梓桥、发牒、登土神状、带新承弟子立州、请土主庙神到家、安谢、把盏、打良呈生、请神、敕过州、旗枪会、带新承弟子过州、收邪师行罡、回家又拜五郎、读朝圣榜、把盏。上分道场、结界度冠、造桥造兵床，迎兵，圣请婆神、烧驴横扎、洒秽、请神、押字、拜解钱、回家行罡、救旗枪、敕符、降五郎、踏州、会兵打条旗枪、吹符、洒秽、请神、差将军、降长沙王、打阎罗、招亡、化衣、敕罪、解结、过黄河九曲、洒秽、请神、差游兵书、烧游兵疏、上路降神、起灯盏、取内洒秽、烧答灯疏、白榜、降上桥灯、拜上桥灯、降神明白灯、白台、降土公、勾愿、白依、白神光。

洒秽，请神取肉安谢、烧念满疏（烧八张）、家书状、烧归空榜、烧借力士钱、发力士疏、烧度亡疏、烧追修游排、安亡割鸡、祈保、壮桥度亡、送亡，又送二十四庙神王、送阎罗、送金庚、又设灯。

带新承弟子白州到州、倒山、回家拜五郎。

第三天，进仙桥、结坛、结龟、分兵、分米、投箓上桥度法、学法、捉黄斑、朝坛埋鸡、神坛取肉、安坛、烧还愿疏、分兵真法、收神烧札、收神、降混沌酒、降雪山上度法、烧传箓疏、除刑解尅、头场十九郎分布、度神冠法衣、一应召兵、召坛、请打言语、祈保。

洒秽，请神取肉、安谢、差将军、降浑沌粥、送箓神回家、降问上答、下答教法、读解结问、洒秽、请神、烧钱、烧大传完满疏、烧大传朝圣榜、烧游排、祈保化宅、把盏、过大传尽、明白、送土主庙神归庙（完了）。

在"挨担堂"三天时间里，来观盛会的各寨群众也时而唱歌或对歌。他们唱的大多数是传统八排瑶歌，如叙述八排瑶的来源历史的《水阴横歌》《盘古皇歌》《歌堂断卷》《分八排》《八排瑶人挨理》《㟜龙歌》。反映八排瑶人清康熙年间反抗清王朝的斗争，有《打里八洞歌》。倾诉男女爱情的有《呕高古歌》《水民古歌》《十二月歌》《二十四朵花歌》与360首的《歌堂弹指歌》（耍歌堂时亦唱）等。

八排瑶族人民"挨担堂"，是历史上传统的风俗习惯，自1956年后一直停止。十一届三中全会后，随着改革开放的实施，近年来不少国内外学者来瑶寨参观，文化部门将过州、长鼓舞、唱弹指歌加以整理，三者结合作为民族传统文化演出供观看。此后，各排瑶寨自发地恢复了"挨担堂"。1989年，连南"挨担堂"的有香坪房姓，石下唐姓和白芒。

"挨担堂"，是祀敬祖先，继承先人传统的民族文化，凝聚民族共识的重要形式。

## 耍歌堂

耍歌堂，瑶人称为挨歌堂，每隔三五年或七八年举行一次，是祭祀盘古王及祖先，祈福娱神乐众的群众活动。传说是向祖先祈祷人寿年丰，不祀则人丁六畜不旺，五谷不登。《评王券牒》云："盘瓠死后，评王敕赐龙犬名盘瓠为始祖盘王，许令广受王瑶子孙之祭，自今以后，三年一庆，五年一乐，聚居一脉男女，摇动长鼓吹唱笙歌鼓乐，务使人欢鬼乐，物阜财丰，如不遵者，作怪生非，自于其罪。"① 即不祭祀盘王与祖先，则遭鬼怪之祟，人畜不旺，五谷失收。

耍歌堂，是八排瑶族隆重的传统节日，以排为单位举行，排内各姓各房都要参加活动，为期 3 天。节前半年各家便准备粮食、黄豆、养肥猪鸡鸭等。二月初（农历）"天长公""头目公"先生公会议，商量耍歌堂开支，摊派各姓各房捐钱捐物，预先把大庙重修一新，漆新盘古王、盘古王婆及各姓祖先公偶像，如有霉烂的须重雕刻的，就要选吉日请工重刻，把应购买的酒肉香纸烛炮仗等开支费用计算摊派，各家事先通知亲友，届时前来参加。

当年的七月初七（立秋日）盘古王诞日，各房的老人、先生公和掌庙公（耍歌堂头）集议，选定耍歌堂日期，并选定负责歌堂的首士 18 人（计有打铜锣、吹牛角、放土铳、吹笛、打纸公各 1 人，先生公 3 人，大头及砍竹竿的各两人，其余为做杂务）。

通常歌堂日子选在十月十六日（农历）盘古王婆诞那天，在节期前三天，集于大庙，由先生公主持预排节目，着重在教唱歌，日辰都要选定是否吉利。

耍歌堂程序：

①打旗号：耍歌堂当年，从农历九月二十日开始"打旗号"，一根带有叶的长毛竹，以瑶女红绒线绣成的衣服，装扮成的假人、玉米包、稻穗、花纸条、彩绸丝带高高挂起，竖立在祠堂高处显眼的地方，直至"耍歌堂"圆满结束才收下。

②抢公：第一天活动，抢公时间规定零时起至太阳升起为止，此时间内把本姓本房的祖先偶像从大庙（盘古庙）中抬回到本姓本房的祠堂，抬的时候也可把别姓别房的祖先偶像抬走，这就是"抢公"。偶像抬回祠堂后，放三响土铳，被抢去的祖先，可在放铳前抢回来，放铳后则要赎，付300 斤酒，360 个糍粑，始能把祖像抬回去。因"抢公"引起争端，其后取

---

① 《中国少数民族社会历史调查资料丛刊》修订编辑委员会：《瑶族〈过山榜〉选编》，民族出版社，2009，第 16 页。

消此项内容，各姓各房仅能抬回自己的祖先公偶像。

③游耍歌堂路（俗称迎神或游神）：耍歌堂正式开始前3天进行，当天下午男人及孩子穿上新衣，红布缠头，插上羽毛，由歌堂头3人（一正二副，即管庙公和法牒两人），歌土仔3人（手持纸幡的2童男，与一位持红木棒少年），教真（歌）爷（瑶语，即教歌土仔唱歌和敲木棒动作的老人），打锣公、打鼓公各一人，长鼓队若干人（多至几十人）齐集大庙。先生公主持开坛仪式（称之为"过斗"），先生公摇动铜铃，祈祷念经，神台上供一只鸡、两碗酒、两碗鲜鸡血、猪肉，烧香，挂上一串串五色纸于神坛前上空，几个长鼓手在祖公神前跳长鼓舞，旁边站着两个手拿纸幡（五色纸条）的童子，和一个摆动红色木棒十五六岁的少年随着长鼓节奏，两足前后摆动，有时弯腰作拜揖状，两手交替敲打木棒。持幡两童子，随教歌老人授歌词，老人念一句，童子跟唱一句，整个仪式约一小时，称之为告祖公。

祭祖毕，随后祭幡，把一根长三四丈尾仍留枝叶的大竹竿，挂条红布和若干五色纸，先生公插起神杖，口念好几遍瑶经后，放土铳三响，几个壮年男子擎起竹幡一步一步从岭上大庙呼喝走下来，随后是本届负责的先生公及各姓头人，长鼓队，打锣队。各姓各房均有长鼓、唢呐、铜锣、吹牛角表演队伍，（按抽签先后次序）神轿（轿上放盘古王公、盘古王婆、各姓祖先偶像），歌土仔，最后为穿红袍的先生公，先生公手持神杖和剑仔，边走边念经。

据1956年调查的南岗排游神状况：南岗排分三个接神坛（有三条龙）即唐姓、盘姓和邓姓各一个坛。到第一坛时，第二坛的人便持酒肉祭品到第一坛接公，第三坛的人到第二坛接，沿途放鞭炮，当天在第三坛将神像安置第三坛上，晚上先生公在这里念经至深夜。

第二天又把神像抬起，列队如前，作一天游神，宿于第二坛，第三天宿于第一坛，翌日便把祖先公抬回大庙。游神进程中，每到一祠堂（坛），长鼓及其他表演队伍分别轮流表演，放土铳三响，放鞭炮，将祖先神像放入祠堂陈列，均用120个糍粑供奉，先生公念一回经。游神经过之处，均集群众围观，早在祠堂前等候的群众就唱《盘古王歌》迎接，还有大量的酒供游神的人喝。

迎神完毕，翌日（即第四天）将祖先公送回大庙，杀猪宰牛，用牛尾、牛腿、猪肉、鸡鸭血拜祭，先生公念经，祀拜一番。

耍歌堂开始，先由主事先生公领导"歌土仔"，长鼓队绕歌堂坪一周，然后主事先生公在歌堂坪引吭高歌，齐集在歌堂坪的男青年同声和唱。瑶排姑娘身着盛装，颈戴银项，头盘薏米珠串，排列在歌坪上方，男青年头缠红布头巾，插上白雉翎，身着盛装，腰挂长鼓，向姑娘跳起长鼓舞，三五成群，边唱边舞。然后对姑娘唱歌，一般先唱催情歌，继唱盘古王歌，再唱相见欢，未婚男子可倾吐心声，姑娘没任何表示，只是两眼盯着唱歌的人。

每两届耍歌堂，便有一次为黑面公歌堂，通常在唱歌后第三天开始，有三人（用玫具抛掷方法产生）分别扮演黑面公（头戴牛皮宽边帽，穿厚棉浸过桐油的背心，为护身盔甲，脸用锅底黑烟灰涂抹）、黄脸公（用黄泥抹脸，穿同样护身如前）和白脸公（用白粉涂抹，穿上护身），人们向此三公追打玩闹，先生公给黑脸等三鬼念经。传说此三鬼为兄弟三人，威武将军，游玩到南岗边遇山洪淹死，鬼魂不散为祟，瑶人在庙立其像供奉，得其护佑，每与外械斗，黑脸公皆为先锋而阴助取胜，因而耍歌堂以祀祭。

现改称之为"打三怪"，所谓"三怪"，即由三人用黑、黄、白颜色涂脸，扮成黑面公、黄面公、白面公，代表妖魔邪恶，身上挂三斤猪肉在前面跑，后面有人拿刀、斧、锄头、木棒口喊打杀追逐，三怪设法躲避被抓，跑上山岗岖路，一直到大家精疲力竭才停止。最后"抬游法真"，是耍歌堂最壮观的一个仪式，传说法真是民族英雄，后受招抚，瑶家耍歌纪念他。由一个英俊威武的男青年扮演，左手抓公鸡，右手执宝剑，挺立在横架的木梯上，由几个人抬着，在歌堂坪上示威游行，尾随的几名枪手，最后向天鸣放火药枪。

耍歌堂用的瑶经有 12 本，为《造桥》《香花》《收红尸》《发牒》《罗罡结界》《存变》《兵床》《迎兵》《夜来为兵》《长沙王》《招亡赦罪解结》《开光》等，在庙堂上及游排时由先生公所念诵。

耍歌堂先生公所得的报酬，管庙公领到 15 只鸡，216 个糍粑，15 斤米，3 斤牛肉，1.5 斤猪肉。法牒两人，得鸡两只，米 6 斤，其他和管庙公同烧香公一样 12 斤米，216 个糍粑，3 斤牛肉，1 斤猪肉。歌土仔每人 216 个糍粑，一套新衣服和红布头巾，1 斤油。教真爷 216 个糍粑，还有 1.2 元，经费各户摊派（1956 年南岗排调查材料）。

在耍歌堂期间，每家用二三十斤糯米做糍粑招待亲友，要一次歌堂，按人口计，每人要出四角钱，七斤酒，钱是给先生公及其他帮忙事务的人，并作香、纸祭品的开支。酒是大家喝的，每天三四桶，任由人喝，另外每人还要出二个糍粑（1956 年大掌排的调查数字）。

歌堂结束后的禁忌：歌堂后七天内，不出门搞生产劳动、舂米或大声碰撞，必须等管庙公宣布"安龙"后，始百无禁忌。所谓安龙，是择定吉日，备酒肉米等祭品到排顶向四方拜祷，由管庙公主理，另外四个先生公协助祷拜。

耍歌堂是排瑶传统的群众性节日活动，庆丰收与祭祀祖先酬神还愿，对沟通民族内部的思想感情，弘扬民族文化传统起很大作用。

过山瑶、高山瑶、八排瑶度戒与歌堂形式虽然不同，但其内容实质基本相同。祭祀盘王及祖先，取得法名，继承本民族文化传统，增强民族的凝聚力，具有独特的民族性与群众性。

《歌堂》是瑶族宗教信仰民族特色的表现形式，有着悠久的历史，是继承瑶族先民祭拜盘瓠"扣槽而号"，扣椿堂而歌唱的传统。歌堂之俗，古代在岭南盛行，据郑熊《番禺杂记》云："南人尚乡歌，每集一处共歌，号歌堂。"郑熊一说为唐代人，一说为宋初人，说明唐以前岭南盛行歌堂之俗，但至清代，广东文献都未见记载，如明末清初屈大均《广东新语》，（清）道光邓淳《岭南丛述》均未载。歌堂之俗，在岭南已消失，然而此俗在粤北瑶族中保留下来，为探讨古代岭南俗文化提供线索，填补中国俗文学史岭南方面的空缺。

拜王歌堂，是海内外瑶人的文化共识。近年来移居海外的瑶人回粤北寻根，他们是三百多年以前移居越南、老挝、泰国瑶人的后裔，于越战后移居欧美等地。今瑶人已分布 13 个国家与地区，他们通过《拜王歌堂》中的歌词记载，而回粤北寻根。（美）赵春道《盘古大王徭孙书歌牒》中的《飘洋过海歌》载，他们的祖先原住南京十宝山，寅卯二年天大旱，十二姓瑶人漂洋过海，遇大风浪，他们向盘王许愿，才得平安抵岸，"流落广东韶州府，乐昌安插置田塘。耕种黄禾便丰熟，烧香敬奉保人民。子孙代代敬神圣，承宗接祖不忘恩"。（日）白鸟芳郎编《瑶人文书》其十一《女人唱歌》（文书来自泰国瑶族）云："寅卯二年天大旱，三年无米又无粮。遥飘过海向东京，过了三年六十日，愁愁忧忧在船中。无计船中便叩圣，五旗兵马保人丁。盘古圣王开金口，杀死前来后救生。未经三日船到岸，船行到岸马行乡。流落广东韶州府，乐昌安扎置田塘。"（法）雅克·勒穆瓦纳《瑶人仪典绘画》影印瑶经一段（老挝琅勃拉邦开梭村瑶人藏）谓："盘古大王置有十宝洞平田水土……寅卯二年天大旱，十二姓瑶人漂湖（洋）过海，过了三月，船路不通，愁气在心，船中许上部书歌堂良愿，未经三朝七夜，船路也通，水路也开，送船到岸，送马到街，扎落广东韶州府乐昌县庭，备办还恩，答谢圣王。"

过海的传说，对瑶人来说盘王是瑶人的救星，是幸福生活的赐予者，用还愿歌堂来答谢，传颂祖先的功德，追念祖先拯救之恩。"子孙代代敬神圣，承宗接祖不忘恩。"永远怀念祖先们的故土，它不仅表现宗教的继承性，也表达民族性和群众性的特点，因而成为瑶人文化共识，在瑶人中起着巨大的凝聚力。

## 第四节　瑶人信巫尚鬼自然崇拜鬼神崇拜

### 一　瑶俗信鬼崇巫

史籍记载：瑶人"信鬼崇巫""畏鬼神，喜淫祀"。

《旧唐书·列传第九十三·韦王陆刘柳程》载："禹锡贬连州刺史，未至，斥朗州司马。州接夜郎诸夷，风俗陋甚，家喜巫鬼，每祠，歌《竹枝》，鼓吹裴回，其声伧伫。"

唐《晏公类稿》谓："归州荆楚之风，夏夷相半，有巴人焉，有蛮蜒人焉。巴人好歌，名踏蹄。白虎事道，蛮蜒人与巴人事鬼。"唐人著作言蛮蜒、巴人事鬼。

宋《桂海虞衡志》载："跳月踏歌，好鬼重巫，瑶祭都贝大王。""男妇各成列，连袂相携而舞，谓之踏瑶。乐有铙鼓、葫芦笙、竹笛，众音竞闹，击竹为节。"

宋《方舆胜览》卷30载："瑶俗，畏鬼神，喜淫祀。"

《元和郡县志》载："滨州，盘瓠遗风，击铜鼓沙锣，以祀鬼神。"

宋《太平寰宇记》卷147载：峡州"俗信巫鬼，重淫祀"。卷161，贺州（风俗）"俗重鬼，尝以鸡骨卜"。卷163，桂州，"信巫鬼，重淫祀"。

宋《舆地胜记》卷97新州风俗形胜：俗以鸡骨卜吉凶。《汉书》越巫以鸡卜。

《宋史·地理志》谓："信巫鬼，重淫祀。"

清《一统志》载："（瑶人）信巫而尚鬼。"（《续慈利县志》卷3《风俗》）

清雍正金鉷《广西通志》卷93载："迁江偍瑶蛮僮，俗信巫鬼。"

巫，巫祝也，女能事无形，以舞降神者也。《周礼春官男巫注》：巫事鬼神祷解以治病请神者也。男曰觋，女曰巫。古时女巫主祈祷求雨。屈原《楚辞》有不少描写巫招魂的诗篇。巫祝，是事神者，信讥祥。

《古今图书集成》卷1254记载祭盘瓠时之巫舞，"衡人赛盘瓠，病及仇雠，重事祈许。盘古赛之日，巫者以木为鼓，中小两头大，如今之杖鼓，四尺者谓了长鼓，二尺谓之短鼓。巫有练帛长二三尺，画自盘古而下三皇五帝，三王及诸神，是日以帛画悬之竿，鸣锣击鼓吹角，巫一人以长鼓绕身而舞，两人复以短鼓相向而舞，随口歌唱，无复本据。雠怨重者，夜至野地灭烛谓之盘黑鼓。"

信鬼必信巫，巫乃人间通神鬼者。《续资治通鉴长编》卷143载：庆历三年（1403）桂阳监蛮瑶内寇，"初有吉州巫黄捉鬼与其兄弟数人皆习蛮法，往来常宁，出入溪峒。诱蛮众数百人，盗贩盐，杀官军，逃匿洞中，既招出而杀之"。这说明瑶人信巫，蛮法指巫。

## 二 自然崇拜

巫，是古代人们的宗教信仰，万物有灵崇拜，对自然的顶礼膜拜，今谓之原始宗教信仰。巫是沟通天神地祇自然山川神灵者，以上童的方式（仪式）来沟通人与神鬼，用珓来表达神灵的意旨。《瑶经》谓："求你阴珓你也保，求你阳珓你也欢，阴阳二珓都无事，胜珓落地保人丁。"

瑶人认为，万物有灵，一草一木，一山一石都有神灵，且每一事物中，更有若干神祇分司其职，天上有天神、星宿、风雨、雷神等。地下有山神、水神、土地神、地脉龙神等，石头、树木、井边、桥头都有神，《灶君歌》谓："三个石头对面坐，（用三个石头垒起简单的灶）谁知石下有灵神。"乳源荒洞瑶人狩猎敬奉的肉神是一块黑色石头。杨梅浪瑶人所祀的神，亦是一块石头"黄泥坑、樟木坑、乌坑等几坑瑶人合资建的庙，原安奉一块石头的神坛"。这反映了生产力低下，人们屈服于大自然的表现。

瑶人祀奉的自然神还有代表山水龙脉之神，坟墓龙神，住宅风水龙神，主人丁兴旺。养财地主，主六畜兴旺。社德大王，五谷禾苗地主，主全村寨人畜平安，五谷丰登。瑶人注重风水，诸如起屋、打灶、乔迁、墓葬等都请地理先生看风水。乳源瑶经《引度师爷书·契拜》反映瑶人对自然的崇拜，认为小孩要健康成长，必须得到自然神的保佑，把小孩契给神做儿子，孩子就可免除灾厄长大成人，因此有契给太阳、月亮、大树、石头、桥神、路神、井神做儿子。再如女子出嫁，过桥时新娘要在桥头行半跪礼，并放一枚铜钱，以敬桥头伯公，祈祷顺利过桥。

任何多神教或一神教的民族中，神与鬼有严格的区分，普遍认为神是权威受人尊敬奉礼，而鬼是飘忽不定的，人惧怕而远之。神是统治者，鬼是被神所统治，两者界线分明。而瑶人对神鬼没有严格的区分，正是他们万物有灵观念的体现，如灶君受每家香火，佛教与道教奉之为神，而瑶人视之为神又称之为鬼。《灶鬼歌》云："灶君鬼，灶君神。"《下坛兵出世歌》称："五伤鬼，五伤神。"把"跳神"（调神）又称为"跳鬼"。把上坛神祇财禄二库判官称为"财禄二库判官鬼"。这说明瑶人的宗教信仰与古人一样，把神鬼看作为万物的精灵而崇拜与恐惧。

瑶人不仅信奉以盘王为首的祖宗神，也信奉道教的三清玉皇大帝，信奉佛教的观音菩萨、南海娘娘，山神水神五谷神等自然神。瑶经《上元书》统计，上位神有46名，下位神有32名（大部分不属道教与佛教的神），这说明瑶人是多神崇拜。据梁钊韬先生统计：瑶人信的神类6位，仙类10位，精灵或可以说巫师作法唯一对象的69位。从《瑶经》请出梅山祭过五伤（虎、蛇、狮、象、犀牛），请出青蛇祭过青坛一段诵词看，它反映了瑶人对动物神的崇拜。

瑶经《送神归位》，先送的有形耗神"黄斑老虎、大耗小耗山猪、茅鹿、黄猄、百鸟、尖牙老鼠、蟒公、翼力、乌鸦、斑鸠，有翼无翼之虫"。这些瑶人称之为耗神耗鬼，送至无人之境，免伤害庄稼五谷六畜。其次送走无形之邪神邪鬼"天煞、地煞、茶煞、酒煞、天吊、地吊、六六三十六通天大吊、天火、地火、官司口舌、是非口舌、痧疮麻痘、赤眼痢疾、伏断愁症、天瘟地瘟，瘟灾瘟难，行病鬼王"。这些危害人身生命财产的邪神邪鬼，将其送走，瑶人才会安居乐业，人丁兴旺。这是瑶人在旧社会居住深山与自然环境的斗争中，希望摆脱贫困与灾难，对自然精灵虔诚的祈祷。

### 三 八排瑶鬼神崇拜

随着社会发展，对自然与神灵的崇拜逐渐上升为对鬼魂崇拜，特别是祖宗崇拜。连南八排瑶认为人死了便变成鬼，鬼分为善鬼和恶鬼，在南岗排瑶有善鬼与猛鬼共 36 个，这些都供入大庙之中，受人敬拜，敬之为神。大庙中有盘古皇公、盘古皇婆、房十二公、梅氏七娘、梅氏八娘、刘十六公、邓十五公、黄面将军、黑面将军、白面将军、大坛唐法真一郎、海高师、邓户千大王、西海四娘、唐十五公、唐法交三郎、盘法清八郎、沈小法华十郎、沈小代家公、唐十三公、唐五白公等，这些都是善祖先鬼。恶鬼可分大小与猛鬼，猛鬼有房成海公、房成佑公、房满达白公、唐郎白公和出嫁姑人五个，他们生前为人勇猛正直，为族人争利益，为排瑶的首领人物（也包括了械斗，打油伙等）。若遇疾病，便要用牲品祀拜，以求禳灾。有 24 冲鬼，其先前在村寨有势力，较排的头人小。

小鬼是死于非命，如枪杀、刀杀、饿死、蛇虎咬死、天花瘟疫死亡和在外死亡的（不是在家宅死亡），鬼虽小，其魂游荡。因这些亡灵无人祭拜供奉，缺食少衣，常向人索取为祟，若碰上而生灾疾，只要以酒肉纸钱祀拜、祈禳，便可消灾。不论善鬼恶鬼都反映了对祖先的追忆，供奉的层次虽有差别，而他们均受尊敬祀拜。每个排顶，都有一座庙，庙是一连三间式的房子，用木柱支撑，屋顶盖以茅草，正面是高高的神台，放着大小不同的祖先偶像，最大的偶像是盘古皇与盘古皇婆，敬奉的祖先神位，是用红纸写的历代祖先的法名，每月初一、十五都烧香供奉。祖先崇拜是在父系社会充分确立的背景下产生的，八排瑶是以盘古王为核心的祖先崇拜、自然崇拜、鬼神崇拜的多神信仰。

从执行宗教礼仪的人来说，他们并未专业化，他们分两类，一类是先生公，他们虽然是宗教职业者，但他们并没有脱离农、林业生产劳动，除宗教活动外，他们与族人一样参加日常的生产劳动，并以农林业收入为主，在有人需要他作法事时，便暂时不参加生产劳动而进行宗教活动。宗教活动是他们的副业，增加了一些收入。先生公是受族人尊敬，亦具有权威性，学做先生公，也成为一种风气。

据 1956 年的调查材料，南岗排 561 户，有先生公 101 人，按人口计每 17 人中就有一个先生公。

先生公传授的方式，是先生公招收学徒的形式，如汉人的私塾。一个先生公（又称之教书公）有 10～20 个学徒，便可开班教授，每个学徒交 36 斤米，360 斤柴，及油、盐各一斤，另外逢年过节送些酒和豆腐。学徒首先学习文化，识字，打下念瑶经的基础（瑶经皆汉字书写），过几年，有一定文化，懂得一些汉字，如决定今后要做先生公的，就在每年新春（元宵节前后）择先生公有空的日子，送一斤肉、二斤酒、一吊二钱（一元二角）到先生公家，请他教瑶经。若先生公答应了，第一年就先抄瑶经给他并教他念，这一年所学的是有关医病驱鬼逐疠、丧葬等内容的瑶经，平日学徒自修，随时向师父请教。第二年学徒仍备酒、肉银钱送给先生公，进一步学习，教授求雨、要歌堂、挨担堂等瑶经法事礼仪的内容。第三年，备较多酒肉银钱（七吊二，即七元二角）传授有关咒语、符箓及有关械斗的瑶经（《番解冤家咒诅》），师傅把全部瑶经抄给徒弟，教他念熟并主持各项法事礼仪，再给师父 12 两银以后才算学完。

学完功课以后，先生公（师傅）认为可以作一次试验的时候，选定吉日，由徒弟自备一筒酒，一只鸡和一些肉，到十字路头进行实习，念瑶经开坛请神降鬼等法事。除师傅外，不让外人看见，师傅认为满意，这位学徒便可以驱鬼除疠，也可作为助手见习，这也是学习时的必要方法之一。

一个新做先生公的人，被人请去送鬼治病，如第一次就治好了病人，此后就多人请，若第一次治不好，以后请的人就不多。由于南岗排先生公多，一般本姓本房的人有事，大都请本姓本房的先生公。南岗 101 个先生公，有 60.39% 是 25～39 岁学做先生公，40 岁及以上的占 20.79%，25 岁以下的占 18.81%，即大多数是中年以上才学做先生公。学习时间长的有 10 年和 12 年（断断续续的学），多数是 3～4 年，学做法牒的（挨担堂助手）只需 1 年。

在师徒的关系中，有血缘关系（父子、兄弟、叔侄）的占 30.7%，非血缘关系的占 69.3%，其中不少父为先生公，其子向外面的先生公学法。

另一类是问仙公，排瑶称之为"老面公"。他不像先生公那样专门为人送鬼，他是查鬼的，人有疾病灾难便请问仙公查明哪一类鬼作祟，才能有针对性送鬼。他获得的报酬是一斤米和三四角钱，平时还是一样参加生产劳动，"问仙"也只是副业。

宗教是通过道德的约束整合力量，透过对神明的信仰而达到社会和谐，内心慰藉的目的。而瑶人的先生公和问仙公是来自直接接触超自然、原始的信仰巫的形式，它是"一种在超自然观念指导下的行为，人们借着某些工具与动作，以求能控制超自然的力量，以达到祈求的目的"。

因此，问仙公多是情绪不稳定，比常人更易失去知觉，更易迷幻的人。当人们遇到患病或灾难降临这类无法解释的现象时，以为灾难和疾病的根源是超自然且不可知的，便去请问仙公，是问仙公有进入超视觉的能力。人们以为，如果问仙公幻觉中不能亲自见到鬼神和灵魂，那么至少是他的祖神在他询问神的过程中指引着他，他们祖神在为他寻找和辨认在路上相逢的灵魂和鬼神。在他祖神的陪同下，为了进入超视觉现实，问仙公不用备什么祭品，只需要一筒米、三支香和一些纸钱，问仙公站起来喃喃地念经，用牙板敲打自己的手臂，全身处于颤抖状态（颤抖是一种神经过度激动的表现），通过这种状态，问仙公撇开了可见的平常现实，而进入超视觉现实。实际上，祖神是问仙公自己的分身，在活动过程中，问仙公精神分裂为若干部分，在钹铃伴奏下颤抖，气喘地吟唱，替病人招魂，在鬼神处所辨认，并对比病人的疾病现象与病因，在祖神的指引下找到了病因，说出病人是犯了什么鬼，要用什么祭品，在什么地方祭拜，在场的主事人答应了，问仙公便背着手掷玟，旁人拾起玟具，告诉问仙公什么玟，问仙公接二连三掷玟具，直至满意为止。最后，他拿过牙板在自己的前肢臂膀上拍打几下，表示回到了阳间，此时突然倒下，旁边众人马上把他扶起，问仙公苏醒过来。至此，算是为病人找到了病因。问仙公的巫术行为，八排瑶称之问仙，过山瑶称为降童。

问仙公这种巫术行为，不是常人可以学到的，也不是招徒传授的。每到清明节前后，人们祭祖扫墓（俗以清明节，冥阴间放鬼出来），认为问仙公老了，要找人替代时，就在晚上集青年人到老问仙公家，在厅堂上对祖先公烧香，由老问仙公请历代祖先公，另一些人敲锣打鼓，青年准备当问仙公的便坐在那里，听老问仙公念咒请祖先公，当祖先公来附身时，这些青年人中马上有一个突然失去知觉，随即发疯似的拿着一对牛角，在地上长时间地打滚。人们用锣鼓助威，这样持续 2～3 小时，此人突然昏倒过去，两眼紧闭，人们把他扶起来，老问仙公便向他问话，这个人随口说是某某祖先公附体，把来历说一遍。这时，老问仙公便宣布这个人可以收为徒弟，随后念咒语，不久，这个人清醒过来，对自己刚才的举动则一无所知，这样，他便被当作问仙公的继承人。

由此可见，排瑶信仰中有强烈的巫术特点。

## 四　信鬼崇巫，病不服药，事鬼神祷解

瑶人尚鬼信巫，有疾病不服药，而祠神设鬼，听命于巫师，如恐不及。"疾病不医药，专务祷神"（明嘉靖黄佐《广东通志》卷20）。病不服药，祭鬼求福，清邓倬堂《瑶排诗》八首之五云："瑶俗好信巫，有疾更勿药。祈禳神无灵，自谓逢不若。"瑶无医药，疾则祷之，不愈则谓神所弃（《连山县志》卷6）。八排瑶有治病之经书，如《医生救人》《花间甲坛》《解大岁》《夜晚送鬼》，经文内容为驱邪逐鬼。这里可以看到居住深山大岭的瑶族人民，身染重病的苦况，"忽沾病在身，少思茶饭，寸步艰难"。缺医少药，只得再三祈求神灵保佑，解脱疾病。《医生救人》先生公念是经，请神驱鬼，对瘟病鬼，砍以刀剑，或设井以禁锢，或以火汤恐吓，使瘟病鬼远走他方，患者"大病脱离身，小病脱离床"。这反映古代岭南蛮荒之俗，以巫治病，不求医药。经文《请神》谓："东极慈悲，南极慈悲，西极慈悲，北极慈悲，中极慈悲，度仁教主。（到床大喝声打鬼）咄，敕你何方小鬼，何处妖精，如何损害我皇民，吾师手执灵刀宝剑一张刀，斩你下界五瘟小鬼精。走者长生，不走者灭亡。神刀斩你下界百鬼成两断，今日斩鬼救皇民。叶静仙师得奉玉皇殿前长命水，救人人起，救病病轻，玉女一口长命水，身中大病脱离身；二口长命水，五更疾病当时轻；三口长命水，明朝早起去烧山。"（早起去烧山，指恢复健康，去生产劳动）《架桥书》架桥解凶厄疾病灾难，祈禳长生益寿。《解太岁》言人有灾疾，因其犯太岁，请先生公禳灾。《夜晚送鬼》（或称裁鬼，说鬼送天）是书为半夜赎魂的经书，谓人碰到邪鬼，受惊吓，魂魄散失，饮食不常，睡眠不安，小灾小疾，因此请先生公念经赎魂，睡眠直到天亮，身强力壮，请的神多为祖宗神。

## 五　八排瑶经，反映崇巫尚鬼

《番解冤家咒诅书》：人有疾病或灾难，除凶神恶煞外，可能是因仇人

（冤家）诅咒自己，因此请先生公念此经来化解，解除魔咒，"冤家要从今日解，诅咒要从今夜消""不曾番下是冤家，番了得成满堂花"。在村寨或姓氏间发生矛盾冲突，互相仇怨，为防止对方诅咒，使其村寨瘟疫、火灾、六畜死亡等，请本排先生公念此经以预防。械斗时为防止对方诅咒致失利，也设坛念此经以化解。

《何番冤家书》：古籍载"粤俗好攻击"，俗谓"打冤家"。番解冤家法事仪式，分大番、小番之别。《番解冤家咒诅》用于小番，《何解冤家书》用于大番，内容更多，有收禁退病、驱大疫、番解冤家诅咒、报冤许愿、还愿等。

《占公书》（又称《问公叫神》）：人有疾病，人丁不旺，五谷不丰，用珓问神，请神示知是否遇着邪神邪鬼邪煞所致。六畜不旺，五谷不丰是否遇到耗神耗鬼，抑或屋场祖坟不利等，以珓阴、阳、胜来示吉凶，传达神意。

还有日常生产生活用的经书，都以祷告方式，求神赐福。

《广水》是天旱求雨用的经文。

《变宅》是起寨、新建房屋、建庙宇、新宅进火俗称入火，必须先出煞，然后才能居住使用。《变宅》使屋宇清净，无邪无煞，居住安宁，人财两旺。

《打猎书》：求神赐福，捕获野兽、飞禽。

《阎罗书》：是超度亡人做斋时用书，"挨担堂""耍歌堂"时用其中一部分，如造阎罗、十八盏明灯、目连救亡等篇章，与《招亡赦罪解结》略同。

《修斋度亡书》：是丧葬用的经书，与《招亡赦罪解结》《大传书》《阎罗书》中一些篇章有不少类同之处，与释、道超度亡人的经文相近，该经书卷末之《十劝君》则为儒家的伦理道德的传播。

《推龙书》：古人信风水，先人葬得山脉来龙结穴之地，龙气旺盛，则子孙清吉，人丁兴旺，富贵安康。它是安葬时念的经文，催请地脉龙神归位，保家人康泰，年终进宝，月中进财，万般吉利。

## 六　英雄崇拜

乳源瑶族拜王歌堂，唱传统歌谣《盘王歌》，其中有歌颂瑶族历史上带领人民起义的英雄人物，反映了瑶族人民不堪封建统治阶级的压迫和剥削，进行斗争，《南花子曲》歌唱斗争的豪情：

出世官多叛，手拈羊角枪。

踏上马背马便奔，踏上州门便一枪。

出世洪爷争天地，更争北斗星。

钢刀落地转兴兴，一朝打破三州城。

《三风寒曲》叙述瑶族英雄在反抗斗争中的英雄气概，率领起义队伍，横冲直闯，把官军打得丢盔弃甲，百经苦战，终于牺牲，血染江河，仍面向东方，寄希望于未来，其歌词云：

"黄召养汝能勇猛，踏上马背使刀剑。

交刀交剑啰哩，手条枪，便是黄召入阵场。

千兵万马去打事，九州十县都打破。

人头落地啰哩，马吼声，正是黄召抛剑明。

二月十五去打事，人头落地啰哩。

断肝肠，杀尽州门入本乡。

黄召打破鸭儿寨，十分入阵也是败。

头巾落地，面向东，血水流来满海红。"

瑶经中有赞美本地区本民族的杰出人物，又当作神灵来礼拜，八排瑶经《招亡赦罪解结》中，有《张侯四郎》一章。传说四郎母亲姓李，15岁嫁到张家，壬寅年四月十三日四郎出生，7岁就具有法力，"走茅为船渡过江"，后为冤家诅咒落水而亡，葬于芙蓉山脚，立起神坛。己亥年十二月，朝中大火，三日三夜，皇帝求神灵救火，只见头戴油巾骑白马的神来救熄了大火，皇帝烧香告请神名："四郎答言皇帝道，报是广南东路人，连州管下阳山县，住在地名犁合村，皇帝当时便敕封，封作本朝灵应侯"。此为传说，竟其原委，可能是王朝表扬对国家、人民有贡献的人。

据明嘉靖黄佐《广东通志》卷30载："阳山县，灵济祠，县北二十里，芙蓉山下，宋宝应元年敕连州阳山县灵济庙之神，'休证之来，虽曰象德祷之，即应神理，亦昭昭焉，尔神生逢唐室之隆，庙食阳山之境，庙祀深久，子孙益微，乃缘雨旸，屡著灵验。爰考奏牍，俾开侯封，惟神佑民不替于初，则民之事神，宁有厌射，可特封显祐侯。'立碑于庙，今止称灵济张侯之名。"

## 七 原始宗教的遗迹

乳源瑶山师爷，负责一切宗教法事活动，没有职守分工，与古代巫大体一致。这反映了原始宗教信仰的痕迹，还愿祈禳法事活动，巫术的仪式依然浓厚存在着。

瑶族宗教信仰保留原始宗教，以实物供奉神。

在落后的生产力与艰苦的环境下，取得食物是生存的最基本条件，他们认为食物的取得是神的庇佑，因此，他们祈求盘王赐福，"耕作禾田丰登大熟，十度全收"。因而他们收获后的第一件大事，就是以食物奉献神灵。收获后的祭神，猎获物的酬神，是原始宗教的仪式。《拜王歌堂》的奉献一节，"献果、献蒸、献芋……"便是原始宗教仪式的再现，而拜神的祀品，在敬神后共食，一方面表示神的赐予，一方面共庆得到食物的欢乐，此种原始宗教仪式，在瑶人的宗教信仰中仍然保留。如《拜王歌堂》食解渴酒，祷词谓："众圣收领在前，客人赤饮在后。"挂灯后供神的糍粑分给歌堂里的人吃。

## 八　招魂

粤北过山瑶招魂亦沿古代巫觋宗教的招魂，在楚国荆蛮盛行，"欲以复其精神，延其年寿"。屈原《楚辞》中有《招魂》一章，"帝告巫阳曰：'有人在下，我欲辅之。魂魄离散，汝筮予之。'"意为请巫为之招魂。巫阳为招魂之请，"魂兮归来……归来反故室"。"魂兮归来，反故居些"。《大招》也有招魂之词，"魂乎归来，无东无西，无南无北只。"（魂魄啊，回来吧，不要到东西南北方去）"魂乎归来，乐不可言只。"

瑶人的传统观念认为人之所以能够活着，是因为有魂魄附体，如果人的魂魄离开了人体，人就会生病以致死亡。因此，不能让魂魄失落，万一散失，就必须招赎回来。瑶族学者赵家旺先生谓："瑶人有三魂七魄之说与汉人相同，但概念模糊，它存在于人体的内外器官，如头、发、眼、耳、鼻、颈、膊、手、胸、肚、脚之间。"而道教"三魂"即胎光、爽灵、幽精，"七魄"即尸狗、伏矢、雀阴、吞贼、非毒、除秽、臭肺，概念清晰。

瑶人认为，在日常生活中，人受到惊吓或撞邪遇鬼，魂魄均会离体失落，特别是小孩，年纪小魂魄不够稳定，很容易失落，甚至跌倒，受惊吓，魂魄也容易离开身体，鬼怪亦易摄小孩之魂。因而小孩有茶饭不思，夜睡不宁，烦躁不安，夜啼多哭，精神不振，头痛发热，瑶人均认为是失去魂魄所致。因此进行叫魂（又称赎魂）使魂附回躯体，即可痊愈。瑶人招魂，有叫魂、神符收魂和架桥招魂三种方法。架桥招魂是病情较为严重时所用，其仪式亦较为隆重。

### 1. 叫魂（招魂之俗称，又称喊魂）

叫魂比较简单，多用于儿童，叫魂多由祖母或母亲叫。因小孩对经常带他的祖母与母亲的声音最熟悉亲切，最听她们的话，其魂魄亦必如此，由她们来叫必然奏效。

其仪式是持小孩的衣服，于路口烧香告神，为小孩叫魂，祷告后往回家走，边走边叫小孩的名字（××回家啰）。回到家里，把衣服放在小孩的洗澡水里泡，然后给小孩洗澡，或把衣服给小孩穿，小孩的魂魄便可附回身体。如果小孩受到野兽或怪声所惊吓，便到受惊吓的地方去叫魂，并拔一根茅草打个草结，边叫边往回家的路上走，回到家把衣服给小孩穿，把茅草结系在小孩身上，表示丢失的魂魄叫了回来。

另一种喊魂，则要有人答应，才算喊了回来。喊魂时，前面的人回家边走边喊，后边则有人跟着随声答应，应声的人是小孩的兄或姐，婶亦可。

喊魂必须在太阳即将下山（黄昏）前进行，因为失落的魂魄于是时飘忽出来，才能喊着，而白天魂是躲着的，因而喊不着。

### 2. 神符收魂

神符具有神的权威意旨，瑶族所用神符不下200道，大部分有图有文，小部分有图无文。有白纸符，黄纸符及黑纸白字符。有木符，又称桃符，即用桃木制作的符。有竹符，把符画在竹片上。纸画神符，可张贴或随身携带或焚烧成灰冲水食。打插于地上各个方位，用木符或竹符。

神符在瑶族宗教活动中占有重要位置，是瑶族宗教文化的组成部分，瑶人认为神符具有神的权威，可以驱邪、镇妖（煞）、斩鬼、治病、护身、保宅。因此招神送鬼，医治疾病、建造新屋、耕山锄岭、打猎、架桥、治丧、婚嫁等，都要用到神符，招魂亦不例外，而用于招魂的神符有20多道。

护魂符，又称护身符，随身携带，外出时可保护魂魄不受鬼邪侵犯，不会招灾惹祸。护身符有16道，分为新生儿护身，病人护身，男人护身，女人护身，送葬时孝男孝女护身符等。符文曰"护身保命""安心定气，除邪保命""金木长生富贵""新人保命延生""六丁六甲大将军速安""天龙护佑""护身安心""天师护身神符到此镇煞"等。护身符多用于随身带，少部分或贴于病人居室，或焚化冲水服食。

收魂符必须写上失落魂魄的人（即病人）的名字与出生年月日，符文为"三魂七魄随符打落星火作速"，用桃符钉插于十字路口。魂收回后，还要使之安定，故又有安魂神符一道，焚化冲水服食，符文曰："安魂定魄寿命延长"。魂魄安定，还要藏好，以免邪鬼再度摄去，因此又画两道藏魂符置放家里的神龛上，符文曰："长生室内藏盖三魂迪吉""敕令藏盖合家老幼大小男女三魂七魄"。

另一种收魂符是收摄刁恶小人的魂魄，使其不再害人，符文为："敕令×××王收捉××人魂，拿打落十八层地狱，勿令动作。"

瑶人使用神符招魂，要由师爷画符授给，有授符仪式，要念相应的咒诀，不然不灵验。用神符护收魂，只有师爷才能担当此任。

### 3. 架桥招魂

架桥招魂是瑶族宗教的一种仪式，用于重病或久病不愈的人。

招魂架桥有两种，一种比较简单是象征性的，用一根杉树尾削平一面作桥面，横架于水坑或水涧，便可举行架桥招魂仪式；一种是用三根杉木拼成正式的桥，招魂后可供行人来往。一般的架桥招魂多用象征性的桥，为德高望重的老人招魂才架可供人行的桥。

架桥招魂，除设置桥外，还要立个竹幡，设桥坛，供香烛、纸钱、水碗、白布、红线、尺子、剪刀、一只活公鸡，供品简单的有酒即可，念词："桥不是非凡桥，是招魂白布桥，可化为阳桥，化为阴桥，一丈可化为十丈，千丈，万丈，上可通天，下可通地……"竹幡"不是非凡之竹，是招魂之竹，可变作千兵万马，引带病人三魂七魄回家中"。米"是天生地养之米，红米化为红兵，白米化为白兵，大米化为招魂将军，小米化为招魂童子"。红线为引魂牵魂，尺子量山量路，剪刀开枷开锁，公鸡"红鸡公，红鸡公，生得头红脚也红。今日招得三魂七魄归身了，命如彭祖少年公"。用以引魂的公鸡，以后不得宰杀，一直养到老死。

架桥招魂仪式，请神（五方星君、其他星君、本祖家先、十殿冥王等）礼拜，祷告病人姓名，出生年月日时辰，祈求神明为病人招魂归身，消灾解难。打马上桥，即魂魄通过桥招回。问筊，问神"魂魄是否已招回，是否附已招回躯体，以筊明示"。收兵回坛，其词谓："千兵伏归桥上转，万马伏归桥上回。伏转师身左右，香门兴旺祖师催。今夜抢魂又转魄，病人魂魄转家堂。三魂回身保人命，七魄回来保平安。脱了灾难保兴旺，千年万载保安身。"

如果是为病重老人架桥招魂，作完以上法事后，还要加"关粮度命"和"车六马"。

"关粮度命"，意谓老人病重，魂魄离身，是因为天粮已尽，即上天给他的粮食已经吃尽，必须给他加添粮食，魂才招得回来，留得住，老人才能脱病离患延长寿命。关粮时，师爷向桥上撒米十二次，称十二度关粮。师爷一边撒米，一边喃唱："十二抛粮都完足，注他寿命万年长。一抛一散米度命，粒米也多命也长。当天关粮一百石，执命长生一百年。千年衣粮养人命，衣粮不了命不穷。白布铺桥来度过，命如江水一般长。三魂便随桥上转，七魄便随桥上回。转回家中吃白饭，吃饭也香水也甜。"

瑶人中还有一种说法，老人病重和久病不起是因为老人命中六匹马倒下了，"马背向地，马脚向天，抽头不起，抽脚不行"。因此要差天兵神将把六匹马扶起来，使六匹马的马背向天，马脚向地，抽头便起，抽脚便行。命中六马强壮"抽起马头高万丈，铜铁马蹄气昂昂"。六马能够走千里万里，老人才能病愈长寿。"车六马"是用纸剪成六匹马，念完《六马歌》便焚烧。

封桥是架桥招魂的最后仪式，魂魄既从桥上回来，随即把桥封住，断绝野神恶鬼从桥上来勾魂，也防止招回的魂魄又沿桥回到失落的地方去。封桥有《封桥咒》："一条大路化为一条大南蛇，二三条大路化为二三条大南蛇，化为吞鬼南蛇，起我九江云雾，盖过路头路尾，准吾奉太上老君急急如令敕。"

架桥招魂只是架桥法事仪式中的一种，其他还有架桥接福，以架桥仪式求福；架桥接花，以架桥仪式求子嗣。架桥起度亡灵，仪式较为隆重，它又分两种：架天桥是超度经过度戒的师爷到天堂，架平桥是超度普通亡灵到阴曹地府。架不同性质不同功用的桥，其念诵经文咒语都不同，程序也不一样。

招魂不是瑶族才有的宗教仪式，汉族和南方少数民族均有之，不过仪式有所不同。各少数民族有不同的招魂方法，都有其各自的文化内涵，但其共同的思想观念则是万物有灵和灵魂不灭。新中国成立后由于医疗卫生的开展，瑶山已无招魂之举。

## 九 求雨

《评皇券牒》载："一准天时不雨，禾稼旱焦，赈盘王子孙，依时出县，祈求雨泽，报国安民，振宗庙。"

乳源东田瑶族老人赵志聪反映，求雨多联村举行，背桃岭脚庙神唐兵大王、唐兵大将来设坛求雨。楠木坑、坪坑庙神与桃岭脚庙之神相同，故有时背楠木坑庙神来求雨。一般选择较为平坦的地方搭厂设坛，东田一带联村求雨，在梧桐坝（即山坪脚）搭厂（厂，能容100多人的大茅棚）由几个村的师爷共同主持，迎神及送神均需鞭炮土铳，求雨许愿，若赐雨则为神装新贴金，求雨费用，按户摊派，一户一人参加求雨祀拜活动，杀猪、鸡及酒、豆腐、香烛、纸钱供神。求雨三日三夜至七日七夜。师爷领众上香跪拜，念诵求雨奏表，然后将表与纸钱一齐焚烧，开始为迎神头状，称《求雨状》，文曰："大清国广东道韶州府曲江县平下二都管入△坑△坪△立宅居住，奉△庙信士△人，首同领己乡众人等，为恭迎圣驾急救青苗事：驾恩世今，天地克旱，时当下前泉，而又云散九天，乃△方迳来旱干日甚，万井绝流，百种枯槁，农民对天而昊泅泣喝，馌妇号锄，而云雨作于别境。祀乡之受难也，是以卜取月日，同竭力（迎）仙驾至我备鄙乡泉，愿伏虑威，飞身回奏玉帝衙前，当年五方行雨龙王，散开五湖四海，地下行雨龙王，速降滂沱大雨，倒满田塘，池盈陂到，庶几秀实青苗百种，回生万物，人民有靠，百物沐浴沾恩，上奏龙公天子，下奏五湖四海龙王滂沱，风顺雨调，国泰民安。皇上年月日众信士人拜状上申。"

上《求雨状》后，唯恐当地社坛神不能及时递送此状给日值功曹，延误上奏天庭龙王发放雨水，故师爷又领众跪拜，奏上《雨水文引》与纸钱一起焚烧，促其速递，文云："启建丰熟雨水道场，当坛给出脚引一纸，仰差当日功曹，赍奏骑文状关牒，前去各州各县关出五湖四海龙王，关转大雨水，急荫五谷青苗丰熟，早归收接，赈济凡民，经过坛社庙，不得阻挡，如有不遵，上送玉皇位前治罪。"

求雨一天以后，未见天雨，师爷又率众烧香跪拜，上《求雨二状》，陈述"旱干日甚，岁荒民难日深"。恳切祈求"乞神威挽不雨之天心"。再不雨，又上《龙王状》乞"急行五方雨水龙王，发开天水，急时速降甘霖，百种青回生"。

若两天后仍未见天雨，师爷又领众跪拜祈求，上《第三状》："乞望天圣开天立地盘古大王，唐兵大王，五湖四海龙王，散开五湖四海，定即时刻，即或滂沱大雨，急救青苗回生，民个六种回生，万民咸赖沾恩。"若再不雨，则上《催状》一纸，即催促上苍，哀民生之多艰，行云布雨，恳切之情，表于字里行间。反映旧社会瑶民受苦旱之惨状，"为垦恩再赐霖雨，复耕苗种……青苗九死一生，古井绝流，河干海涸。（苦）不堪言，老者思今冬之绝谷，少者悲来春之鱼年。老幼男妇嗟叹，饥饿难存，惶惶无计，切切愁心……"。若一连几天仍未见天雨，师爷又率众跪拜乞求，又上《施雨会水状》，若求雨七天七夜仍未见天降霖雨，则在河边放一张桌，将神放在桌上，师爷又跪拜奏状，并领众戽水淋神身上，以促使神尽快求请天庭发放滂沱大雨。

求雨过程，若天雨，则领众跪拜谢神恩，上《谢水疏》求雨结束，送神归庙。

汉瑶相连的山区，若遇天旱，亦有瑶汉村落联合求雨，瑶人求雨之表、状、疏皆吸收于汉人，这是民族杂处，文化交流的表现。

## 十　占卜、对命

（1）卜，巫术的花样繁多，占卜即其中一种，人们通过占卜以定吉凶，以决疑难。据《容斋四笔》卷16载："渠阳蛮俗，杀牛祭鬼，率以刀断其咽，视死所向，多至十百头。"宋《溪蛮丛笑》"例牛"条载："牛客多行桃源路，洞中占军事胜负及疾祈禳，皆以牛用。"宋代瑶人信巫，往往以占卜来定吉凶，有鸡卜、卵卜、牛卜等。

古代鸡卜，多用鸡骨为卜，而乳源瑶山有以鸡为卜，名虽同，而实相异。其所谓鸡卜者，如娶新妇，新娘进门时，师爷手握公鸡，喃诵经文，然后以剑斩鸡头（或割其颈），血流如注，将其抛入厅堂，若鸡挣扎头向内，则预示新妇守妇道吉利；若鸡头向外，则示妇心向外，不安家。另一种用鸡为卜，有重大争执，难以断决，则集众于社坛或祖坟，由师爷握公鸡，简单仪式，念完祷文，斩鸡抛于争执双方之中间，鸡挣扎近哪一方，则哪一方理亏（新中国成立后已无此举）。再次是墓葬以鸡为卜，当挖好墓穴后，师爷执鸡念经，即斩鸡头丢下墓穴，鸡向墓穴里挣扎，则表示死者愿在此安居，若鸡向外闯，则表示死者不愿在此安息，待来年或拾骨骸时再迁葬。

乳源瑶山师爷有用铜钱卜，一是问鬼，一是问病，其目的都是消灾脱难，他们认为各种疾病都是邪神恶鬼所致。占卜用 5 个铜钱，分阴阳两面，占卜时供香、米、纸钱、水碗等物，占卜前焚香请神，师爷喃念："占卜师爷，打卦师公，打卦师母，七星姊妹，放钱动钱童子，摆卦排卦先师，王母娘娘，探病先师，退病功曹……"念完后，即申述事由，如某人有病，某家有鬼，请神示知何病何鬼在家作祟，念毕，把铜钱放在合掌中摇动，抛于坛上，以示卦象。

卦象分四种，组成金、木、火、土，火代表热，土代表埋葬，有时代表热退，木代表棺木，金和土代表凉，为痊愈的意思。表面上看瑶人与汉人同是用阴阳五行干支，而它们有很大差异，除木的运用配合与汉人一样外，其余火、金、土都有特殊配合的方法与意义，瑶人受汉文化影响与其互相交流，形成了瑶人文化的组成部分。

（2）对命，所谓对命，即汉人的算命，它有专门的《对命书》，以出生年月日时辰推算，论断人的天资、寿数、贫富及妻儿福禄。如在时辰方面，将一个时辰分成初、中、末三刻，不同时刻出生的人命运各不相同。如"丑时初刻生，无克无破，进田庄，衣禄一生，贵人荣华，兄弟不和，田园后有余。"《对命书》均写好，只要报上出生年月日与时辰，立刻翻书，在书中找到答案，是贵是贱，对号入座，谓之对命。

## 十一　打猎祭拜肉神

瑶人认为一切生产和生活活动中，各有一位专职的神在司掌，欲求此种活动的顺利，首先须求得司事之神的俯允。如狩猎欲求获取飞禽走兽，必须祀祷司猎的肉神，既得猎物，须抬往肉神前供献酬谢。

乳源荒（方）洞瑶人所祀的猎神，是崇山峻岭中的一块大黑石，称之为"肉公神"。石在小山峰上，高四尺余，周围约二十尺，大黑石前复有一块小黑石，高一尺，周围约四尺，此为一神秘地方，瑶人不轻易告知外人。出猎之晨，狩猎瑶人即荷枪齐集黑石前，顺序作揖，始结队入山狩猎。归来时，除猎得兔鼠鸟雀等小动物不必持往肉公神处供献外，凡猎获野猪、黄猄、山羊、鹿等野兽，均须抬至肉公神处祭献。一厢请师爷诵经，同时即在肉公神前宰割分取兽肉，时多在夜晚，燃火数堆于黑石前，正中用黄纸一条满滴兽血，石前陈列香及酒六杯，并纸钱若干。出猎者将猎物放于石前地上，依次到石前作揖，然后割取鹿肉一块取出鹿心，用锅煮熟后，供于石前。师爷继续念经，猎人开始分肉，师爷献酒三次，用瑶语念诵经文，念毕，阖上经书闭目，口中念咒，两手将纸钱撕开成片，默念后奠酒，焚化纸钱，复照经书念诵，反复多次。猎人将鹿头尾、蹄及皮捧至石前供献，各人又复至石前作揖，便在石前分取鹿肉，每人一份，每枪一份，打中一枪加一份，中两枪者如分两份，余照递加。据云若猎物不在肉公神前供献分取，吃必招祸。妇女不能走近黑石，只能在附近围观。

师爷念之经文如下：

香烟奏到求财大保官，奏到西天大庙，西村大庙，立青大庙，报祖报位仙童。奏到卜雷山家先仙童，奏到扬州大殿各人坟墓里头。本坊地主，奏到金鸡眉县锣鼓殿前。下巷地主，奏到社前社后。开天立地盘古大王，奏到大王殿上。把界大王，奏到把界殿上。庙堂地主，庙主老人，奏到庙堂殿上。打猎七姑，奏到打猎殿上。社德大王，奏到社德殿上。禾苗地主，奏到禾苗殿上。五谷大王，奏到五谷殿上。羊财地主，奏到羊财殿上。耕种老人，奏到耕种田塘殿上，岭寮殿下，各人出世庙宫。

第一明香关请，请上东南西北方中央五方五位求财大保官，宿庙辛卯官，西山元公，西山元下，拦岗把坳报状二郎。请上东南西北方中央五方五位报祖报位仙童，请上家先仙童，请起财五郎、赵禄一郎、李林二郎。

拜请东南西北中宫殿仙师、上界天仙师、下界地仙师。

再来拜请游逻三界灵通仙师，东方、南方、西方、北方打猎仙师。

再来拜请盘古仙师、翻天王、覆地王、本坊社公福主、含血将军、离弓报箭将军、罗国罗网大将军。

再来拜请盘古二郎、盘古三郎、后背堡大老神祇、板石堡郭公英武将军、赵公元帅、含血将军。

再来拜请福建省建宁府永安县上半溪塘巢金沙祖殿，陈一师公、陈二师公、陈三师公、陈四师公、陈五师公、陈六师公。

再来拜请永安县二十六都洪蒙山、熊荆山福典桥中王炉圣火，张赵二郎、张赵三郎、三界游猎将军、牵墩石挂弓神将军、铜马三郎、铁马三郎、麻一将军、麻二舍人、麻三大保、麻四夫人、麻熊九姑、开山地主、上山游猎大神、玄天上帝、金阙赵二元帅、唐葛周三位夫人、三位将军、小康元帅、起火童子、押火童子、箭弓后代师傅。

再来拜请陈家师傅、詹家师傅、装索师父、放弓师父、和山游猎师父、罗家师父、刘家师父、千千功曹、万万师傅、李公打猎将军。

拜请三个铜马郎，五人大将军，冲天大保，蛇龙将军，虎马元帅、隔头油洲山头神主、土地民王、上至溪源，下至水口，茶庵草舍，古迹灵坛，本坊地主、十方诸天，一切等神，请降来临。

仁化县董塘墟邱里桥戴有师兄师弟，徒子徒孙，前传后教祖本宗师，师太华斋胜，师公华神养，师父华德鸿，茶圆头坛下伯公老爷，梅山法主，李公元帅，流山打猎祈至座，领受弟子炉前香供仪。

打猎的供献祷告词充分反映了瑶人的多神信仰，有其独特的宗教信仰浓重色彩。

## 十二 八排瑶的宗教活动

八排瑶的宗教信仰，除表现在"挨担堂""耍歌堂"的宗教活动外，还有下列活动：

（1）架桥，属于祈福接福之类。不论有病或没有病的人，一年至少有一次"架桥"。架桥的地点是在排脚的十字路口或是在大树之下。给小孩子架桥比较简单，请一位先生公，鸡一只，米一斤，酒少许，一角二分钱（1956年）和香纸等。若给老人架桥，必须备一条小狗，一斤米，36个糯米糍粑，一些油炸豆腐，香纸和一角二分钱（是酬谢先生公的）。由先生公念架桥经，一边念一边宰杀小狗，以狗血淋纸钱，并装一碗狗血，在旁边架起灶煮狗肉。祀拜完毕，将狗肉吃了，便算祝了福。

（2）架桥接花，妇女结婚后久不怀孕或生下婴儿皆养不成，便请先生公给予架桥接花。通常请一位儿女生育多的先生公，另请两位（或四或六，要偶数）儿女多的亲人或邻居相陪，备一具用五色纸贴一弓形竹片扎成纸桥，剪红纸做成红花六朵（或十二朵）白花六朵（或十二朵）带小狗一只，糍粑一百四十块（六斤糯米），米饭六斤，酒一斤，纸伞一把，一些油炸豆腐和香纸（瑶人不用蜡烛）到排脚十字路口或大树下，陈列祭品。先生公念瑶经，架灶烹狗，用狗血淋过纸钱，将狗耳、爪、牙、尾用两只碗盛好，与12个铜钱一起埋在架桥的地下。先生公念完经后，将六朵红花，六朵白花交给陪来的亲人带回主妇家去（表示接花老人送花的意思），这些花放在妇人家厅堂神龛上，并在家里给陪同接花的人饮酒，所有的祭品给先生公（所谓接花老人，指阴间管理花洲花园的园丁，红花代表女孩，白花代表男孩，接花老人把花送给人间，妇女便怀孕，养育小孩长大）。

（3）命名，这是经过先生接花法事之后，所生孩子的命名法事。请先生公到原先架桥接花的地方，作所谓"还纸收花"法事，即还愿的意思。备一只鸡，一只小猪（约十斤多重）和一些米饭香纸等。先生公领取一个猪头，鸡，一斤米，一元二角酬金（生女孩半收）。

此外还有驱邪赶鬼治病、择日建屋、嫁娶、丧葬、为老人祝福等宗教活动。还有三月三、六月六、七月七、十月十六的四大节日到大庙祀拜祖先。

（4）求雨，宗教活动，其做法与形式与乳源瑶族不同，每遇旱情，他们便求雨。南岗排求雨，开始求雨指定要盘姓的先生公，到10里外的横坑乡，土名猪屎岗的地方设坛，通常由一个先生公去，陈设供奉一些酒肉香纸等，念《求雨经》请求上天及龙王放水，一连三天，边念经，边跪拜祈求。

如三天仍不下雨，便上到本排大庙向祖先公求雨，备齐祀品，礼拜祷告念经。以后，由先生公用两根茅草择一个祖先公偶像绑起来，意思是选定他去上天求雨。若果天雨，便松绑茅草，礼品还愿，酬谢祖公神；若又不雨，仍到大庙再求。将大庙全部祖先公偶像搬下来，放池塘里浸一回，再用一个大酒缸盛满污水，将祖公偶像倒头往里浸，里面放蛇、虫、鼠、蚁、青蛙、田螺等，表示天不下雨，引起民愤，让祖公鬼受辱一番，使其为大家设想，赶快向上天求雨。这些偶像倒放，一直浸到天雨为止。若天下大雨，再把偶像拿起，于是杀猪、杀鸡，把祖先偶像抬回大庙供奉。据云有不少先生公不愿意如此污辱祖先公，但如是习俗，亦不得已，只得推出道行较高的先生公为之。他准备做此一着时，先把家中所有造饭的炊具捆起来，放在火炉堂里，发誓愿，宁可家破人亡，也不吃烟火。求雨的这位先生公得到的报酬360斤米，若不雨，则减半。

求雨期间，全排人吃斋，不能戴雨笠，不能施肥下田和挑青菜，以示诚心。

如果三次求雨还是天不下雨，又在排脚的五宝塘、牛公山顶和行平冲三个地方设坛求雨，据说三处求雨了，总会下雨，这是时间长之故。

## 第五节　佛教对瑶族宗教信仰的影响

瑶族除以盘王为核心的祖宗崇拜、自然崇拜外，还崇信佛、道的神祇，从而成为多神崇拜信仰。即是说其宗教活动吸收了释、道宗教活动的尊神仪礼与经典、符咒、榜牒，以补充完善自己的宗教活动，将其融入本民族的宗教之中，形成具有民族特色的宗教信仰。

佛教对瑶族宗教信仰的影响有悠久的历史。南北朝时，佛教在南朝盛行，特别是齐、梁两朝影响尤深。梁武帝信佛大力推广佛教，建立佛寺，今瑶族经典中的"慈悲""忏悔""消灾除业"等词，均来自佛教经典，特别是度身（度戒）仪礼中的"皈依""忏悔""起愿""解冤释结"均出自梁武帝的《梁皇宝忏》。

南朝时期，佛教在岭南传播，广东各地先后兴建了大小佛寺37所，广州19所，始兴郡（今粤北地区）11所，罗浮山4所，连州、韶州唐宋为瑶族聚居之区。

刘宋元嘉初年，天竺僧求那跋摩取道始兴北上入京，将始兴虎市山改名灵鹫山，辟建佛寺。梁武帝初，天竺僧智药禅师先到广州，继上曲江曹溪水口，开山立石，建宝林寺，为今南华寺前身。

隋唐时期，宗教盛行，佛教更臻鼎盛，六祖惠能在岭南创立的禅宗南派正宗。惠能传教时的韶州佛教十分隆盛，唐天宝年间韶州生齿登皇籍31000户，削发隶寺僧者3700名，建刹为僧舍者400余区。

据《六祖坛经》谓："时大师（六祖惠能）至宝林（寺，即今南华寺）韶州韦刺史名璩，与官僚入山请师于大梵寺为众开缘说《摩诃般若波罗蜜》，师升座次，刺史官僚三十余人，儒宗学士三十余人，僧尼道俗一千余人，同时作礼，愿闻法要。"僧尼道俗千余人，其中必有韶州瑶僚（六祖惠能参拜五祖时，祖言惠能曰："汝是岭南人，又是獦僚"，六祖亦被称僚），可见佛教在韶州影响之深。

唐代广东境内有佛寺 105 所，韶州有 25 所，广州有寺院 19 所（一说23 所）。

唐代砖塔现存有粤北仁化县的云龙寺塔，原名西山寺塔，立于董塘镇安岗村云龙寺内，该塔建于晚唐的乾宁至光化年间（公元 894～901 年）。英德浛洸镇蓬莱寺塔，又称舍利塔，建于唐咸通年间。

宋元时期，佛教在岭南仍然盛行，粤北南宗祖庭宝林寺，在北宋开宝元年（公元 968 年）重修后赐名南华寺，寺内有北宋刻制五百罗汉木雕像群，现存 227 尊。

韶州府之曲江县，唐代六祖惠能住持宝林寺，而府属之乳源县（今乳源瑶族自治县）南汉乾和年间释文偃禅师创大觉禅寺于云门山，为禅宗五派之一的云门宗。宋时乳源双峰山又创建双峰禅寺，此为瑶族聚居之县，明万历黄华秀《乳源县志序》谓："乳邑僻处，民稀瑶夥。"

宋代佛教在各地盛行，宋《太平寰宇记》卷 145 载："襄阳属南郡（风俗）信鬼神，信释教。"据《宋史·蛮夷列传》载："景德元年，富州刺史向通汉遣使潭州营佛事，以报朝廷存恤之意。"

元禧四年（1020）知古州向光普遣使鼎州营僧斋以祝圣寿。

天圣三年（1025）知古州向光普自言尝创佛寺，请名报国，岁度僧一人，许之。

宋庆历三年（1043）桂阳监蛮瑶内寇，诏发兵捕击之。据《资治通鉴长编》卷 147 载：谏官欧阳修言"今正蛮已为邓和尚、黄捉鬼兄弟所诱，其余山民莫瑶之类，亦皆自起为盗"。邓和尚，俗名邓志文，黄捉鬼兄弟被杀，邓志文被招降后，余党 2000 人，由唐和率领，从湖南转战于韶、连、英州，依山自保，于庆历七年招降。史志谓唐和为唐和尚，据宋王象之《舆地纪胜》卷 90《广南东路·韶州·仙释》载："觉化大师，名文偃，伪（南汉）乾和间（公元 944～957 年）住云门寺，坐化。庆历七年，有叛寇唐和过其寺，欲为害，觉化师现身在空，唐和感悟，本寺首僧霸，因而招降，元祐八年（1093）赐号觉化大师。"在瑶人起义中有僧人邓和尚、唐和尚成为领导者，可见瑶人信仰佛教之众。

宋熙宁间开梅山，瑶人因信佛而被招降，据《湖南通志》卷之末五载："熙宁间，章惇开梅山，兵抵宁乡，入沩山，进兵失利，退军沩山密印禅寺，馈粮缺乏，寺为供应，遣人入峒招谕，不从。瑶人笃信佛法，乃遣长老颖诠三人入峒，颖诠说法劝谕，瑶悔悟，率众出降。"此又可见瑶人信佛之众与信佛之深，为佛法感悟而出降。

另据《古今图书集成·职方典》卷1240《宝庆府纪事》载："僧绍铣，泉州人，章惇开梅山与绍铣偕往，瑶闻铣名，听其约束，梅山平，铣有力焉。"

明代瑶人信仰佛教，如《古今图书集成》卷1234载（宝庆府）新宁县："四月初八为浴佛节，造乌色饭相馈赠，谓之青精饭。"卷1266《辰州府风俗考》载："泸溪县，然丧礼多用浮屠。"

《鄞县志》卷7《风俗》载："丧家燃灯寝门及外户，曰引路，旋鸣锣导孝子于溪泉，请水浴死者，以生时冠服装殓，亦有用大殓者，召僧道作科。"

湖南瑶族地区，于宋之前已创佛寺，《古今图书集成》卷1202《长沙府山川考》载"大芙蓉山，往有武冈僧某来居芙蓉（唐）楷禅师道场，引瑶人构屋其间"。

广东土著岭南俚僚，《读史方舆纪要》卷93《蛮俗》谓："僚性啬，诸多简陋，独喜浮屠，蔬食三年，谓之血盆斋，言为母报恩云。"

元代，广西全州为瑶人聚居之地，元陈孚《全州诗》云："城郭依稀小画图，佛光犹照铁浮屠，斑烂归洞见盘瓠……"瑶人斑斓其衣，盘瓠为其始祖。

《古今图书集成》卷1296《广西风土》载："临丧破家供佛，盛馔待客，名曰'斋筵'。"

《古今图书集成》卷1402《桂林府祠庙考》灵川县，显震威德王庙，在县西嶂山中。其神三，中曰雷祖、左曰盘古、右曰广福王，四月初三，乡民作佛事以祭王。盘瓠疑为盘古。

卷1403《桂林府部古迹考》载："青萝闽，在雉山寺。"宋孙觌诗："蛮村避谤三年过，野寺寻僧半日闲。"

卷1415《庆远府风俗考》载："七月十五谓之目莲节，又谓鬼节。"目莲节，为佛教之盂兰盆会。

今广东乳源瑶族自治县是合原曲江、乐昌、乳源三县的瑶山而成，瑶人宋景定元年《评皇券牒》载：瑶人曾在"曲江幽，列溪山，乳源大楠水山，乐昌东、西二山"居住。其后有瑶人迁往湖南之江华、宜章、蓝山、城步等县居住。有移徙广西的临桂、龙胜、灵川、兴安、资源、三江、融安、融水、宜山、来宾、罗城等县居住（他们的《过山榜》均称祖先从韶州府乐昌县迁去的）。云南省的墨江、金平等县瑶人亦云其祖来自广东，而越南、老挝琅勃拉邦、泰国北部瑶人亦称其祖来自韶州府乐昌县。兹就今在乳源瑶族自治县收集到的《瑶经》进行分析瑶人受佛教的影响，而吸收融合于其经文中，成为其本民族的经典。

如《开禁放邪师法用》："三魂七魄转归来，手中执诀不成诀，口中念法不成言，口中波罗蜜、波罗蜜。"

《收邪师法用》："波罗蜜、波罗蜜，邪师邪法走无踪。"波罗蜜为梵语，度彼岸之意，佛经有《金刚般若波罗蜜经》。而瑶经用波罗蜜意为佛法之神圣正法，驱除邪师邪法。

《解厄经用》："南无救苦救难观世音菩萨，百千万亿佛，恒河沙数佛，无量功德佛……能救三灾八难苦……诸大菩萨、五百罗汉、救苦救难，救护弟子信士身，悉皆离苦难……只说真言，今日曰金婆金波帝，求何求何帝（一作金婆金波帝，来帝陀罗陀帝，罗陀脚帝，菩提沙婆诃）。"其取自《佛灭罪真言咒语》原文为："离婆离婆帝，求诃求诃帝，陀罗尼帝，尼诃尼帝，毗黎啰帝，摩诃加帝，真陵乾帝，沙婆诃。"瑶人辗转抄录，难全其文，仅得其意。

《上坛歌》："启请观音娘菩萨，又请观音大姊娘，观音妙相南海岸，化身带在佛陀山。脚踏莲花千万朵，手执杨柳一枝香。手执杨柳扫一扫，邪魔小鬼走纷纷。"视观音菩萨为驱魔驱鬼、救苦救难的神灵。

《解六庙王·行坪庙》："三百黄梁扫佛殿，四百黄梁扫佛堂。佛前佛后都扫尽，应有小心郎扫双。"瑶人敬奉的行坪庙是庄严神圣的佛的殿堂。

《开记传度白牌》第一过："空手来时空手去，一条冥路透西天。一灵直往西天去，望见西天佛国中。"

《过度书·拜星君用》："一心念拜，佛光照注合家。"

《加职黄牌第一过》："超生西竺任遨游。"

以上摘录瑶人打幡拜王歌堂的瑶经，反映了瑶人吸收佛教的经典来丰富充实自己在度戒等法事的活动，融化成为本民族宗教信仰的组成部分。

瑶人方术画符驱邪宗教活动也采用佛符的内涵，以自己的表现形式画出。仿佛符的《小儿叫房用》符有"唵佛敕下"等字样。《五雷符治百病符》有"唵佛雷"三字。《治腹痛符》有"佛敕下普唵"五字。《治牛瘟符》有"唵佛敕令"字样。《驱邪镇煞符》有"普庵古佛老和尚重占此处"字样。《众人藏身符》有"奉佛教神功守命"字样。

连南八排瑶经也表现受佛教的影响，吸收佛教的经义于其中。《长沙王·送亡师上桥》："奉请释迦尊，香烛奉请释迦尊，谨请来收赎亡魂。"《夜来为兵》作："一心奉请释迦尊，谨来赎取立亡魂。"释迦尊者，是佛教创始人释迦牟尼佛。

《招亡赦罪解结目莲》："说着目莲在家中，目莲救亡有根源……忽正借花挂壁上，便点明灯在佛前……目莲见娘身受苦。黄觉世尊便出计，七月十五作因缘。僧人看经便礼佛，佛前佛后佛子王。天堂隐隐多少事，地狱茫茫葬几人，到处山中有鬼神。昔日目莲来救母，救得爷娘出世间。"七月十五作因缘，七月十五为佛教的盂兰盆会，相传为目莲救母免地狱之苦而超度亡人（救亡）。

《玉皇赦罪》："头拜赦罪，二赦依强谋占欺贫之罪……四赦横言乱语骂天之罪……十二赦百般枭兄食弟骂男骂女之罪。朝见三宝，拜见三宝，三请三宝当坛朝礼。"这里又显现出来自《梁皇宝忏》中的三宝，佛、法、贤圣与忏悔身口意三业之罪，求佛赦罪。

《大传书·解法门》"世尊传得波罗蜜"，世尊为佛弟子，称释迦牟尼佛为世尊，他传下《金刚般若波罗蜜经》。《三十一答》"问你何人生下佛""马氏夫人生下佛"。佛的出生对众生是极其重大的事情。

《解太岁解神煞看救苦经》："南无救苦救难观世音菩萨，百千万亿佛，恒河沙数佛，无量功德佛。佛说何难言，此经大圣能救狱囚，能救重病，能救三灾六难苦，有人诵得一千遍，免得一身离苦难。诵得一万遍，免得合家离苦难。南无佛力威，南无佛力护，使人无恶心，令人深得度。回光菩萨，回善菩萨，阿耨大天王，正天菩萨佑庥，摩休请，请比休，官事到散，讼事到休。请大菩萨，五百罗汉，阿救护善士△△△，一身离苦难自难言，观世音菩萨，缨珞不须解，勤诵此经千万遍，一切灾难自然得解脱，信受奉行，即说真言曰：金婆金婆帝，求诃求诃帝，真帝陵乾乾帝，沙波诃，菩萨摩诃萨，大圣玄经传教天尊。"此处又见到引入佛教的经典，而瑶人化成为本民族宗教的经典。

《解太岁》中有《请佛请神》一节。

《阎罗书·收来阎罗》有"目连和尚寻娘母"的记述，即俗谓目连救母。

《阎罗书·解结》："今朝忏悔多愆罪，慈悲接上大罗天。"

《招亡赦罪解结·九拜十殿冥王》："南无救苦，南无救难，南无佛，南无僧……身离苦难，则真婆罗泥，泥啼多罗啼，波罗世淹世罗，信受奉行，志心皈命礼，烧香佛前……今夜忏悔多罪愆，慈悲直上大罗天。"（注：瑶经历代辗转传抄，难免错漏，加之用瑶音义，难以理解。）

八排瑶"挨担堂"和"耍歌堂"均念诵这些经，反映瑶族宗教信仰受佛教之影响。

瑶族的宗教信仰在发展过程中与汉族的文化互相交流，受到汉传佛教的影响，不断吸收来补充和丰富自己的宗教内涵和活动，形成具有民族特色的民间信仰，保持了自己宗教的特质与民族的色彩。千百年来崇拜盘王的传统一直根植于瑶族群众之中。吸收佛教经典与礼仪，既体现自身文化的优势，又具有中华文化兼收并蓄的优良传统。

余下放粤北乳源瑶族自治县凡 19 年，其间曾到连南八排瑶族九寨公社四清锻炼，"文革"期间曾暗中保存收藏一些瑶经，其后编写《乳源瑶族自治县概况》，进一步收集并出版了《乳源瑶族古籍汇编》《八排瑶古籍汇编》。

# 第六节　道教对瑶族宗教信仰的影响

瑶族的宗教信仰源于中国古代的巫（原始宗教）而发展起来，敬天神地祇，有其世代相传的经典与礼仪。由于生产力发展比较落后，反映在宗教信仰文化上发展缓慢，缺乏宗教教义理论与系统的礼仪。瑶人长期与汉人杂居，吸收了道教的礼仪与神祇、召神劾鬼的方术、符箓、咒语、榜牒来充实丰富自身宗教的度身法事。它吸取道教的经典及礼仪较佛教更多，但其吸收的只是形式上表层的东西，没有吸取道教的实质，如道教的传承制度、修炼长生及斋醮等礼仪严格制度。

当社会生产力发展，生产关系发生变化之际，宗教信仰必然要发展与之适应的关系。宋代封建经济与土地买卖进入瑶区，隆庆初，右正言尹樯言："省民往往交通瑶人，擅自易田，禁民毋质田瑶人。"嘉定七年（1214），臣僚复上言："峒丁等皆计口给田……比年防禁日弛，峒丁得售私田。"说明瑶区已有封建土地的买卖与租赁典当（赁田）的生产关系，因此瑶族的宗教信仰由原始宗教转而向人为宗教发展，而又限于自身宗教文化的不足。

瑶族的宗教信仰在传度（度戒）等方面吸取了道教与佛教的经典。为什么吸收道教的成分大于佛教，原因有二：一是道教与瑶族宗教同是在中国土地上巫的基础发展起来，因而较容易接受，如符咒念太上老君急急如令敕，驱邪劾鬼的方术、行罡行诀。二是道教的发展在宋代曾受压抑，元朝成吉思汗时，道教教长丘处机为成吉思汗的国师，屡下诏宣扬道教，因而道教得到很快的发展壮大，这对道教传入瑶区起了很大的影响。

在乳源瑶族宗教经典中，吸收道教三清为上神及其有序之神祇。

《兵床》请神："一心焚香拜请太上三清三境昊天金阙之尊，玉皇大帝、玉清圣境元始天尊、上清真境灵宝天尊、太清仙境道德天尊、太上老君、玄元道君、龙虎二位真人、左衙张天师、右衙李天师、铜钟铁钟天师、叶静天师、居上张老天师、雪山龙树五部加师、中宫大帝、四天门王、四海龙王、五海龙王、金童玉女、掌印仙官。"

法事开坛，请神"上坛兵马、下坛兵将"，上坛有三清与道教神祇，祷词谓："一日两夜道场，声起歌声嘹亮，行罡行诀，行起五雷之罡，行起五雷之诀，黄云盖头，紫云盖脚，祖师藏吾前，本师藏吾后，阴阳师父扶我吾师脚下，赤衣化为赤云，白衣化为白云，速变速化，老君脚下子孙行过社前庙后，邪神恶鬼速速灭亡。"神为道教三清老君，行罡行诀为道术。

《咒门起》法事设坛开始，念咒是清净道场，严加守护，不让邪神恶鬼进来干扰道坛。《北斗咒》："太极分过后，谨请上九天，起修真道法，时乃作神仙。行满三天师，时乃四万年，丹台开宝殿，金口永流传，为吾请圣，不得停留。

皈依天，正法教，神也道，妙上紫微十极内，天仙正法德威宏，闻醮请，下坛宫。金宝相，青祥云，化化巍巍，变化三千感大道、阎浮世界度人民，天下灭邪精，闻醮请，元始天尊降来临。

皈依法……坐天照地管人民，天下灭邪精，闻醮请，灵宝天尊降来临。

皈依师，感道德，天下尊……玉皇案上共同神，斩鬼灭邪精，闻醮请，道德天尊降来临。

皈依正，真法力，威下容……变化三千感大道，除邪打病下坛前，闻醮请，玉帝降来临。

皈依礼，妙云相，真下功，四十二年功课满，武当山上驾青云，玉帝敕真君。闻醮请，师圣降来临。

北斗七星，贪狼巨门，六存文曲，廉贞武曲，破符长生，大周天界，细入微尘，何灾不死，何福不伸……天都火雷公，五行一尊，五岳四官，摧天摧煞金君，犁十六，犁十二，犁十一，东岳将军，为吾请圣，不得停留。

大上弥陀巫，坛前功曹土地，神师最灵，通天达地，出入幽冥，有功之日，文书上申，为吾请圣，不得停留。"

奏引、奏表、奏钱、奏马、奏车、奏尊，奏到上界玉皇老君殿（《给印给据用》）。

度戒时第一环节，不仅有咒，还有祈禳行罡步诀，吹牛角，喷洒法水等道术。

《度师男书》以上刀山，表现了巫术的法力，其程序有："禾出世，粟出世，变水、喷禾、招兵变米法（以一粒成为一个阴兵），推兵法，变禾把，阴变法，表出世。"

《开天门》："一声鸣角者如开开，打开天门天锁开。下界师男声角到，天门关锁急时开，急时开。"其程序有：过天门、化表、送衣、力圣、化阴据、送库、差功曹、送退状、断血伤、变水法、变茅法、茅山法、下冷汤法、雪山变犁头火砖、落禁、下禁、行罡。《变水法》："吩人人长生，吩（喷）鬼鬼灭亡。速变速化，吾奉太上君急律令敕。"

《香花》《三元法主》表现道术行罡步斗祈禳，"大罗罡堂踏得鬼神死，小罗罡堂踏得鬼神亡。热如火，冻如霜，邪魔小鬼尽灭亡。千鬼来吾罡下死，百鬼来吾罡下亡。罡头罡尾邪神收，邪神邪鬼断踪由。"

《带师男学法歌》："拨兵倒法完满了，同带师男来跳神。我带师男跳破鬼，师男学法救良民。师男学法随师父，行罡脚出转纷纷。邪魔来我罡下死，小鬼来我罡下亡。"

虽然在度戒的法事形式上融入了道教的科仪，但瑶人学师法的目的是为救苦难的人民，没有个人得道登仙的要求。

《洒净》："老君之水洒净净，东方有秽解东方。南方有秽解南方……"洒净这一道术咒语，是在每项法事开始前必须念诵，并洒出法水，清除法事坛场的邪神邪鬼污秽之气，使法事清静顺利进行，不受干扰，如同今天开重要会议之前进行清场，消除干扰及破坏。

《功曹咒》："坛前功曹到地，神王在天，圣灵到地，出入有灵，有功之日，明书上请，为吾传奏，不得停留，火急急。"功曹度身经文中有日值、月值、年值功曹，功曹之职名，唐代之前有，后废。

这反映了瑶经中的咒语吸收自道教。

瑶人度戒的目的在其《度戒文》中有充分说明。

谓："一日三宵道场，保得新度师男师嫂，利年利岁，传灯传度，求官求利，求兴求旺，求丰熟命又长。"是入世的，求个人合家的幸福生活、名利、富裕、人寿年丰，而不是以道教出世，修炼羽化登仙为目的。

瑶经在度身法事时，使用投坛词，天府请状（地府、水府、阳间）脚引，状牒文牒，引疏表，榜，阴阳公据，词引，续关牒，大道牌等书写文字。是抄袭自道经，抑或抄自汉人的文书予以修改应用于法事，虽未曾考证，但从其形式看，则多似道书。

瑶人度身，即是经过法事，从师父传授法术，而这些法术是太上老君所授予。

《变法水》："吾师敕变此水……吾师将来坛前，化为老君功德之水，法水上天，五雷殿前，法水下地，百草皆生。邪魔小鬼见吾此水速去千里，诸般秽毒，见吾此水早得消除，吾奉太上老君敕令。"

《师男戴帽》："师男头戴老君帽，手中执印守香门，左手执起老君诀，右手执起鬼灭亡。左脚踏上莲花朵，右脚踏上莲花尊。吾师来到坛前下，千兵万马扶师男。吾奉太上老君准敕令。"

瑶人的传度，承师接香门，是为群众驱邪除灾治病，以救困扶危为目的，它集中表现在《戒坛文》中，师父告诫新度师男，必须遵守。《戒坛文》谓："三十六诀拨给你，游行天下救良民。有钱请你你爱去，无钱请你你爱行。隔山请你护人口，隔海请你救良民。三更半夜人相请，急急差兵急急行。急急差兵急急去，灵兵急救十方人。""开了香门人相请，救得凡人个个兴。我不嫌人山路远，我不嫌人水路深。不怕山高我要去，不怕水深我也行。我不嫌人家无酒，我不嫌人家无钱。不信便看正二月，犁头落地也要行。"就是说不论什么情况下，多大的困难，只要有人请你消灾除病，你一定要去。"不信便看正二月，犁头落地也要行。"这指个人利益有矛盾时，也首要去救困扶危。正、二月犁头落地，春耕大忙季节，家里农活繁重，若有人病来请，也要放下手中的农活，去救治病人，这就是要求终身为族人服务。《戒坛文》充分说明虽然瑶人的度身吸收了道教的科仪、经典，但瑶人度身的最终目的是承接香门救良民，与道教徒度戒的目的完全不同。

传灯传度，加名转职大坛兵马，升职补充的度戒法事，其目的是"承宗接祖，添香运水，伏祀五炉香烟，伏祀三庙圣王，证盟高真大道大坛香火，子孙求财得上，买卖得赢，耕种丰熟，生男齐整，生女团圆"。继承先人的文化传统求得幸福生活。

总言之，瑶人度戒、吸取道教符咒、经文、科仪是表层的东西，是丰富自己宗教活动的内容。

我们从道教的发展来看东汉张道陵创五斗米道，尊黄帝、老子，后来出现太上老君，到晋代才出现"元始天尊"为至尊之神，在太上老君之上。南北朝时，才形成元始天尊、灵宝天尊、道德天尊所谓三清。直至宋辽金元四朝，历时四百多年后，道教才一致以"三清"为至尊之神。

瑶人崇拜盘瓠在周时已存在，《后汉书·南蛮西南夷列传第七十六》中有记载，晋郭璞《晋纪》《搜神记》则详记祭祀盘瓠自古一直至晋，此后历代文献均有记载瑶人祭祀盘瓠（古）。宋代史料记载瑶人宗教信仰深受佛教影响，元代以后瑶人受道教影响逐渐增多。

瑶族的宗教活动，吸收了道教的仪礼、符咒、榜牒，是为了构建自己的宗教活动，完善本民族的宗教信仰。

（日）竹村卓二著《瑶族的历史和文化》谓："我们知道瑶族向中国高度文化所产生的民间道教的万神殿寻求自己宇宙观的结构，同时构筑了明显排他性的独自的世界，与其他社会，决然划分界限。"换言之，瑶族从道教的神谱中吸取了三清等有序之神为自己的宗教活动服务，即用道教的一些科仪来充实完善自己的宗教活动。排他性，即是说它已融入瑶族的宗教里，具有鲜明的民族特性，瑶族宗教信仰产生的效应明显与道教不同。

瑶族度戒的训箓内容，反映了瑶族内部社会人与人之间的行为准则，与瑶族的生态环境以及他们在长期的社会生活中形成的恐惧、信念有直接关系。

道教度戒条文则以维护封建社会的伦理道德为主要内容，特别是三纲五常观念为主旨，把恭敬帝王当敬道法天地，道德天地帝王为一体，因而把"不得叛逆君王"列为道教戒律的重要条文。

总之"叛逆君主今生来世都会受到严厉的惩罚"，从实质上说道教集团也就是中国封建社会的一种特殊的政治集团，封建统治也依靠依附他们的宗教集团，掌握神权实行对人民的统治，把神权当为政权的补充。道教要与佛教等其他宗教相抗衡，也必须恃势于封建王朝的统治权，具有明显的政治色彩。瑶族宗教则不具明显的政治色彩，只是维护瑶族内社会秩序的安定，没有明显的政治工具的作用，反映人类世俗社会道德的共同性。

由于传统的历史原因，瑶族内部还没有形成制约人们行为的法律条文和独立的伦理道德规范，用以调整人与人之间的关系。维护社会秩序，主要依靠传统习俗起作用。如习惯法、乡规族约、民间禁忌等。瑶族的度戒训条则是把瑶族的传统习俗、传统道德宗教化，把民间的禁忌以神的名义出现，作为神向人们提出的要求，并附之今生来世、天堂地狱和善恶报应的最后归宿，因而具有很强的约束力和社会效力，不仅为受戒人所接受，而且为广大瑶族民众所接受。瑶族社会许多优良传统道德与优良风俗，道德的行为规范，纳入了宗教的范畴，世俗道德与宗教道德在很大程度上处于重合状态，传统习惯道德与宗教道德共同制约着人们的行为方式，在人们的社会活动方面造成了巨大的影响。这种精神的约束力和行为规范，对维护瑶族的社会秩序起到了良好的作用。在瑶人当中，有人做错了事，首先担惊的不是罚款、拘留、坐牢等法律制裁，因为瑶人还没有这套司法机构，他们最害怕的是受到神灵的惩罚，在世招灾惹祸，死后入地狱受刑罚。在没有军队、警察、法院等组织机构的瑶族社会，宗教禁忌和训戒所产生出来的积极的良好的社会作用是应予肯定的。

## 第七节　瑶族宗教信仰受儒家思想的影响

在中华大地上成长的各民族宗教信仰，千百年来与华夏错居，必然深受儒家思想的影响，特别表现在伦理道德方面，孝顺父母，尊敬师长，安分守法。

《戒坛文》谓："今日方知为父母，不记移乾就湿时。说得师男与师嫂，千万莫忘父母恩。恭敬孝顺千年命，忤逆十恶命不长。日日食娘胸前奶，不记怀胎受苦时。嘱咐师男与师嫂，忘恩天地不容情。""三戒师男莫贪酒，劝你吃酒莫贪杯。食得十盏留五盏，鬼神不害小师身。赌钱食酒你莫做，成人少者败人多。路上逢人相争斗，经官成事使钱多。夫妻相打无了日，思量过食酒中浆。退田卖地取钱使，勤俭置来有几多。打劫做贼你莫学，莫把贼人入法门。世上好言有一语，作恶之人命不长。"戒坛文不仅劝诫度身师男循规蹈矩，也劝诫世人学好从善。

《修斋度亡》悼念父母养育劬劳之恩，其词哀切，催人泪下。"千拜万拜一张纸，千拜万拜一炉香。父母在生不供养，死去何曾拜鬼神。台盆供养千般有，不见爹娘开口尝。娘奶不是长江水，不是山中木树浆。点点吃娘身上血，如今老了面皮黄。一日吃娘三度奶，三日吃娘九度浆。儿子不知娘受苦，养育三年受苦辛。三更半夜多屎尿，把盆冷水洗衣裳。看见我儿身不暖，双手抱来肚里藏。若是两边都湿了，冻娘身上冷如霜。新坟头上挂白纸，旧坟头上草生花。三月清明来挂纸，冬至时节挂郎名。"

娶媳妇时，新娘进门，师爷念诵祷词，与新娘舅父唱歌，教育新娘孝顺与勤劳。

《教新娘》："孝顺妹，大家孝顺押成双，押成夫妻相对拜，耕有坪田莫韻生嫩草，年后变成富贵双。"《花间甲坛·入嫁行符水》"一步上街万事着，二步上街万安夫妻，三步上街进生人口，进生人丁，大吉大利。一愿一合鱼就水，二愿二合水就鱼，三愿夫妻道合老，四愿夫妻头毛白老，五愿夫妻三男二女，六愿夫妻命如深潭白石不动，七愿夫妻七子团圆，八愿夫妻江水长流，九愿夫妻深潭万岁，十愿夫妻寿如彭祖一千八百之年，千岁万岁，长命富贵，大吉大利。"这是儒家长命富贵的思想贯注。"如深潭白石万岁"，表示夫妻恩爱地久天长，海枯石烂不变。这反映了瑶人接受儒家思想，用具有民族特性的语言来表达，瑶经伦理道德教育具有约束社会的规范。

《玉皇赦罪》一章，劝诫人们，不得犯"依强谋占贫弱之罪，身体污秽江河之罪，横言乱语骂天骂地之罪，放债依强一本两利之罪，贪花醉酒之罪，大秤小斗出入之罪，宰杀牛犬马羊开刀破肚之罪，打母骂父骂邻之罪，百般共躬行法不正不救之罪，放火烧山乱斩竹木草莽之罪，百般枭兄食弟骂男骂女之罪"。若冒犯了要认罪忏悔。这里不但提到伦理道德，而且说到要维护公众利益，不污染江河不放火烧山，烧死竹木野生动物。而（金坑本）则另加3条，要爱护动物，不能在"田头地尾打牛打马，喝风骂雨，打男打女。不能在岭头岭尾，街头巷尾，眼睛光光，要人婆妈，要人郎公（即不能勾诱人家妻子或丈夫）"。《解结》又增加五条，"为师父要讲礼义，不能不贤。为典案（司法官员）要认真文书（不能错办案），为文词不能随便写（不能乱写讼状），去治病不能看钱财，学法事不能不依教典去行兵。"

清康熙年间，对瑶族地区的州府县庠序吸收瑶童就学，派定各县科举名额。因此瑶族地区也出现比较简单的儒学教学课本，如乳源过山瑶有《私塾课本》，连南八排瑶有《九经书》《十劝君》之文本。

八排瑶在修斋度亡时，先生公念诵《十劝君》，在悼亡悲痛时刻教育众人"一劝人家做贤媳妇；二孝顺后生敬父母，谁人不是人生养，不敬父母敬谁人；三老人公平行本分，不为非，为儿孙表率；四兄弟和睦，公婆和睦。天上和时风雨顺，地下和时百草生，安分守纪；六耕田耕地要勤力；七不说人家长短；八不要写状告别人；九孝顺双亲做好人；十富贵之人莫笑贫；田塘轮过百家人，同日天光同日暗，几人富贵几人贫。奉劝阎浮行孝顺，万古流传世上人"。

《私塾课本》："孔子文章第一先，世间能有几人闲。劝君休要争闲气，会打官司也要钱。大道劝君三件事，戒酒除花莫赌钱。人生七十古来稀，世间和睦结乡里。人恶人怕天不怕，人善人欺天不欺。善恶到头终有报，只争来早与来迟。君子虽贫知礼义，人小乍富便欺人。人来求我三冬雪，我去求人六月霜。世间话说行孝顺，如今便说忤逆儿。世人听得盘古记，后生且说敬爷娘。……打虎不如亲兄弟，仔细思商骨肉亲。丈夫莫嫌妻子丑，妻子莫嫌丈夫贫。"

敬重师徒之间的亲密关系，以传承文化传统。《赏浪歌》："师父便是深山树，师男便是路边藤，藤缠树，树缠藤，生生死死不离根。师父便是塘中水，师男便是水中鱼，鱼爱水，水爱鱼，生生死死不分离。师父便是云中月，师男便是月边云，云边月，月边云，生生死死接香门。"

儒家和为贵的思想也在八排瑶经中得到反映。《番解冤家咒诅》劝人们

要解冤，不要斗狠仇杀（俗谓打冤家）。《和合歌》

> 和得芒叶沉水底，和得石头水面浮。
> 和得牛蹄甲又甲，和得马蹄开又开。
> 和得人和鬼也合，子孙永远得和那（睦）。
> 和得人伏鬼也伏，子孙永远得丰熟。
> 和得天上长流水（风雨顺），和得地下百草生。
> 天也和，地也和，和得童子面边笑呵呵。

由于瑶族长期与各民族杂居，互相影响、交流，以致瑶族宗教信仰兼收并蓄儒、释、道的内容，瑶经《下二十八答》云："世尊传得波罗蜜，孔子传得好文章，老君传得杀鬼法，传救人间变十方。"

# 第八节　瑶族多神崇拜

瑶族除祀拜盘古王、六庙神（连州庙唐王圣帝，伏灵庙五婆圣帝，福江庙盘王圣帝，行坪庙十二游师，造司庙五旗兵马，扬州庙宗祖家先）的祖宗崇拜外，还礼拜佛教、道教的神祇与自然山川之神。如乳源瑶族度身时请六庙王外，还有道教的三清、天府、地府、阳间、水府诸神及佛教之神释迦佛、观音菩萨，礼敬三宝。

"烧香念经礼三宝"并请邻近各坑（包括汉区）的庙神及瑶区的地主神（即曾在瑶山居住过的人的祖先，不分种族）。而汉区庙神多为佛教之神。三宝即佛教的佛、法、僧。

瑶族除了度身拜王歌堂礼拜神祇之外，还有其他的宗教活动。

## 一　敬神拜庙

乳源瑶人家中均设有神龛，龛不设于厅之正中，而置于厅之东隅或西隅。龛内无偶像，书吉祥语对联，贴于龛之两边，正中贴一神字（均用硃红纸），无香炉烛台，香搁于碗上，烛则插于龛之缝隙中。20世纪70年代在必背镇调查，全村10余户只有数家贴祖先牌位。

祀家神仪式：于神龛前燃香烛，礼品则腊肉一块，盛于碗中，小块猪肉一碗，豆腐一碗，酒五杯，悉置案上。瑶人对案立，作礼祷告，约数十分钟，随后用玟卜占吉凶，一小孩在旁打鼓至祷毕，终燃放鞭炮，并焚纸钱一扎。

瑶山每村寨均有神庙一间，称"祠"，多以龙字命名，如龙头祠、龙溪祠。荒洞村出口处庙称"双溪龙头祠"，庙构造简单，仅平屋一间，四壁用泥砖砌成，不加灰粉，全庙成正方形，长阔二丈余，自屋檐至地高约一丈，自瓦顶至地约一丈半，庙内布置简朴，仅神台、案桌各一。神台上供泥塑神像10尊，中间较大的一尊着袍握笏有须，瑶人称之仙公，其右一尊女像，着凤冠佩服，瑶人称仙娘（疑此为盘古王与盘古王婆）。仙公旁共五神，均衣冠袍，末一尊骑白马，瑶人称五官一郎、二郎、三郎、四郎、五郎。仙娘旁三尊神，为首红须高冠，为海龙王，其旁一尊赤身披树叶，为五谷神，末一尊女将骑白马，名五郎娘。庙内四壁均未粉饰，仅于神像后排板一方，上画红黑色龙形。神台置酒杯等物，门外东西两壁各画神骑麒麟像一，庙门前贴红纸对联，上写"三星拱照平安宅，五福来临慈善家"。据说为荒洞村长所书，反映瑶人虽能写字，但对文义不甚理解，照抄汉人之联词，不问其义（1937年调查材料）。

庙是请汉人入山建造，神像亦为汉人所塑，然皆为瑶人崇拜之神。

瑶人原始崇拜之神，无塑像，仅以大石作神的代表，用木架棚，上盖杉树皮，周砌以石，此为原始之神庙。

瑶人往庙中拜神有一定时期，即农历四月、七月、十月、十二月，一年四次，各村皆同，但拜庙日期则由各村自定。是日午后，村中瑶人手携竹篮前往，每家一人，各备酒一筒，猪肉、豆腐、竹笋、辣椒等一大碗，及糍粑、香烛纸钱并箸一双。庙中有长案，置酒杯五，腊肉一块（系公共祀品），以碗盛置于案，私人供品亦置其上，燃香屈背如鞠躬礼，不跪拜。插香于香炉中，由本村师爷对神祷告，手持玟以卜，祈人畜兴旺，五谷丰登，不受虫灾兽害，其祷告词谓："大清国广东道韶州府曲江县墨石二都管入△庙祠，奉真信士合乡众△年△月△日耕种，五谷落地，秧苗分散齐整，合乡人等商议，因耕种十分深重，△月△日大吉良利，迎请三天门下本师郎，来到本庙，启建修设牌位，虔备香火，众坛鉴知，给出收耕耗虫，大概一给解开耗虫别州别方游行无人耕种收藏，保安合乡人等，耕种丰登大熟，合乡大男小女，早得平安，百事清吉，万物齐全。"祀毕，在庙内长凳上坐，或据地围坐饮酒。若在山间，则一长列坐于所拜大石神前饮酒，不论日夜寒暑，石神前必燃一堆柴火，人则列坐于火堆旁。

瑶人对五谷神的祀拜，四月初九做"赎禾魂"小祀祷，六月初六上庙拜五谷神，均有焚烧上表疏给五谷神，并在田边杀鸡淋血于纸钱上，焚香纸拜田头伯公。

各村寨均有社襆坛，一年拜两次。

据调查，旧社会瑶山神庙有：

必背镇：必背口庙，内供唐公（兵）大王，唐公（兵）大将，坐地头把地尾神（即土地神），门口把门官有青衣使者、乌衣使者。必背王茶口有神坛一，在大树下，打到猎物要祭此神，谓肉神。半冈岭有庙一，桂坑甲田有庙一，桂坑庙供盘古大王、南海娘娘、黄帝秀才。横溪有庙五，溪南、溪北、下湾、板前、溪头各一庙（即每村一庙）。

游溪镇：有中心洞庙，供盘古大王，三姓公王（梅招三公李氏夫人、赞招四公王氏夫人、乌李白公朱氏夫人）。桃岭脚被箕庙，供唐兵大王、唐兵大将。草田坪庙，方洞村合水口庙，阎王寨庙，杨梅浪进石壁坑庙，冷水歧、牛栏坪、金竹岃、彭家角共奉大王庙，供的神称为"带兵爷"，一个偶像坐交椅，一个骑马。

东坪镇：有斋公田庙，奉7位神。乌坑庙供9位神。楠木坑庙、坪坑庙、茶坪庙。

1958年民主改革，瑶山所有庙均废，不复有拜庙活动。

## 二　神谱

乳源瑶人信奉的神，不像佛、道教之神有序，等级层次分明，而是等次不明而无序，《上元书》载其神名如下：

六庙神名：

连州庙唐王圣帝、年月日时圣神、唐一郎王、六教四王、吃力五王、造山六王、耗天七王、盖天八王、担禾九王、楼上相公、罗隐秀才、九斩坛、十丈龙古圣位、连山九三上家塔唐殿十五娘，花宫十六娘、挂衣邓十七官、着衣邓十八官、唐三九郎王、唐圣十娘。

行坪庙十二游师、上庙大堂六位师尊、下庙太堂六位师母、高家、奉家、历家师、打病功曹、退病师主、桃花姐妹、桃花仙娘。

伏灵庙伏灵圣帝、伏灵圣公、官头照应至古一郎、至古二郎、横吹三郎、拍板四郎、旗头五郎、歌头六郎、歌尾七郎、监生八郎、戏钱九郎、万丈十郎。

福江庙盘王圣帝、盘古圣人、左边金童、右边玉女、禾花姐妹、五谷小娘、擎凉打伞王氏夫人、读书安、刘书安、初一童官、初二云童、置花仙女、许愿童子、把笔判官、把瓶童子、献酒郎官。

造司庙五旗兵、东方、南方、西方、北方、中央五方五位五旗、穿州过县五旗、消灾消难五旗、把笔先生、磨墨五郎。

扬州庙宗祖家先、先行家先、嫩行家先、男行家先、女行家先。家先出门带有担衣童子、担伞二郎、东方、南方、西方、北方、中央五方五位一百二十位仙人、教歌仙王、教歌仙将、仙子公公、白鹤仙人、六姓娘娘、东南西北中央五方五位托花父母、送花娘娘、养财地主、养畜官官。

上坛神名：

玉清圣境元始天尊、上清真境灵宝天尊、大清仙境道德天尊、冥天金阙玉皇大帝、东极青华大帝、南极长生大帝、西极黄华大帝、北极紫微大帝、中极阳华大帝、中天圣主、南北二斗星君、钩陈星君、龙虎二圣真人、左边献香大帝、右边献花大帝、哪吒太子、威极金刚、南天龙虎、北方真武玄天上帝、观音菩萨、张旗捧印都巡、金童玉女、四玄猛将、李天净应进官、无年无岁进师、法进原法主、海番张赵一郎、张赵二郎、奏上奏官赵武二郎、奏司奏状奏表三郎、圣主打瘟侯三郎、张天、李天大法师君、财禄二部判官、天洪都元帅、天极副元帅。

下坛神名：

下坛天门李十五官、转天三郎、火天四郎、云天仙女、云坛日月龙凤三娘、开教阳山使者、间山法主九郎、监兵大保、下山四季、上元兵头李十五官、押兵到坛七官、雷霆六院元帅、金卫三石大尉、感应灵兵大尉、感应灵兵大保、变显五通、左右边排马使者、排马郎官、上元唐将军、中元葛将军、下元周将军、六院都巡三十三官、常师十七小娘、十八郎君、坛上五伤、坛下五伤、春季春雷兵、夏季夏雷兵、秋季秋雷兵、冬季冬雷兵、麒麟狮子兵、犀牛白象兵、猛虎毒蛇兵、十万阴兵、十万锣兵鼓兵、把坛土地、五旗兵马、黄衣使者、白衣判官、敕封南朝黎十六官、都兵黎十二官、走马通天黎十一官、三位旗头大保官、左边先锋金童玉女、右边沙刀明月四官。

管耗神名：

东方、南方、西方、北方、中央五方五位管耗二郎、黄马、乌马、赤马、管耗二郎，祖师带来，本师带来管耗二郎。听闻人家锣声鼓响管耗二郎、依篱捧壁管耗二朗、有人承接无人承接管耗二郎。

灶君神名：

东方、南方、西方、北方、中央五方五位五龙司命灶君、东斗、西斗、南斗、北斗灶君、六六三十六通天大灶、灶男张相公、灶王大帝、灶公灶婆、灶男灶女、灶孙灶色（曾孙）、担柴运水送火灶娘、担柴童子、吹火郎君、洗碗洗碟二娘。

住宅龙神名：

东方、南方、西方、北方、中央五方五位住宅龙神、鸡牢土地、鸭牢土地、羊牢土地、猪牢土地、牛牢土地、田塘土地、土地公公、土地婆婆、百岁老人、禾仓禾印十二门官、男人本宫、女人本命。

地主神名：

本位本坊地主，坐落一方管一方、坐落一所管一所、坐落山头管了山尾一行地主、上巷地主、下巷官人、下行管入油溪坑庙三姓大王、梅招三公李氏夫人、赞招四公王氏夫人、乌李白公朱氏夫人。

上位神名：

立天四角大王将、置天置地大王大将、满天大王大将、番天大王大将、意水大王大将、玉帝大王大将、平天大王大将、雷祖大王大将、高露大王大将、金甲大王大将、游天大王大将、起云大王大将、青衣大王大将、黄衣大王大将、过天过地大王大将、乌马大王大将、青马大王大将、天子大王大将、天祖大王大将、罗蓝大王大将、白蓝大王大将、仁天大王大将、天心大王大将、车天大王大将、香坛大王大将、番天大王大将、里天大王大将、雨水大王大将、雨吊大王大将、同斗大王大将、把伞二郎、月落大王大将、把笔先生、点部先生、游车七娘、过天过地七娘、行罡大地七娘、落斗北斗七娘、风吹七娘、打坛七娘、雷公大帝七娘、打刀七娘、米吹七娘、云头云尾七娘、郡帝香炉四姓神王、三十六红弓大吊。

下位神王：

大兵大王大将、拦路大王大将、伏路大王大将、本坊地主、高王圣帝、水古大王、板木晒神、亡人晒神、远丧来路、铜锣大位五旗、无禁北禁仙师、天师神名、斩青师者、法事师公、庙堂地主、田塘土地、社堂地主、宅堂土地、马公三郎、家栏大王、行瘟使者、行病大王、冷坛地主、打猎七姑、落山落水伤神、番江六劝伤神、青山木林伤神、枪刀马面伤神、花公花母、下应星君、娄灾娄难星君、白鹤星君、六海星君、白虎星君、周公大王、黄衣秀才①。

瑶人把神分为内神、外神、耗神、邪神四类，拜王时请内神与外神，送神时除送请来的内、外神外，还送耗神与邪神，求人丁兴旺，财木平安，耕种丰熟，六畜平安。

内神：六庙王、上下坛、灶君、住宅龙神、家先、阴阳师父、行师官像。

外神：本坊地主、下巷地主、管汉（耗）二郎、养财地主、社德大王、斋公老人、打猎七姑、耕种老人、禾苗地主、五谷大王、大番师。

耗神：又称之耗鬼。黄斑白虎、豺狗、大耗山猪、茅鹿、小耗乌鸦、斑鸠、百鸟、尖牙老鼠、蜢公翼力、有翼之虫、无翼之虫、五鼠六耗、耗神耗鬼、日耗夜耗。

邪神：又称之邪鬼。茶煞、酒煞、天吊、地吊、三十六通天大吊、火灾、天火星、地火星、人火星、鬼火星、火公火星、火秧火路、大火小火、官司口舌、是非口舌、横飞口舌、口角是非、天瘟地瘟、瘟灾瘟瘫、沙疮麻痘、赤眼痢疾、五痘病痛、行病鬼王、时令眼泪、伏断愁症。

瑶人谓本坊福主，包括了附近各坑庙神，如兰厂瑶人，请神有青塘祠、石角庙、洪公爷、乳源城隍庙城隍爷、行宫庙、九仙庙、白竹西龙祠和尚排庙的庙神。

从瑶人的神谱可以看出，瑶人崇拜三清，是作为天神敬奉，尤其太上老君能驱邪劾鬼、消灾，在度戒中敬为首神，然而在神谱中未见显示其最高位置，与六庙神居于平列地位。

从汉区引进的道教神和佛教神，瑶人有自己的认识与理解，神的个性往往发生了变化，与汉人观念中的神不同。最明显的是神深刻的内蕴及其地位、职掌没有明确的显示，如众神等级，每级的主神与左右辅佐之神没有区别，而缺乏等级层次来排列众神之序。由于历代辗转传抄，各地更呈紊乱复杂，名称又有所不同，在礼仪上，瑶人敬神，多以合掌鞠躬不跪拜。

---

① 李默：《韶州瑶人》，中山大学出版社，2004。

## 三　经籍及其功用

瑶人之经籍多用于拜王度身，有些经书是一书多用，有些则专用，乳源瑶人其经籍有：

《起马出门书》度身、拜王用。

《请神书》度身、拜王用。

《开天门书》度身、举丧做斋用。

《接王书》度身、拜王、庙开光、打醮用。

《度师男书》度身用。

《度身书》度身用。

《过度书》度身用。

《上元书》度身、拜王、挂灯用。

《挂灯书》度身、挂灯用。

《神光书》拜王用。

《开记书》度身、开天门用。

《正度师爷书》度身用。

《化十二醮坛书》度身用。

《凡人书》度身用，叙瑶人来源历史。

《过番书》度身、举丧用。

《承接唐王众人书》拜王用。

《隔王书》拜王用。

《解心愁书》拜王用。

《千年歌堂书》拜千年王用，叙瑶人来源历史。

《十保山书》度身、拜半路王、二次葬用。

《拜山王书》拜王、拜半路王用。

《拜小歌堂书》打醮用。

《得见书》神庙、行师官像开光用。

《盘王大歌》拜王歌堂用。

《盘王细歌》拜王歌堂用。

《抛兵书》拜王歌堂用。

《拜神圣》拜王歌堂用。

《入席拜》拜王歌堂用。

《治人疏书》治病送鬼用。

《送鬼书》治病送鬼用。

《赎魂书》招魂治病用。

《引度师爷书》丧葬做斋用。

《变身书》丧葬做斋用。

《送亡人书》丧葬用。

《安葬书》丧葬用。

《保年书》祈祷人寿年丰祀神用。

《问年书》清明祀祖祈年丰人寿用。

《拜庙书》拜庙神、拜祖先祷告用。

《拜墓书》丧葬、二次葬用。

《祭墓书》安龙用。

《扫墓书》清明扫墓用。

《祈年书》过年时祀祖祷词。

《祀祖书》俗称请家先，逢节在家中厅堂祷拜用。

《教新娘》娶亲用。

《打猎书》打猎用。

《求雨书》求雨用。

《对命书》算命、卜卦、烧灯火治病三种合订一本。

《百门利书》择吉日、求雨奏表等用。

## 四　师爷职能与法具

乳源瑶族的一切宗教仪式均由师爷主持，师爷有师表（俗称师爷头）、师爷、仙公之分。"打幡拜王"等隆重宗教活动，无师表主持不能开坛。普通拜王、婚嫁、驱鬼邪等活动，师爷可以担任，师表可兼做师爷的职事，而师爷不能顶替师表的法事权能。择日卜卦、问神问鬼属仙公的职责范围，与师表、师爷各有分工，往往师表又是大村寨的头人。瑶人凡祀神度身、拜王、嫁婆、丧葬以至出猎、许愿、治病等均请师爷。师爷是瑶人中的知识分子，在瑶人社会中有一定地位。师爷作法事，着瑶人平常衣服，赤足或穿木屐，下体再围青布裙，裙下缘以红绿线绣花其上，其帽用青布做成，满绣红绿色花纹，以两条长青带束之，带之两端垂于脑后，帽上缀若干成条之红笙球，帽顶缀合处如屋脊，高寸许。师表则除穿着如师爷之服饰外，上身穿马挂式红衣。所用法器如下数种：

①神杖，长二尺余，有龙纹，下端尖锐，上端作圆球状。神头，用硬纸造，前画神像，戴于头。

②笏，又称牙简。

③经书，俱手抄本，诵经时即照本诵读。

④铜铃，一对。

⑤铜钹，一对。

⑥竹玟，一对。

⑦牛角，一只，吹角用。

⑧笛，一把。

⑨铜剑，一把。大刀，一把。

⑩铜锣，两面。

⑪鼓，一面。

师爷念经，不像僧、道念经有调门音腔，只是照经书诵念，有时照瑶歌腔调诵唱。据1956年民主补课时统计，乳源村寨有师表29人、师爷94人、仙公19人。1980年仅存师表1人、师爷9人，而仙公已没有，拜王择日则由师爷担任。

## 第九节　粤北瑶族宗教信仰不是道教化

多年以来，学者的著述多称瑶人的宗教信仰为道教化，此源于《广东瑶人之宗教信仰及其经咒》一文，该文谓："一是瑶人现时宗教，已经深度地受到汉人的道教化；二是道教化之程度虽深，但其信仰的意识及宗教仪式，仍有一部分保持原始信仰的意味；三是宗教信仰中丝毫没有佛教成分的渗入。"（法）雅克勒穆瓦纳教授谓："瑶族宗教——道教，我要指出的就是瑶族肯定是道教徒。"[1]

---

[1]　江应樑：《广东瑶人之宗教信仰及其经咒》，《民俗》1937年第3期。

瑶人的宗教信仰未形成完整的教义理论，未构成宗教派系及其规模的活动场所，它与道教有明显的区别，其不同在于：

（1）佛教以释迦牟尼、道教以三清、回教以穆罕默德、洋教以耶稣、天主为首神，为救世主。而瑶人心目中至尊首神为盘王，是瑶人苦难的拯救者与幸福生活的赐予者。"祖宗圣，祖宗神、祖宗永远救瑶人"。在瑶人的宗教信仰中，盘王高于众神，（日）竹村卓二《瑶族历史和文化》谓："盘王高于'大堂众神'之上，是至高无上的存在。"

（2）瑶人崇拜三清与道教崇拜三清有不同的内涵。瑶人信仰神，其作用完全是针对瑶人的生产、生活的要求，凡具有斩妖降邪，收捉瘟神的能力的，他们都崇拜。瑶人心里没有比瘟疫或疾病死亡更为恐怖的事情，所以时刻需要那些能驱邪斩瘟疫鬼的神来作为他们精神上的保护者，他们的宗教作用大部分是设法防备邪鬼的侵害，并没有较高的宗教理想。因此，凡涉及解冤散枉、超度、丧葬送终、引度亡灵、安龙谢土、传度斋戒，他们会请三清等神，太上老君敕令，收禁邪神邪恶鬼，是属多神崇拜，表达对神灵的敬畏，感恩和祈求，予以驱疬劾鬼，求得家宅平安，人寿年丰。乳源瑶人度戒礼拜三清，祷词："保得新度师男师嫂，出得大限利年，小限利岁，利年利岁，传灯传度，求官求利，求男求女，求孙求色（曾孙），求财求宝，求兴求旺。"祈求现实安居乐业，财丁两旺。

道教是宋、辽、金、元四朝之后，才一致以"三清"之名为最高之神，把它尊为宇宙万物之神，虚无的"道"的象征来崇拜的。三清是创世主，是万神之至尊，是"天道"的象征，而瑶族只是把他当做上神来崇拜。

道教崇拜三清的科仪复杂繁多，瑶族宗教是不可比拟的，诸如祭献、节庆、礼拜、忏悔、祝福、仪范，特别注重斋戒和修炼，功课遵守清戒律方面。

至于道教奉行的道功、道术、炼丹、内观、守势、存思、守一诸术，服气、行气、胎息、引导诸术，辟谷、食饵、守庚诸术等，对于瑶族宗教来说，简直是莫名其妙的东西。

道教以道家阴阳五行家，儒家谶纬学中的神秘主义成分建立起来的神学理论，更是为瑶族宗教所望尘莫及。

复杂的道教斋法，有上清斋、灵宝斋、洞神斋、指教斋、涂炭斋、拯道斋、济渡斋、玉篆斋、黄篆斋、三元斋、八节斋、三皇子午斋……名目繁多，仪式杂出，而且十分讲究修斋的虔诚与整肃。道教的各坛醮，更是五花八门，十分庞杂。道教还有内容包罗甚广的"威仪"，如所谓"出家传度仪""传授经戒仪""三洞修道仪""住观威仪""行止威仪""淋浴仪""服饰仪"等等。还有各种的戒律清规，道教某些派别注重修身、炼形、修心，其目的是要超脱尘世，有神通变化，长生不老的真人和神仙。他们最终向往的是超现实世界，达到极乐的神仙世界。而瑶人除挂灯、度身斋戒3天或7天外，别无其他斋戒，更无清规戒律，简言之，瑶人宗教是入世的，而道教是出世的。

（3）道教有庞大的经典，包括经、戒、科仪、符箓、修炼与道家哲学等方面完整的神学理论，经文深奥，并有系统的神仙系统的神谱，有一套复杂的醮仪戒律，有由道教宫观神职人员和教徒组成的庞大道教组织，遍布全国各地。而瑶族宗教却依然处在民间宗教低层次阶段，明显地保留着以盘王为主的祖先崇拜的特征，还保留着浓厚的原始宗教的色彩，发展极其缓慢。瑶经的内容包括祖先宗族来源的历史，社会习俗传统文化，生产生活知识及歌谣，朴实通俗。

（4）以"三清"为主神的神谱结构，瑶族宗教与道教有明显的差别。道教以最高天神"三清"为主神，诸天神、地祇、神仙、人鬼各有职事，这就是道教庞大的等级森严秩序井然的神谱结构。以南朝陶景弘著《真灵位业图》为代表，把众神分为7级，每级有中位神，左右又有辅佐之神，神与神间是不平等的，有最高神、高级神、次级神和低级神之分，各级神依次相附属，存在着领导与被领导的服从关系，这反映中国封建社会统治阶级等级关系。瑶族度身的神像，有三清、盘王、邓迎娘、十殿冥王、张天师、李天师、海番、上下坛众神、上天车、下天车。其中盘王、邓迎娘、海番、天车是瑶族自己的神，此外度身所请的本师神赵二郎、赵三郎、赵九郎也是瑶人自己的神，传说他们生前是师爷，赵二郎变符去斩五瘟王，赵三郎说法向前行，赵九郎领兵游四海，五瘟小鬼皆尽藏。瑶族宗教把神分为天府、地府、阳间、水府各司职掌，除三清玉皇排位比较统一外，其余众多神灵缺乏等级层次排列，各地传抄的经书中，诸神先后次序也往往有所不同。就抄道教神如唐、葛、周三将军，唐、邓、赵、章、马元帅，谁先谁后，亦不一致。

瑶人度身拜王，而前人翻译为汉人之"建醮"，因而引起误解，将拜王等同建醮，将师爷视为道士。拜王是还愿酬神祈丰娱神乐众的群众性活动，建醮是请道士念经，超度亡魂，禳灾拔苦求福，他们之间所供神祇也有很大的不同。

（5）道士受戒，有严格的传承制度。道童受戒后，名入登真箓，取得戒衣、戒牒，成正式道士，熟诵经文，通解文义，日习功课。道教重视受戒，严守戒律，违反者受罚，轻者被罚跪、责杖、驱逐，重者则处死。瑶族师爷没有日习功课，而瑶人度身受戒没有严格的戒律约束，也没有任何责罚。度身受戒，取得法名、郎名，可以担任师爷，负承接宗族所赋予的社会责任，增强宗族凝聚力，对于瑶经只会背诵，不解文义，不甚了了。瑶人度身，其戒条有不杀生，度戒后一样狩猎捕杀野生动物。道教有节日的宗教活动，以神、仙之诞辰为节日，举行隆重的斋醮，瑶人则无。

瑶人度身与道士度戒最明显的不同，瑶人度身后可任师爷，在村寨中有较高地位，在政治上可当瑶甲，村寨中集神权、族权、政权于一身。度身后取得的法名、郎名（俗称之阴间名），要死后才使用，如汉人的谥号，死后才可与家族先人聚居阴间乐土，这具有民族凝聚力的作用。其生产生活活动一如平常，丝毫没有受道教的清规戒律的约束，也不奉行道教的教义。而道童受戒后，授以符箓，师父赐以法名，以后不叫俗名，只叫法名。而成为道士后，只能在道观中生活司职，有严格的道规约束。

度身瑶人与受戒道士出身成分上有很大差别，受戒道士出身成分大多数家境贫穷，很多是少小进入道观从师为道童。瑶族之度身者都是村寨中较为富裕的人家，少年学习瑶经，稍长度身而为师爷。瑶人贫困者完全没有机会，因为度身花钱颇巨。

（6）道士的宗教活动：第一，日常功课。早、中、晚（或早晚）聚集殿堂诵经，早坛功课经包括《太上老君说常清静经》《太上洞玄灵宝升玄消灾护命妙经》《太上灵宝天尊说禳灾度厄真经》《无上玉皇心印妙经》。道教的经典《道藏》就有五千七百余卷。而瑶人师爷无什么早晚功课，其瑶经《过山瑶》只有两册。乳源东边瑶经书只有35本（俗称经书），连南八排瑶经也仅有40余册。第二，节日。道教以神、仙之诞辰为节日，到时要举行比较隆重的斋醮，有的节日还有庙会集市。①正月初七、初八香客拜本命年之神；②正月初九玉皇大帝圣诞；正月十九日邱长春真人圣诞；③二月十五日太上老君圣诞；④四月十四日吕洞宾祖师圣诞。各宗派不同，还重视以下节日：①三月三日王母娘娘圣诞，俗称"蟠桃会"；②二月初六东华帝君圣诞；③三月十五日张天师圣诞；④六月十四日关帝圣君圣诞；⑤九月十七日财神圣诞；⑥十一月冬日元始天尊圣诞，夏至日为灵宝天尊圣诞；⑦十二月二十二日王重阳祖师圣诞；⑧十月初三三茅真君圣诞。

瑶人没有以上道教的节日，神仙圣诞隆重斋醮，而只有酬愿盘王的庆典——盘王节。其庆典的内容和形式与道教完全不同，如连阳八排瑶的节日庆典，据《连山绥瑶厅志》载："凡遇赛神，皆歌舞以为乐，唯七月七日会男女，名曰耍秋，排冲诸君吾子咸集，屠豕椎牛，共宰而食，食既而歌，以为献酬。庙立于野，凡隶排者，皆祭之，如群姓之大社也。无木主，刻木为像，不必肖其人，亦不能辨为谁氏之祖称也，统呼之曰阿公。其谒庙也，燃木炭如上香。然其人有贸易者，输钱六十为祭费，积三岁或五岁，乃一祭，先期卜日告其侪，祭之日，男妇诸吾盛服祭于庙，具香烛纸钱猪牛鸡酒而祭焉。曰拜祭阿公，其拜也，两手据地，顿首无数，既拜而食，既饱而歌鼓角齐鸣，男女杂坐，拂衣而起，奋袖低昂，顿足起舞，乐极于斯也。费多者酿三日，名曰耍歌堂。"

元旦日即拜山，备牲醮纸烛黄梁银镪祭其先。

三月三日，赛饭食神。六月六日赛土神，过节赛神，皆歌舞为乐。

"七月望日，祀其先祖狗头王，以小男女穿花衫，歌舞为侑。"《广东新语》

"岁以十月朔祭都贝大王，男女杂踏连袂歌舞。"《金壶浪墨》

《连山县志》载：瑶岁有墓祭，有庙祭。

（7）《瑶经》是具有自己民族特色的经典，在道经、佛经中所未见，它叙述民族的历史、生产、生活、习俗、道德伦理文化传统。

如民族的来源与迁徙，《过番书》云："当初以来，洪水过去，平地二年，天下无人，为大之人，立天立地盘古大王，出头见面，为大之人……发在高头上，便成瑶位子孙，发在大洞里头，便成百姓之人。高山瑶位子孙，当初以来，发在番背洞里头七宝山头内，大罗殿上九犯地里头。山头坪岭狭，定车不得，定马不安，各人念心退步，离山退位，装起船头，装起船尾，装起马头，装起马尾，十二姓瑶位子孙，各人撑船过海，打马过街。来到海心里内，六姓瑶人无运之分，浸杀船头，重有六姓瑶人原在海心里内，投山山高，投水水深，无处得投，出得三庙圣王，救得瑶位子孙，喝风风转，喝雨雨停，过海如了，来到六笛沙坝里头，完恩酌谢，有心同许，有心奉还，奉还流罗行香番散歌堂部书，敬奉三庙圣王。"

《入青山歌》："出世瑶人先出世，瑶人出世在南京。出世南京十宝山，行过番背洞头坐，番背洞头作番郎。瑶人出世高州上，高州隔壁作乱人。日里搓头不得安，夜里愁愁不得安。番背峒头作番乱，瑶人平意置船撑。第一置到船水步，第二置船下海撑。十二姓瑶人齐出火，齐齐出火到海边。行到海边罗经定，罗经定转广东山。"

反映瑶人历史上营田戍边服役的苦况，如《大运钱》："童子笑言说报你，我是运钱童子郎。运钱路上急急去，多少急气在心头。上岭运钱气又急，下岭运钱脚又酸，两个膝头打半跪，几多辛苦在心头。去到街头打一望，几多涕泪汗淋淋。运钱郎，背上又生疔子疮。衫破也为运钱破，裤穿也为运钱穿。样物何曾吃得饱，骨肉时时串得钱。"作为运送钱物的挑夫，重担压在肩上，上岭下岭艰辛，呼气急促双脚打战，汗流浃背，肩头磨破了生了脓疮，多么的苦痛，穿着一身破烂的花服，骨瘦如柴，几乎像搓细的麻线可以串铜钱。

（8）拜王仪式，除师爷念经外，还请一个妇女歌手，与三童男三童女唱歌，是瑶族所独有，在道教宗教活动中所未见。女歌手与童男童女唱歌，却与先秦巫的宗教活动颇有相似之处，屈原《楚辞·九歌·礼魂》："成礼兮会鼓，传芭兮代舞。姱女倡兮容与。""姱女倡兮容与"大意为美人儿唱歌乐陶陶。拜王女歌手唱歌，是娱神乐众的重要环节，整个仪式是以歌堂形式进行，而不是依道教的科仪形式。

粤北瑶人宗教信仰受道教影响仅是部分，只不过是外表而已，骨子里他们仍然保持其民族宗教信仰的特质。

我国古籍记载：瑶人的宗教信仰不是道教，宋王象之《舆地纪胜》卷74，《荆湖北路·归州》载："荆楚之风，夷夏相半。蛮夷与巴人事鬼。"《吕氏春秋》"荆人鬼，越人礼。为祥，求福也。"颜注曰："礼祥总谓鬼神之事。或谓好事鬼成俗。"瑶族先民，事鬼为求福也。

（9）瑶族把佛、道一些经典吸收融化，成为自己的经典，丰富自己的宗教活动，这里分不清是道还是佛。如《二郎救苦》："二郎亲受老君语，分明记取在心头，伏望老君亲下降，施令慈悲作道场"。将佛教目连救母冠上道教的老君。《玉皇赦罪》："头拜赦罪朝见三宝，拜见三宝，三请三主当坛朝礼。"把佛教的皈依三宝佛、法、僧变成道教的元始天尊、灵宝天尊、道德天尊三主。《大道出世点光用》："皈依法，青云化化巍巍，变化三千感大道，度人无数恒河沙，宝相坐莲花，楼台内，高万丈……闻召请，灵宝降来临。"恒河沙是佛教发源地印度的恒河，以恒河沙表示众多。佛坐莲花座成为灵宝天尊所拥有。为什么会产生混在一起的情况？瑶人认为佛、道至尊之神都是他们所敬畏的，把他们拧在一起，为度身法事增添了力量。

八排瑶经每卷开始均有"拜请淮南祖师祖，岭南门下本师爷"之句，充分说明以其祖先崇拜为主的多神信仰。

综上所述，瑶族宗教信仰不是"道教化"，更不是"道教徒"。瑶族宗教信仰有共同崇拜盘王、宗祖家先、六庙王，有共同的宗教经典、礼仪和习俗。至于某些地区个别瑶人信奉道教、佛教、天主教，则另当别论。

瑶族宗教信仰是传承民族的历史，生产生活知识，伦理道德，风俗习惯的文化共识，具有民族性、群众性、继承性的特质，祈求"人丁六畜兴旺，脱灾脱难，耕种禾苗丰登大熟，十度全收，物阜财丰"。求得人口平安，现实生活安居乐业。"耕种黄禾便丰熟，烧香敬奉保人民，子孙代代敬神圣，承宗接祖不忘恩。祖宗圣、祖宗神，祖宗香火保人民"。瑶族的宗教信仰是以盘王为核心的祖宗崇拜多神信仰。

徭，役戍边也，守卫中国。蛮僚、土著营田戍边，不事赋役，且耕且守。边陲有警，众庶云集，争负弩矢前驱，出万死不顾。壮哉，乃助国之人。

图书在版编目（CIP）数据

瑶族历史探究 / 李默著 . —北京 : 社会科学文献出版社，
2015.12
ISBN 978 - 7 - 5097 - 6762 - 7

Ⅰ . ①瑶…　Ⅱ . ①李…　Ⅲ . ①瑶族 - 民族历史 -
研究 - 中国　Ⅳ . ①K285.1

中国版本图书馆 CIP 数据核字（2015）第 267594 号

## 瑶族历史探究

著　　者 / 李　默

出 版 人 / 谢寿光
项目统筹 / 宋月华　范　迎
责任编辑 / 孙婧一　宋淑洁

出　　版 / 社会科学文献出版社 · 人文分社（010）59367215
　　　　　　地址：北京市北三环中路甲 29 号院华龙大厦　邮编：100029
　　　　　　网址：www.ssap.com.cn
发　　行 / 市场营销中心（010）59367081　59367090
　　　　　　读者服务中心（010）59367028
印　　装 / 北京季蜂印刷有限公司

规　　格 / 开　本：787mm × 1092mm　1/16
　　　　　　印　张：15　字　数：245 千字
版　　次 / 2015 年 12 月第 1 版　2015 年 12 月第 1 次印刷
书　　号 / ISBN 978 - 7 - 5097 - 6762 - 7
定　　价 / 89.00 元